图像特征提取与语义分析

赵 婕 著

重庆大学出版社

内容提要

图像特征提取与语义分析是通过提取图像底层视觉特征,然后利用图像分析技术实现图像内容的语义描述、分类和理解。其核心是确定图像底层特征与高层语义之间的映射关系,这正是计算机视觉领域当前研究的热点与难点。本书从基本概念入手,系统地介绍了图像分析的基本理论与方法,涉及数字图像处理的基础知识、特征提取与图像表示、图像分割与目标识别、场景理解等相关问题。并在书中加入了应用实例以及实验结果图片,突出了理论和实践相结合的特点。全书深入浅出、图文并茂、文字描述简单易懂。

本书可作为高等学校计算机专业和其他信息类专业研究生和高年级本科的参考书目,也可供从事计算机视觉等相关领域研究的科研技术人员阅读参考。

图书在版编目(CIP)数据

图像特征提取与语义分析/赵婕著. —重庆:重庆大学出版社,2015.6(2022.8 重印)

ISBN 978-7-5624-9150-7

Ⅰ.①图… Ⅱ.①赵… Ⅲ.①图象数据库—情报检索—

Ⅳ.①G354.49

中国版本图书馆 CIP 数据核字(2015)第 128849 号

图像特征提取与语义分析
赵 婕 著
策划编辑:周 立
责任编辑:周 立　版式设计:周 立
责任校对:关德强　责任印制:张 策

*

重庆大学出版社出版发行
出版人:饶帮华
社址:重庆市沙坪坝区大学城西路 21 号
邮编:401331
电话:(023) 88617190　88617185(中小学)
传真:(023) 88617186　88617166
网址:http://www.cqup.com.cn
邮箱:fxk@cqup.com.cn(营销中心)
全国新华书店经销
POD:重庆新生代彩印技术有限公司

*

开本:787mm×1092mm　1/16　印张:13　字数:316千
2015 年 6 月第 1 版　2022 年 8 月第 2 次印刷
ISBN 978-7-5624-9150-7　定价:52.00 元

前　言

人类通过视觉可以直观地感知和理解现实世界,而图像是视觉信息的主要载体,图像信息具有直观、形象、易懂和信息量大等特点,因此,图像成为人类获取和交换信息的重要来源。随着计算机技术和互联网的发展,图像技术已经在航空航天、生物医学、工业检测、机器人视觉、军事制导、文化艺术等应用领域收到广泛重视并取得了重大的开拓性成就。

图像的底层视觉特征是对图像进行语义分析的基础和前提,然而图像底层视觉特征和用户的高层语义之间存在"语义鸿沟",这给图像数据的分析、描述、分类和理解带来了巨大的挑战。为了解决语义鸿沟问题,图像语义理解逐渐成为计算机视觉领域研究的热点问题,如何使计算机具有类似于人类识别图像的思维推理能力,一直以来都是研究的重点与难点。近年来,统计和机器学习理论与方法作为人工智能领域的前沿,已成为图像语义分析研究发展的重要推动力。

本书从基本概念入手,系统地介绍了图像分析的基本理论与方法,主要内容包括数字图像基础知识、特征提取与图像表示、图像分割方法及实现、目标识别、基于语义特征的场景理解、基于上下文信息的语义分析。为了使读者更容易理解图像分析的方法和理论,本书使用理论与实践相结合的方法,从基本概念出发,并加入实验实例,由浅入深地介绍了图像特征提取与语义分析的基本理论与经典方法。

在本书的编写过程中,参考和引用了国内外出版的大量文献及网站资料(这些资料在本书的参考文献中尽量列出,若有遗漏深表歉意),同时,也融入了作者的研究工作和经验。在此,对本书所引用的文献的作者深表谢意! 另外,本书的编写得到了太原学院各位领导的支持和帮助,在此表示感谢!

近年来,作者一直从事计算机视觉、模式识别领域的研究工作,积累了一定的心得体会。但是图像理解问题博大精深,而作者的水平有限,书中可能存在不足或不妥的地方,恳请读者给予批评和指正。本书的读者对象主要是那些进行图像理解技术研究和产品开发的技术人员。同时,本书也可以作为计算机视觉、模型识别领域的入门参考书。

作　者
2015 年 3 月

目录

第 **1** 章
数字图像基础知识

随着人类社会的进步和科学技术的发展,人们对信息处理和信息交流的要求越来越高。图像信息具有直观、形象、易懂和信息量大等特点,因此,它是人们日常生活中接触最多的信息种类之一。在现代社会生活中人类已经离不开图像。另外,随着计算机技术和互联网的发展,图像技术已经渗透到各个科技领域。近年来,图像信息处理已经得到一定的发展,但随着对图像处理要求的不断提高,应用领域不断扩大,图像理论也在不断提高、补充和发展。图像的处理已经从可见光谱扩展到红外、紫外等非可见光谱,从静止图像发展到运动图像,从物体的外部延伸到物体的内部,以及进行人工智能化的图像处理等。

所谓"图"是物体投射或反射光的分布,"像"是人的视觉系统对图的接收在大脑中形成的印象或反映。因此,图像是客观和主观的结合。图像是客观对象的一种相似性的、生动性的描述或写真,是人类社会活动中最主要的信息源。或者说图像是客观对象的一种表示,它包含了被描述对象的有关信息。它是人们最主要的信息源。据统计,一个人获取的信息大约有 75% 来自视觉。俗话说"百闻不如一见""一目了然"便是非常形象的例子,都反映了图像在信息传递中的独特效果。如何使计算机具有类似于人类识别图像的思维推理能力,一直以来都是计算机视觉领域研究的重点与难点。图像作为研究的基本对象,本章主要介绍图像处理、分析与理解中所包含的基本概念、性质与技术,是后续特征提取与语义分析内容的基础知识。

1.1 概 述

图像从视觉特点,分为可见图像和不可见图像,如图 1.1 所示。其中,可见图像中包括照片、几何线条图、画和光学器件产生的图像。不可见的图像包括不可见光成像,如红外成像、微波成像、X 光成像、超声波成像、γ 射线成像和数学物理模型生成的图像,如温度、压力等的分布变化图。

$$\begin{cases} \text{见光图像} \begin{cases} \text{照片、几何线条图} \\ \text{画、光学器件图像} \end{cases} \\ \text{不可见光图像} \begin{cases} \text{红外、微波、X光成像,} \\ \text{超声波成像、}\gamma\text{射线成像} \\ \text{数学物理模型图像} \end{cases} \end{cases}$$

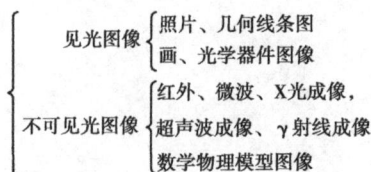

图 1.1　图像的种类

图像从图像空间坐标和明暗程度的连续性,可分为模拟图像和数字图像。模拟图像:图像是连续的,即用函数 $f(x,y)$ 表示的图像。其中 x,y:表示空间坐标点的位置,f:表示图像在点 (x,y) 的某种性质的数值,如亮度、灰度,色度等。$f(x,y)$ 可以是任意实数,用连续函数来描述。图像的坐标系统如图 1.2 所示。

图 1.2　图像坐标系统示例

$I(r,c)$ 是对 $f(x,y)$ 的离散化后的结果。r 表示图像的行(row);c 表示图像的列(column);I 表示离散后的 f;I,r,c 的值只能是整数。数字图像可用矩阵或数组进行描述。

图像处理可以分为模拟图像处理和数字图像处理。模拟图像处理是指实时光学(实时,速度快)但只是有限处理。例如:望远镜、显微镜、哈哈镜、透镜、胶片合成照相、凸透镜等这种光学变换相当于对图像的一种实时 FFT 变换。图像处理技术是随着计算机的处理速度和数据量增加发展起来的。数字图像处理就是利用计算机系统对数字图像进行各种目的的处理。由于其使用数字信号处理技术,数字图像处理可对图像进行“精细化”处理,达到像素级别的加工与再现因而具有模拟信号所不能比拟的优势,因此本书的研究对象是数字图像,以后章节中的图像专指数字图像。

1.1.1　图像模型

一幅图像可描述为如下模型:在数字图像领域,将图像看成是许多大小相同、形状一致的像素(picture element,简称 pixel)组成,如图 1.3 所示。

一幅图像可以用二维矩阵加以表示,如图 1.4 所示。数字矩阵中 f 代表该像素彩色或灰度值,脚码代表像素的坐标位置,与矩阵的定义相类似,其中第一个脚标代表行(row)值,第二个脚标代表列(column)值。

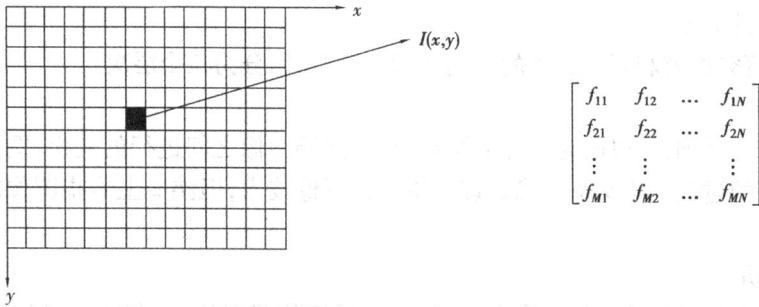

$$\begin{bmatrix} f_{11} & f_{12} & \cdots & f_{1N} \\ f_{21} & f_{22} & \cdots & f_{2N} \\ \vdots & \vdots & & \vdots \\ f_{M1} & f_{M2} & \cdots & f_{MN} \end{bmatrix}$$

图 1.3 图像数学模型   图 1.4 数字图像的数字矩阵表示

举一个简单的例子来说,如图 1.5 所示的灰色图像可以右边的矩阵的值来表示。也就是图像中第一行第 1 像素的灰度值为零,第 2 像素的灰度值为 150,第 3 像素的灰度值为 200,……以此类推,可得到右边的矩阵。

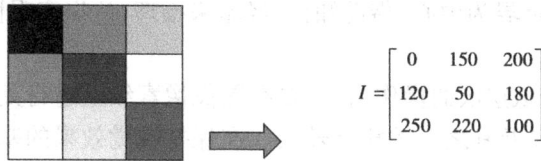

$$I = \begin{bmatrix} 0 & 150 & 200 \\ 120 & 50 & 180 \\ 250 & 220 & 100 \end{bmatrix}$$

图 1.5 简单的灰色图像及其矩阵表示

但是当图像变得越大,这个矩阵就越复杂。如图 1.6 所示的一幅灰度图像,其内部的一小部分的图像的矩阵就是一个 8×8 的矩阵,如果对整个图像来说,矩阵的数量就比较庞大了,所以数字图像处理中有大量的数据要进行计算和保存,对计算机的要求较高。

130	146	133	95	71	71	62	78
130	146	133	92	62	71	62	71
139	146	146	120	62	55	55	55
139	139	139	146	117	112	117	110
139	139	139	139	139	139	139	139
146	142	139	139	139	143	125	130
156	159	150	159	159	146	159	159
168	159	156	159	159	159	139	159

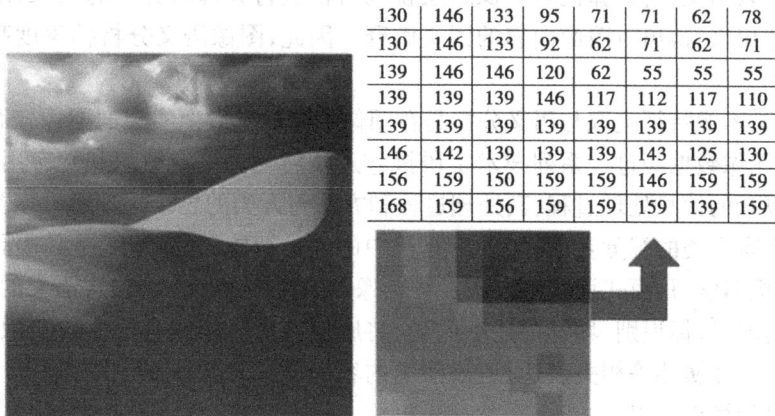

图 1.6 复杂的灰色图像及其矩阵表示

1.1.2 图像工程

图像工程综合了各种图像技术,是集图像研究和应用为一体的整体框架,其研究内容丰富、覆盖范围广,需要利用计算机和其他电子设备完成一系列任务。例如:

①提高图像的视觉质量以提供人眼主观满意或较满意的效果。

3

②提取图像中目标的某些特征,以便于计算机分析或机器人识别。

③为了存储和传输庞大的图像和视频信息,常常对这类数据进行有效的压缩。

④信息的可视化。

⑤信息安全的需要。

因此,根据研究内容和研究方法的不同,图像工程可以分为三个层次:

(1)图像处理

对图像进行各种加工,以改善图像的视觉效果,强调图像之间进行的变换,图像处理是一个从图像到图像的过程。广义上图像处理泛指各种图像技术,但狭义上专指图像的底层基本操作。

(2)图像分析

对图像中感兴趣的目标进行提取和分割,获得目标的客观信息(特点或性质),建立对图像的描述;以观察者为中心研究客观世界;图像分析是一个从图像到数据的过程。

(3)图像理解

研究图像中各目标的性质和它们之间的相互联系;得出对图像内容含义的理解及原来客观场景的解释;以客观世界为中心,借助知识、经验来推理、认识客观世界,属于高层操作(符号运算)。

图像处理是相对较低层次的操作,它主要在图像像素级上进行处理,处理的数据量非常大,其重点是图像的变换及其之间的相互转换。在保持视觉效果的基础上减少数据量,为图像的进一步分析和理解奠定基础。图像特征提取是通过各种技术和方法提取图像的视觉特征,把原本以像素描述的图像转变成比较简洁的非图形式的描述,确定图像中目标的特点和固有属性,属于图像处理基础之上的中层操作。图像语义分析是在对图像进行特征提取的前提下,将描述抽象出来的符号进行运算,研究图像中各目标之间的性质及其相互联系,在这个过程中不断引入语义,将计算机对图像底层视觉特征进行处理与分析的结果,用人类思维的语言方式描述出来,得出对图像内容的语义解释。因此,图像语义分析抽象度高,数据量小,属于高层操作。

综上所述,图像特征提取与语义分析是在图像处理的基础上实现的图像较高层次的操作阶段,将原始图像数据经过一系列技术手段操作逐步转化为更有组织和更有用的信息,整个过程是一个复杂的信息处理过程,其处理过程和方法与人类的思维推理有许多类似之处。为了使计算机具有人类的视觉功能,实现计算机中的人类智能,人工智能是必须具备的研究手段,具体包括机器学习、模式识别等方法。将图像中的内容视作一种包含语义的数据,通过研究图像特征提取、目标识别、场景描述等问题,将底层特征转换成有价值的知识描述,给出图像中知识的语义和属性等相关表达,形成图像内容的语义解释体系,最终实现计算机对人类视觉思维信息的模拟过程。

1.1.3 语义分析技术

图像语义是一种关于图像低层特征,低层特征到高层语义的映射,以及高层语义的用户理解范畴的全面表达。图像语义的基本单元是文本描述,其优点是可以描述一些高层的抽象的概念,并且比较直观、容易处理。但是文本描述不容易自动获取,存在内在的主观性,基于语义一般定义的文本表示和图文直接匹配,缺乏对概念之间复杂关系的表达能力,难以独立完成语义描述的任务。图像语义分析的关键环节是考虑文本之间的相关语义概念,构建语义关联模型,以获得一定的语义分析能力。本节主要介绍结构化以及关联性的语义分析建模技术。

1)结构化模型

结构化的知识表达模型,主要采用人工智能中诸如语义网络、基于 Agent 表示、框架网等方式。这种方式能够表达较为复杂的关系,且具有复杂匹配能力。目前已经有诸多基于下文相关模型对多媒体信息进行组织和管理的成果应用,包括:统一资源描述框架 RDF(Resource Deseription Framework)、网络本体语言 OWL(Web Ontology Language)以及 MPEG-7 在多媒体内容的元数据以及服务描述的定义等。这些方法在不同的场合具有不同的语义表达与分析的能力,但是目前还没有在不同情况下使用性都很好的通用方法。

2)基于学习的建模

（1）聚类分析

聚类分析是通过分析研究对象的特征,将研究对象进行分类的处理过程,涉及多元分析技术和算法。聚类一般分为以下四个步骤:首先,根据研究目的,选择合适的聚类变量;其次,根据相似度量准则进行相似度计算;然后,选定聚类方法进行聚类;最后,评估聚类结果。

关于图像聚类,学术界已经展开了大量相关研究,取得了一定研究成果。目前有很多有效的聚类技术,如层次聚类算法、混合溶解算法、模式搜寻算法、基于分割的算法、最近相邻聚类、模糊聚类和进化聚类方法等。图像聚类通过有监督和无监督的学习将图像划分到若干个语义类,聚类过程中最重要的问题是选择最合适的语义类的数量。Demirmen 提出了一种选择合适分类数的准则,根据树状结构图来分类,要求分类数既不能过多也不能过少,并且各类重心之间距离必须尽可能大,使得任何类在邻近各类中是最突出的。确定分类数的问题已成为各种聚类方法的主要问题之一,也是聚类分析中迄今为止尚未完全解决的问题之一,主要的障碍是难以对类的结构和内容给出一个统一的定义。实际应用中人们主要根据研究的目的,从实用角度出发,选择合适的分类数。层次聚类法(Hierachical Cluster)基于分析得到的聚集进程表(agglomeration Schedule)和树状图,来辅助确定分类数,但其缺点是内存和时间开销大,特别是对海量数据进行聚类分析时。迭代聚类法克服了这两个缺点,具有占用内存小、速度快的优点,但缺点是对初始分类非常敏感,通常只能得到局部最优解。现在聚类分析的趋势是把这两种方法结合起来使用,取长补短。首先使用层次聚类法确定分类数,去除奇异值,并重分类得到各类重心,作为迭代聚类法的初始分类中心,这样克服了层次聚类法只能单方向进行聚类的缺点。

（2）本体论

本体论是关于词汇或概念的理论,给出构成相关领域词汇的基本术语和关系,以及利用这些术语和关系构成的确定词汇外延的有关规则的定义。其目标是捕获相关的领域知识,提供对该领域知识的共同理解,确定领域内通用的词汇,并给出这些词汇(术语)和词汇之间相互关系的明确定义。一般来说,本体提供一组术语和概念来描述某个领域,知识库则使用这些术语来表达该领域的事实。语义分析通常使用本体描述语言来描述语义实体、属性和关系,本体描述语义的推理能力为在图像分析中进行推理分析提供了条件。一类非常典型的推理应用就是在本体知识库已经建立的情况下,用户可以使用类和属性的继承关系对查询进行扩展,提高分析效率。例如,分析与"汽车"相关的文档,在知识库中,由于"越野车"是"汽车"

的子类,所以,可将"'越野车"在后台作为扩展的关联术语,扩大分析范围。

目前已有大量关于本体论的图像语义分析的学术研究,但这些研究多是针对特定领域,并且普遍存在创建、更新、维护代价高,可扩展性不强等实用弱点。

(3)词典

词典是一种高度形式化的、通用、跨语言的知识表示方式,包含了词语的意义信息和词语之间的关系,它不是特定于某个领域的。WordNet 就是一种基于认知语言学的英语词典,按照单词的意思组成一个"单词的网络"。它是以同义词集合(synset)作为基本建构单元进行组织的,每个同义词集都代表一个基本的语义概念,并且同义词集合之间以一定数量的关系类型相关联的,一个多义词将出现在它每个意思的同义词集合中。名词、动词、形容词和副词各自被组织成一个同义词的网络。

文本是对图像进行解释的最简单的图像语义表示方法,利用 WordNet 将文本表示的相关语义概念联系起来,可以获得一定的模糊图文匹配能力。但是 WordNet,概念太详细和专业,很多概念并不具备普适性,而且缺乏有关两个相关词之间语义距离的信息,不能准确反映词语之间的相似距离。尽管 WordNet 提供了详细的概念和及其关系描述,却不足以支持关系推理,对于一些概念之间的复杂关系缺乏组足够的表达能力,不具有普遍意义。

(4)图模型

图模型可以方便地对数据样本(即图像像素)及其关联的语义关系进行建模,因而被大量应用在基于统计和机器学习的语义分析方法中。当图的结点代表的图像像素均无标记(label)时,图模型可用来进行无监督聚类。图聚类最经典的方法是图切割(graph cut)算法,其目标是得到图的最优划分(partition),每个划分具有各自的标记类别。基于谱图理论,将求解最优划分问题转化为求解带约束的二次型优化问题,并最终转化为图拉普拉斯(Graph Laplacian)特征向量求解问题,其经典算法为谱聚类(spectral clustering)算法。一般的图模型假设图上只包含单一类型结点(对应单一类型数据样本),而当图上存在两种不同类型结点时可用二部图对不同结点之间的异构关联进行建模。Dhillon 提出了一种基于二部图(bipartite graph)的协同谱聚类(spectral co-clustering)方法,并应用到文档聚类中,使得可同时对文档和单词进行聚类。

基于图的多视图学习利用多个图模型对数据实例的多种表示及其关联关系进行表达,并通过图拉普拉斯融合或在图上定义混合 Markov 链进行学习,相关算法已经应用到了图像的语义分析领域。在图像的异构特征表达中,同一张图像可以提取多种异构视觉特征,因此可以有多种特征表示,如颜色、纹理和形状。在多模态融合中,多模态数据往往有不同表示或来自不同数据空间,如视频镜头可用关键帧视觉特征、转录文本特征、声音特征等多模态特征进行表示。多视图学习(multi-view learning)假设每个数据样本有多种表示,这些表示可属不同的空间或数据域。不同的数据表示有其数据域或空间的特定统计特性,并且这些特性之间关联互补。多视图学习在考虑每个视图统计特性的基础上学习得到一个最优的共同表达,以充分利用多种表示的互补特性。

1.2 图像采集与处理

对图像的特征提取与语义分析是以数字图像为研究对象,依靠计算机来观察和认知世界。图像的采集与处理的技术和方法,是反映场景内容的前提条件。本节主要介绍图像的获取技术、存储方式以及图像处理所需的硬件与软件,并着重介绍了实际应用中最常用的Matlab操作。

1.2.1 图像的获取技术

1) 图像采集系统

图 1.7 是图像采集系统原理框图,它可以分成照明系统、同步系统、扫描系统、光/电转换系统、A/D 转换系统 5 部分。

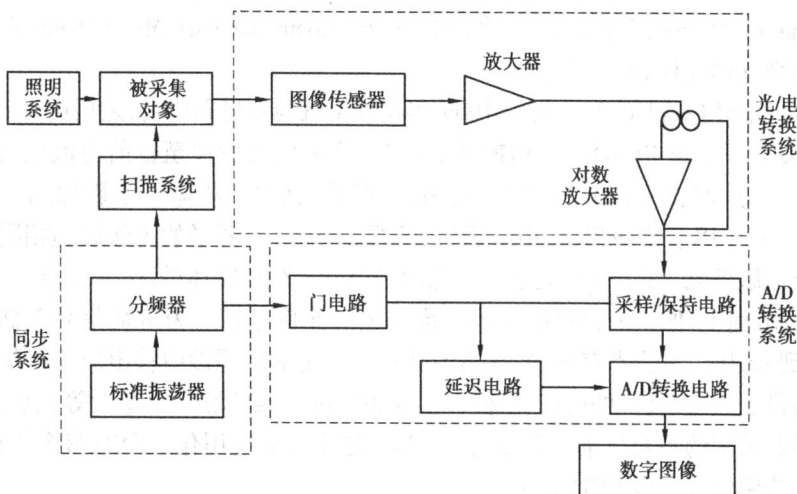

图 1.7 图像采集系统原理框图

照明系统提供光源照射被采集对象(景物),为光/电转换系统提供足够亮度的光强度信号。同步系统提供整个图像采集系统的时钟同步信号,以使系统中的所有部件同步动作。扫描系统是图像采集系统的固有部分,它通过对整幅图像的扫描实现被采样图像空间坐标的离散化,并获得每一个采样点的光强度值。扫描可以采用机械手段、电子束或者集成电路来完成。光/电转换系统负责把扫描系统输出的与采样点属性对应的光信号转换为电信号,并提供必要的放大处理,以与 A/D 转换系统相匹配。从光/电转换系统输出的电信号进入 A/D 转换系统,经过采样/保持,A/D 转换后,转换成数字信号输出,供存储、显示、传输和其他处理。

(1)光/电转换特性

图像传感器通过光/电器件将光信号转换为电信号。在照明系统的照射下,如果光信号的能量(光强度)低于光/电器件的感应阈值,光/电器件对该强度的光信号没有反应,称为无感应区域;当光强度达到一定的强度以后,再增加输入的光信号强度,光/电器件产生的电信号强度也不会变化,称为饱和区域;介于无感应区域和饱和区域之间的光强度区域,称为动态区域。光电器件应该正常工作在动态区域。图 1.8 显示了光/电器件的输入/输出变换特性曲线。

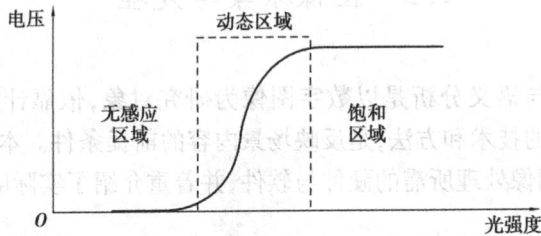

图 1.8　输入/输出变换特性曲线

彩色图像输入时,需要先用分光镜、滤色片等装置对彩色信号进行分解,得到红、绿、蓝三色通道,然后分别对这三个颜色通道进行光/电转换和 A/D 转换。

(2)图像传感器

图像传感器,图像传感器主要完成光/电转换功能。根据元件的不同,可分为 CCD (Charge Coupled Device,电荷耦合元件)和 CMOS(Complementary Metal-Oxide Semiconductor,金属氧化物半导体元件)两大类。

CCD(Charged Coupled Device)于 1969 年在贝尔试验室研制成功,之后由日商等公司开始量产,其发展历程已经 40 多年,从初期的 10 多万像素已经发展至目前主流应用的 500 万像素。CCD 又可分为线阵(Linear)与面阵(Area)两种,其中线阵应用于影像扫描器及传真机上,而面阵主要应用于数码相机、摄录影机、监视摄影机,但两者的工作原理相同。CCD 器件包含若干个光敏像元,每个像元就是一个光敏二极管。被摄物体的反射光线经光学系统聚焦到 CCD 的像敏面上,像敏面将照射在每一像元上的光信号转换为电荷信号存储在像元单元上,再转移到 CCD 的移位寄存器中,在驱动脉冲的作用下从器件中移出成为电信号。CCD 传感器具有高量子效应、优异的电荷传递性能、高占空因数、低噪声、小像素等优点,使其成为目前图像传感器采用的主要技术。迄今为止,CCD 是主要的实用化的固态图像传感技术,数码相机的图像传感器大多以 CCD 为主。

CMOS 图像传感器于 20 世纪 80 年代发明以来,由于当时 CMOS 工艺制造的技术不高,以致传感器在应用中的杂信号较大,商品化进程一直较慢。时至今日,CMOS 传感器的应用范围也开始非常的广泛,包括数码相机、PC Camera、影像电话、第三代手机、视频会议、智能型保全系统、汽车倒车雷达、玩具,以及工业、医疗等用途。在低档产品方面,其画质质量已接近低档 CCD 的解析度,相关业者希望用 CMOS 器件取代 CCD 的努力正在逐渐明朗。与 CCD 相比,CMOS 具有体积小,耗电量不到 CCD 的 1/10,售价也比 CCD 便宜 1/3 的优点。

目前,CMOS 图像传感器可以在低档和中档成像系统方面与 CCD 相媲美;但在高档成像系统方面,CCD 尚未受到 CMOS 的任何挑战。

2)数字照相机

数码照相机又称数字照相机,是 20 世纪末开发出的新型照相机。在拍摄和处理图像方有着得天独厚的优势。随着电脑的普及以及对电脑图像处理技术的认同,数码照相机在视检测方面得到了广泛的应用。数字照相机由镜头、感光器件(CCD 或 CMOS)、MPU(微处理器)、内置存储器、LCD(液晶显示器)、PC 卡(可移动存储器)和接口(计算机接口、电视机接口)等部分组成,其组成框架如图 1.9 所示。

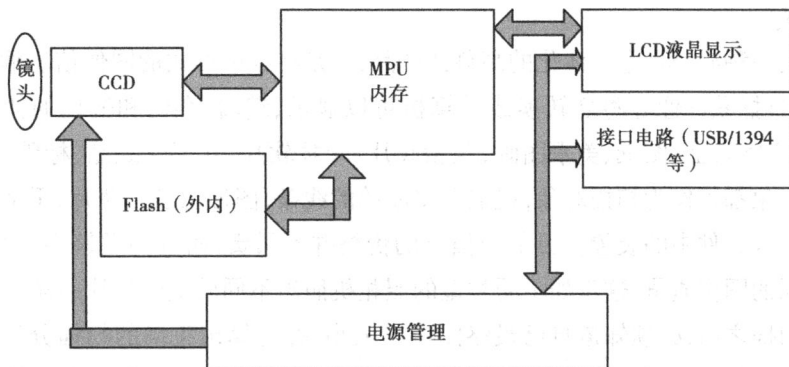

图 1.9　数码照相机组成框图

数码照相机图像存储一般是由系统内置的微处理器来完成。压缩处理与存储图像所用的时间不可忽略,因此在使用数码相机时可以明显感到较长的等待时间。图像格式的种类繁多,一般常用 JPEG 格式。数码照相机的存储器分为内置存储器和可移动存储器。内部存储器为半导体存储器,安装在相机内部,用于临时存储图像,接口传送。可移动存储器 Compact Flash 卡(CF)和 Smart Media 卡等。数码相机输出接口包括计算机通信接口,例如串行接口、并行接口、USB 接口和 SCSI 接口,若使用红外线接口,则要为计算机安装相应的红外接收器及其驱动程序连接电视机的视频接口连接打印机的接口。

3)数字摄像机

数码摄像机工作的基本原理简单地说就是光电数字信号的转变与传输。即通过光学系统(主要指镜头系统)再通过摄像管或固体摄像器件将光信号转变成电流,再将模拟电信号转变成数字信号,由专用电路进行处理和过滤后得到的信息还原出来就是我们看到的动态画面了。数码摄像机的感光元件能把光线转变成电荷,通过模/数转换器芯片转换成数字信号,主要有两种:一种是广泛使用的 CCD 元件,另一种 CMOS 器件。

4)图像采集卡

图像采集卡,其功能是将图像信号采集到电脑中,以数据文件的形式保存在硬盘上。图像采集卡是图像采集部分和图像处理部分的接口。图像经过采样、量化以后转换为数字图像并输入、存储到帧存储器的过程,叫作采集。由于图像信号的传输需要很高的传输速度,通用的传输接口不能满足要求,因此需要图像采集卡。图像采集卡还提供数字 I/O 的功能。由于通过高速 PCI 总线可实现直接采集图像到 VGA 显存或主机系统内存,这不仅可以使图像直接采集到 VGA,实现单屏工作方式,而且可以利用 PC 机内存的可扩展性,实现所需数量的序列图像逐帧连续采集,进行序列图像处理分析。此外,由于图像可直接采集到主机内存,图像处理可直接在内存中进行,因此图像处理的速度随 CPU 速度的不断提高而得到提高,因而使得对主机内存的图像进行并行实时处理成为可能。

摄像头实时或准时采集数据,经 A/D 变换后将图像存放在图像存储单元的一个或三个通道中,D/A 变换电路自动将图像显示在监视器上。通过主机发出指令,将某一帧图像静止在存储通道中,即采集或捕获一帧图像,然后可对图像进行处理或存盘。高档图像采集卡还包括卷积滤波、FFT(快速傅里叶变换)等图像处理专用的快速部件。现在有的图像采集卡将图像和图形功能合为一体。这种卡基于 PCI 总线设计,它将图像和 VGA 的图形功能合为一体,可在计算机屏幕上实时显示彩色活动图像。

5)扫描仪

扫描仪是一种光、机、电一体化的高科技产品,它是将各种形式的图像信息输入计算机的重要工具,通过捕获图像并将之转换成计算机可以显示、编辑、存储和输出的数字化输入设备。对照片、文本页面、图纸、美术图画、照相底片、菲林软片,甚至纺织品、标牌面板、印制板样品等三维对象都可作为扫描对象,提取和将原始的线条、图形、文字、照片、平面实物转换成可以编辑及加入文件中的装置。目前扫描仪的价格并不昂贵,而且种类繁多,但不同的扫描仪将提供不同的图像质量,这正如不同类型的照相机照出不同质量的相片一样。

在开始扫描之前,必须知道自己最终图像的大小,并计算出正确的扫描分辨率。分辨率是扫描仪最主要的技术指标,它表示扫描仪对图像细节的表现能力,即决定扫描仪所记录图像的细致度,其单位为 PPI(Pixels Per Inch)。目前大多数扫描的分辨率为 300~2 400 PPI。一个图像所包含的像素越多,表明它所容纳的信息也就越多。因此,通常往一个图像填塞的像素越多,图像也就越清晰。PPI 数值越大,扫描的分辨率越高,扫描图像的品质越高,但这是有限度的。当分辨率大于某一特定值时,只会使图像文件增大而不易处理,并不能对图像质量产生显著的改善。如果以低分辨率进行扫描,则图像就可能会模糊不清,或者可能会看见图像中单个的像素元素。扫描分辨率一般有两种:真实分辨率(又称光学分辨率)和插值分辨率。光学分辨率就是扫描仪的实际分辨率,它决定了图像的清晰度和锐利度的关键性能指标。插值分辨率则是通过软件运算的方式来提高分辨率的数值,即用插值的方法将采样点周围遗失的信息填充进去,因此也被称作软件增强的分辨率。例如扫描仪的光学分辨率为 300 PPI,则可以通过软件插值运算法将图像提高到 600 PPI,插值分辨率所获得的细部资料要少些。尽管插值分辨率不如真实分辨率,但它却能大大降低扫描仪的价格,且对一些特定的工作例如扫描黑白图像或放大较小的原稿时十分有用。图像的文件大小与图像的分辨率直接相关。一幅以高一些的分辨率扫描的图像所产生的文件比低一些分辨率扫描的图像的文件要大。如果拿来一幅 72 DPI(Dot Per Inch,是打印分辨率使用的单位,意思是:每英寸所表达的打印点数)的图像,然后以 2 倍于原来分辨率大小的分辨率(144 DPI 重新扫描,则所得到的新文件就大约是初始文件的 4 倍大小。这样,在扫描时,如果使用的分辨率太高,则图像的文件大小就可能会超过计算机内存的容量。

灰度级表示图像的亮度层次范围。级数越多扫描仪图像亮度范围越大、层次越丰富,目前多数扫描仪的灰度为 256 级。256 级灰阶中以真实呈现出比肉眼所能辨识出来的层次还多的灰阶层次。

色彩数表示彩色扫描仪所能产生颜色的范围。通常用表示每个像素点颜色的数据闰数即比特位(bit)表示。所谓 bit 这是计算机最小的存储单位,以 0 或 1 来表示比特位的值,越多的比特位数可以表现越复杂的图像信息。例如,常说的真彩色图像指的是每个像素点由三个 8 比特位的彩色通道所组成即 24 位二进制数表示,红绿蓝通道结合可以产生 2^{24} = 16.67M(兆)种颜色的组合,色彩数越多扫描图像越鲜艳真实。

扫描仪可分为三大类型:滚筒式扫描仪和平板扫描仪,近几年才有的笔式扫描仪、便携式扫描仪、馈纸式扫描仪、胶片扫描仪、底片扫描仪和名片扫描仪。

1.2.2 图像存储方式

1) 图像存储设备

数字图像处理用于处理短期快速存储,常用的是计算机内存,另一种是帧存。图像帧存储体(frame buffer 或 frame store memory),简称为帧存(FB),是指至少能存储一帧电视图像,并能按照一定的速率显示所存储图像的由半导体存储器芯片组成的存储装置。计算机显存和图像卡上的存储数字图像的半导体缓存,都可以称为帧存。帧存主要用于解决快速的视频数据流(如 8 bit/100 ns)和计算机慢速的数据传输速率之间的矛盾。考虑到存储的速度,快速调用的在线存储,常采用磁盘,现在也有采用固态硬盘作为存储介质。

2) 常见的图像存储格式

数字图像有多种存储格式,在计算机中是以图像文件的形式存放的,每种格式一般由不同的开发商支持。随着信息技术的发展和图像应用领域的不断拓宽,还会出现新的图像格式。因此,要进行图像处理,必须了解图像文件的格式,即图像文件的数据构成。每一种图像文件均有一个文件头,在文件头之后才是图像数据。文件头的内容由制作该图像文件的公司决定,一般包括文件类型、文件制作者、制作时间、版本号、文件大小等内容。目前较常用的静态图像文件格式有 BMP、GIF、TIFF、JPEG 等类型。

(1) BMP 格式

BMP 又称位图文件(bitmap,BMP),是一种与硬件设备无关的图像文件格式,使用非常广。它采用位映射存储格式,除了图像深度可选以外,不采用其他任何压缩,因此,BMP 文件所占用的空间很大。BMP 文件的图像深度可选 1 bit、4 bit、8 bit 及 24 bit。BMP 文件存储数据时,图像的扫描方式是按从左到右、从下到上的顺序。它是 Windows 软件推荐使用的一种格式,随着 Windows 的普及,BMP 文件格式的应用越来越广泛。BMP 格式的文件名后缀是".bmp",它的色彩深度有 1 位、4 位、8 位及 24 位几种格式。

由于 BMP 文件格式是 Windows 环境中交换与图有关的数据的一种标准,因此在 Windows 环境中运行的图形图像软件都支持 BMP 图像格式。典型的 BMP 图像文件由三部分组成:位图文件头数据结构,它包含 BMP 图像文件的类型、显示内容等信息;位图信息数据结构,它包含有 BMP 图像的宽、高、压缩方法以及定义颜色等信息,位图文件参数头的含义如表 1.1 所示。

表 1.1 位图文件参数头

字节数	参 数	说 明
2	bftype	文件类型,以 BM 标识
4	bfsize	实际图像数据长度
2	reserved1	保留
2	reserved1	保留
4	offset	文件开始到位图数据开始处的偏移量

位图参数头域含有关于这幅图像的信息,例如:以像素为单位的宽度和高度,以及位图的彩色、压缩方法等,其结构如表 1.2 所示。

表 1.2　位图参数头

字节数	参　数	说　明
4	bisizeimage	位图数据块的大小
4	bixpelspermeter	水平分辨率
4	biypelspermeter	垂直分辨率
4	bicrused	位图使用的彩色数
4	biclrimporant	主要彩色数
4	bisize	本结构长度为40
4	biwidth	图像宽度
4	biheight	图像高度
4	bicompression	压缩方法
2	biplanes	位图的位面积
2	bibitcount	每个像素所占位数

　　调色板域中有图像颜色的 RGB 值定义。对显示卡来说，如果它不能一次显示超过256种颜色，那么读取和显示 BMP 文件的程序能够把这些 RGB 值转换到显示卡的调色板来产生准确的颜色。每一种调色板颜色用4字节描述，其中第1个字节表示蓝色成分，第2个字节表示绿色成分，第3个字节表示红色成分，第4个字节为填充位(被设置为0)，调色板域大小为 4×N，N 为颜色数。如果图像为真彩色，则调色板没有任何内容。

　　最后一个域是图像数据，用 BYTL 数据结构。这些数据取决于压缩方法，它们表示像素颜色在调色板中的索引号。图像为真彩色时，图像数据则直接表示红、绿、蓝的相对亮度。图像的每一扫描行由表示图像的连续像素字节组成，每一行的字节数取决于图像的颜色数和用像素表示的图像宽度。扫描行是由下向上存储的，也就是说，此域的第一个字节表示位图左下角的像素，而最后一个字节表示位图右上角的像素。

　　(2)PCX 图像格式

　　PCX 这种图像文件的形成是有一个发展过程的。最先的 PCX 雏形是出现在 ZSOFT 公司推出的名叫 PC PAINBRUSH 的用于绘画的商业软件包中。以后，微软公司将其移植到 Windows 环境中，成为 Windows 系统中一个子功能。先在微软的 Windows 3.1 中广泛应用，随着 Windows 的流行、升级，加之其强大的图像处理能力，使 PCX 同 GIF、TIFF、BMP 图像文件格式一起，被越来越多的图形图像软件工具所支持，也越来越得到人们的重视。

　　PCX 是最早支持彩色图像的一种文件格式，现在最高可以支持256种彩色，PCX 设计者很有眼光地超前引入了彩色图像文件格式，使之成为现在非常流行的图像文件格式。

　　PCX 图像文件由文件头和实际图像数据构成。文件头由128字节组成，描述版本信息和图像显示设备的横向、纵向分辨率，以及调色板等信息。在实际图像数据中，表示图像数据类型和彩色类型。PCX 图像文件中的数据都是用 PCXREL 技术压缩后的图像数据。

　　PCX 是 PC 机画笔的图像文件格式。PCX 的图像深度可选为1 bit、4 bit、8 bit。由于这种文件格式出现较早，它不支持真彩色。PCX 文件采用 RLE 行程编码，文件体中存放的是压缩后的图像数据。因此,将采集到的图像数据写成 PCX 文件格式时,要对其进行 RLE 编码,而读取一个 PCX 文件时首先要对其进行 RLE 解码,才能进一步显示和处理。

（3）TIFF 图像格式

TIFF(Tag lmage File Format)图像文件是由 Aldus 和 Microsoft 公司为桌上出版系统研制开发的一种较为通用的图像文件格式。TIFF 格式灵活易变,它又定义了四类不同的格式:TIFF-B 适用于二值图像;TIFF-G 适用于黑白灰度图像;TIFF-P 适用于带调色板的彩色图像;TIFF-R 适用于 RGB 真彩图像。

TIFF 支持多种编码方法,其中包括 RGB 无压缩、RLE 压缩及 JPEG 压缩等。TIFF 是现存图像文件格式中最复杂的一种,它具有扩展性、方便性、可改性,可以提供给 IBM PC 等环境中运行、图像编辑程序。

TIFF 图像文件由三个数据结构组成,分别为文件头、一个或多个称为 IFD 的包含标记指针的目录以及数据本身。TIFF 图像文件中的第一个数据结构称为图像文件头或 IFH。这个结构是一个 TIFF 文件中唯一的、有固定位置的部分;IFD 图像文件目录是一个字节长度可变的信息块,Tag 标记是 TIFF 文件的核心部分,在图像文件目录中定义了要用的所有图像参数,目录中的每一目录条目就包含图像的一个参数。

（4）GIF 图像格式

GIF(Graphics Interchange Format)的原义是"图像互换格式",是 CompuServe 公司在 1987年开发的图像文件格式。GIF 文件的数据是一种基于 LZW 算法的连续色调的无损压缩格式。其压缩率一般在 50% 左右,它不属于任何应用程序。目前几乎所有相关软件都支持它,公共领域有大量的软件在使用 GIF 图像文件。

GIF 图像文件的数据是经过压缩的,而且是采用了可变长度等压缩算法。所以 GIF 的图像深度从 1 bit 到 8 bit,也即 GIF 最多支持 256 种色彩的图像。GIF 格式的另一个特点是其在一个 GIF 文件中可以存多幅彩色图像,如果把存于一个文件中的多幅图像数据逐幅读出并显示到屏幕上,就可构成一种最简单的动画。

GIF 解码较快,因为采用隔行存放的 GIF 图像,在边解码边显示的时候可分成四遍扫描。第一遍扫描虽然只显示了整个图像的 1/8,第二遍的扫描后也只显示了 1/4,但这已经把整幅图像的概貌显示出来了。在显示 GIF 图像时,隔行存放的图像会给您感觉到它的显示速度似乎要比其他图像快一些,这是隔行存放的优点。

GIF 格式的文件是 8 为图像文件,最多为 256 色,不支持 Alpha 通道。GIF 格式产生的文件较小,常用于网络传输,做网页上见到的图片大多是 GIF 和 JPEP 格式的。GIF 格式与 JPEP格式相比,其优点在于 GIF 格式的文件可以保持动画效果。

（5）JPEG 格式

JPEG 是 Joint Photographic Experts Group(联合图像专家组)的缩写,文件后缀名为".jpg"或".jpeg",是最常用的图像文件格式,由软件开发联合会组织制定,是一种有损压缩格式,能够将图像压缩在很小的储存空间,图像中重复或不重要的资料会被丢失,因此容易造成图像数据的损伤。尤其是使用过高的压缩比例,将使最终解压缩后恢复的图像质量明显降低,如果追求高品质图像,不宜采用过高压缩比例。但是 JPEG 压缩技术十分先进,它用有损压缩方式去除冗余的图像数据,在获得极高的压缩率的同时能展现十分丰富生动的图像,换句话说,就是可以用最少的磁盘空间得到较好的图像品质。而且 JPEG 是一种很灵活的格式,具有调节图像质量的功能,允许用不同的压缩比例对文件进行压缩,支持多种压缩级别,压缩比率通常在10∶1到40∶1之间,压缩比越大,品质就越低;相反地,压缩比越小,品质就越好,比如可以把1.37 Mb的BMP位图文件压缩至20.3 KB。当然也可以在图像质量和文件尺寸之间找到平衡点。JPEG格式压缩的主要是高频信息,对色彩的信息保留较好,适合应用于互联网,可减少图像的传输时间,可以支持24 bit真彩色,也普遍应用于需要连续色调的图像。

JPEG格式的应用非常广泛,特别是在网络和光盘读物上,都能找到它的身影。目前各类浏览器均支持JPEG这种图像格式,因为JPEG格式的文件尺寸较小,下载速度快。

JPEG2000作为JPEG的升级版,其压缩率比JPEG高约30%,同时支持有损和无损压缩。JPEG2000格式有一个极其重要的特征在于它能实现渐进传输,即先传输图像的轮廓,然后逐步传输数据,不断提高图像质量,让图像由朦胧到清晰显示。此外,JPEG2000还支持所谓的"感兴趣区域"特性,可以任意指定影像上感兴趣区域的压缩质量,还可以选择指定的部分先解压缩。

JPEG2000和JPEG相比优势明显,且向下兼容,因此可取代传统的JPEG格式。JPEG2000既可应用于传统的JPEG市场,如扫描仪、数码相机等,又可应用于新兴领域,如网路传输、无线通信等。

1.2.3 图像处理设备

图像处理设备包括图像处理硬件和图像处理软件。其中,图像处理硬件包括图像处理所使用的处理、输出的硬件设备;图像处理软件包括图像处理主要使用的操作系统、控制软件及应用软件软件等。

1) 图像处理的计算机系统

通用计算机系统有以下四类:Apple Macintosh,包括其内置的操作系统软件及用户接口;IBM PC兼容机,使用磁盘操作系统(Microsoft Windows系统,使用UNIX操作系统或Linux系统);图形工作站,大型计算机系统,拥有大量的资源并被许多用户通过远程工作站共享。各系统也可通过网络共享资源和数据。

2) 图像处理的输出设备

数字图像的显示方式主要分为永久性系统和暂时显示设备。永久性系统,改变了记录媒体的光吸收特性,留下图像的硬拷贝,如照片、胶片、打印纸等。将图像永久记录在纸张或胶片上的设备胶片记录器、激光打印机、喷墨打印机、热蜡转移打印机、颜料升华打印机等"图像记录设备"或"硬拷贝设备"。采用半调(halftone)技术,通过改变排列成规则图案的小黑点的大小来仿真多种灰度级,提高图片的质量。

暂时显示设备,在图像显示器上留下瞬间的影像,如图像监视器、显示器,投影仪等。电视监视器有黑白/彩色,主要指标有扫描制式、清晰度、扫描线性度、屏幕尺寸等。扫描制式一般是是符合国际电视标准的单制式,PAL/NTSC/SECAM等,分辨率较低,因而使用得越来越少。

图像显示系统最重要的显示特性图像的大小、光度分辨率和空间分辨率、高低频响应特性和噪声特性。

3) 图像处理软件

当今的信息化社会,图像是人类赖以获取信息的最重要的来源之一。随着计算机技术的迅猛发展,图像技术与计算机技术不断融合,产生了一系列图像处理软件,如 VC、OpenCV、MATLAB,这些软件的广泛应用为图像技术的发展提供了强大的支持。"工欲善其事,必先利其器",古代的剑客会像爱护自己的手足一样珍惜自己的剑,在决斗中拥有适合自己的武器往往是克敌制胜的关键。这里主要介绍 OpenCV 和 MATLAB 两种软件,并且在下一小节中通过实例具体介绍 MATLAB 在图像处理中最常用的操作方法。

OpenCV 于 1999 年由 Intel 建立,如今由 Willow Garage 提供支持。OpenCV 是一个基于(开源)发行的跨平台计算机视觉库,可以运行在 Linux、Windows 和 Mac OS 操作系统上。OpenCV 轻量级而且高效,由一系列 C 函数和少量 C++ 类构成,其拥有包括 500 多个 C 函数的跨平台的中、高层 API,它不依赖于其他的外部库,但是可以与某些外部库结合使用。OpenCV 提供的视觉处理算法非常丰富,主要采用 C 语言编写,加上其开源的特性,即使不添加新的外部支持也可以完整的编译链接生成执行程序,所以很多人用它来做算法的移植。同时,OpenCV 还提供 Python、Ruby、MATLAB 等语言的接口,实现了图像处理和计算机视觉方面的很多通用算法。

MATLAB 是由美国 mathworks 公司发布的主要面对科学计算、可视化以及交互式程序设计的高科技计算环境。它将数值分析、矩阵计算、科学数据可视化以及非线性动态系统的建模和仿真等诸多强大功能集成在一个易于使用的视窗环境中,为科学研究、工程设计以及必须进行有效数值计算的众多科学领域提供了一种全面的解决方案,并在很大程度上摆脱了传统非交互式程序设计语言(如 C、Fortran)的编辑模式,代表了当今国际科学计算软件的先进水平。MATLAB 已成为国际公认的最优秀的科技应用软件之一,具有编程简单、数据可视化功能强、可操作性强等特点,而且配有功能强大、专业函数丰富的图像处理工具箱,是进行图像处理方面工作必备的软件工具。

1.2.4　MATLAB 的常用操作

1)MATLAB 图像处理工具箱

数字图像处理工具箱函数包括以下 16 类:图像显示;图像文件输入/输出(I/O);图像几何运算;图像像素值及统计处理;图像分析;图像增强及平滑;图像线性滤波;二维线性滤波器设计;图像变换;图像邻域及块操作;图像操作函数;基于区域的图像处理;颜色映像处理;颜色空间转换;图像类型转换;工具箱参数设置等。

MATLAB 图像处理工具箱支持的 4 种基本图像类型是:索引图像、灰度图像、二值图像、RGB 图像。由于有的函数对图像类型有限制,这 4 种类型可以用工具箱的类型转换函数相互转换。MATLAB 可操作的图像文件包括 BMP、HDF、JPEG、PCX、TIFF、XWD 等格式。

2)MATLAB 图像处理初步

(1)读入并显示一幅图像

首先清除 MATLAB 所有的工作平台变量,关闭已打开的图形窗口。其程序如下:

clear;

close all;

然后使用图像读取函数 imread 来读取一幅图像。假设要读取图像"pout. tif",并将其存储在一个名为 I 的数组中,其程序为:

I = imread('pout. tif');

使用 imshow 命令来显示数组 I,其程序如下:

imshow(I);

显示结果如图 1.10 所示。

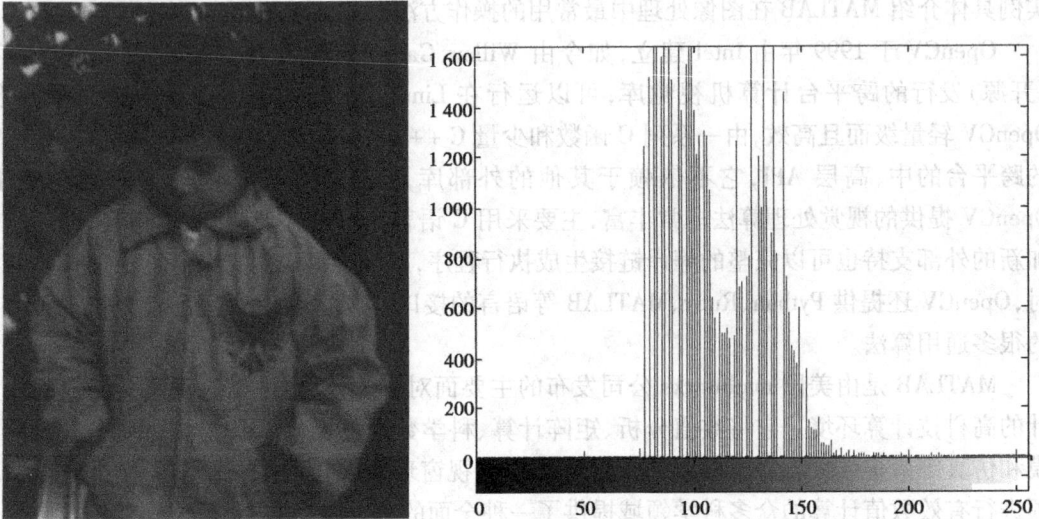

图 1.10　图像 pout. tif 的显示效果和灰度直方图

(2)检查内存中的图像

使用 whos 命令来查看图像数据 I 是如何存储在内存中,其程序为:

　　whos

MATLAB 作出的响应如下:

Name	Size	Bytes	Class
I	291×240	69840	unit8

(3)实现直方图均衡化

如图 1.10 所示,pout. tif 图像对比度较低,为了观察图像当前状态下亮度分布情况,可以通过使用 imhist 函数创建描述该图像灰度分布的直方图。首先使用 figure 命令创建一个新的图像窗口,避免直方图覆盖图像数组 I 的显示结果。其程序为:

$$figure, imhist(I);$$

运行结果如图 1.10 所示。由图可见,图像没有覆盖整个灰度范围[0,255],仅在较狭窄范围内,同时图像中灰度值的高低区分不明显,无较好的对比度。可以通过调用 histeq 函数将图像的灰度值扩展到整个灰度范围中,从而达到提高数组 I 的对比度。其程序为:

$$I2 = histeq(I);$$

$$figure, imshow(I2);$$

$$figure2, imhist(I2);$$

运行结果如图 1.11 所示。此时修改过的图像数据保存在变量 I2 中。然后,再通过调用 imhist 函数观察其拓展后的灰度值的分布情况。

(4)保存图像

将新调节后的图像 I2 保存到磁盘中。假设希望将该图像保存为 PNG 格式图像文件,使

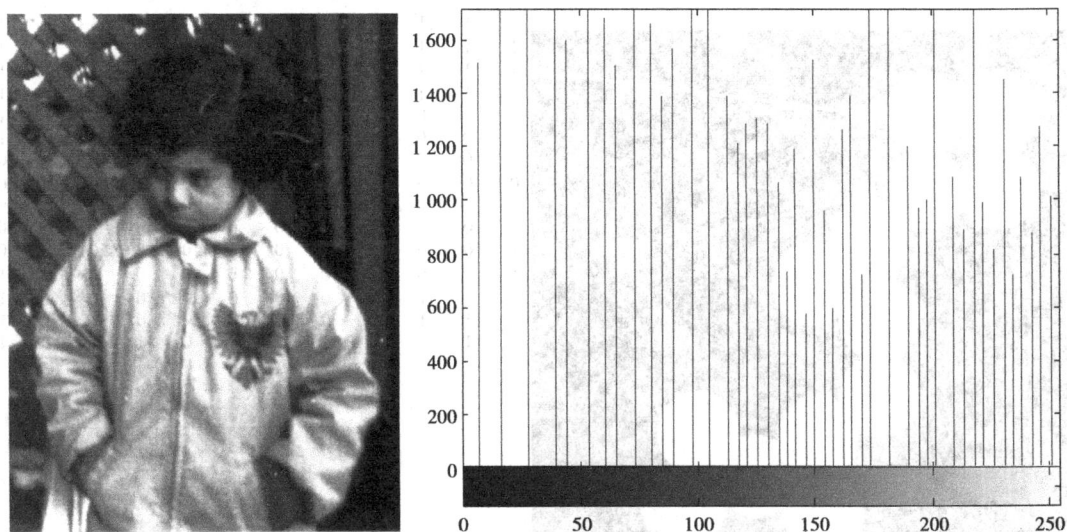

图 1.11　图像 pout. tif 直方图拓展后的效果及直方图

用 imwrite 函数并指定一个文件名,该文件的扩展名为. png。其程序为:

$$imwrite(I2,'pout2. png');$$

(5)检查新生成文件的内容

利用 imfinfo 函数可以观察上述语句写了什么内容在磁盘上。值得注意的是:在 imfinfo 函数语句行末尾不要加上分号,以保证 MATLAB 能够显示图像输出结果;另外,要保证此时的路径与调用 imwrite 时的路径一致。

3)MATLAB 图像类型

图像类型是指数组数值与像素颜色之间定义的关系,它与图像格式概念有所不同,在 MATLAB 图像处理工具箱中,有 5 种类型的图像,其基本情况分别介绍如下:

(1)二进制图像

在一幅二进制图像中,每一个像素将取两个离散数值(0 或 1)中的一个,从本质上说,这两个数值分别代表状态"开"(on)或"关"(off)。

二进制图像仅使用 unit8 或双精度类型的数组来存储。由于 unit8 数组使用的内存较小,故 unit8 类型的数组通常比双精度类型的数组性能更好。在图像处理工具箱中,任何返回一幅二进制图像的函数均使用 unit8 逻辑数组存储该图像,并且使用一个逻辑标志来指示 unit8 逻辑数组的数据范围。若逻辑状态为"开"(on),数组范围则为[0,1];若为"关"(off),则数组范围为[0,255]。图 1.12 所示为一幅典型的二进制图像示例。

(2)索引图像

索引图像是一种把像素值直接作为 RGB 调色板下标的图像。在 MATLAB 中,索引图像包含有一个数据矩阵 X 和一个颜色映射(调色板)矩阵 map。其中,数据矩阵可以是 unit8、unit16 或双精度类型的,颜色映射矩阵 map 是一个 m×3 的数据阵列,其中每个元素的值均为[0,1]之间的双精度浮点型数据,map 矩阵的每一行分别表示红色、绿色和蓝色的颜色值。索引图像可把像素值直接映射为调色板数值,每一个像素的颜色通过使用 X 的数值作为 map 的下标来获得,如值 1 指向矩阵 map 中的第一行,值 2 指向第二行,以此类推。

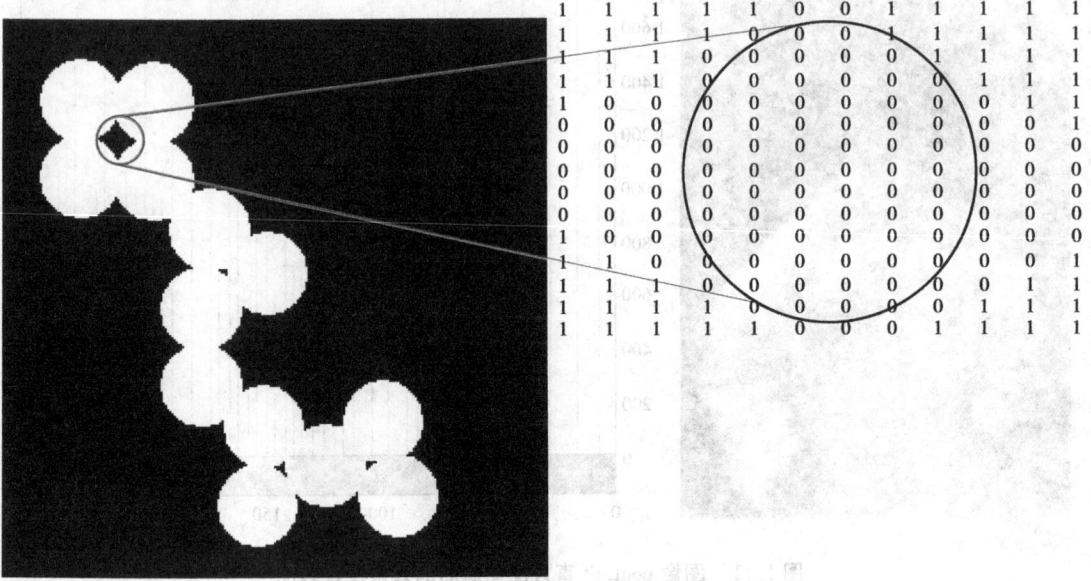

$$
\begin{array}{ccccccccccccccc}
1 & 1 & 1 & 1 & 1 & 1 & 0 & 0 & 1 & 1 & 1 & 1 & 1 \\
1 & 1 & 1 & 1 & 0 & 0 & 0 & 0 & 0 & 1 & 1 & 1 & 1 \\
1 & 1 & 1 & 0 & 0 & 0 & 0 & 0 & 0 & 0 & 1 & 1 & 1 \\
1 & 1 & 0 & 0 & 0 & 0 & 0 & 0 & 0 & 0 & 0 & 1 & 1 \\
1 & 0 & 0 & 0 & 0 & 0 & 0 & 0 & 0 & 0 & 0 & 1 & 1 \\
0 & 0 & 0 & 0 & 0 & 0 & 0 & 0 & 0 & 0 & 0 & 0 & 0 \\
0 & 0 & 0 & 0 & 0 & 0 & 0 & 0 & 0 & 0 & 0 & 0 & 0 \\
0 & 0 & 0 & 0 & 0 & 0 & 0 & 0 & 0 & 0 & 0 & 0 & 0 \\
1 & 0 & 0 & 0 & 0 & 0 & 0 & 0 & 0 & 0 & 0 & 1 & 1 \\
1 & 1 & 0 & 0 & 0 & 0 & 0 & 0 & 0 & 0 & 0 & 1 & 1 \\
1 & 1 & 1 & 1 & 0 & 0 & 0 & 0 & 0 & 1 & 1 & 1 & 1 \\
\end{array}
$$

图 1.12　典型的二进制图像示例"circles. png"

颜色映射通常与索引图像存储在一起,当装载图像时,MATLAB 自动将颜色映射表与图像同时装载。图 1.13 显示了索引图像的结构。该图像中的像素用整数类型表示,这个整数将作为存储在颜色映射表中的颜色数据的指针。图像矩阵与颜色映射表之间的关系依赖于图像数据矩阵的类型。如果图像数据矩阵是双精度类型,则数据 1 指向矩阵 map 中的第一行,数据 2 将指向 map 中的第二行,以此类推;如果图像矩阵是 unit8 或 unit16 类型时,将产生一个偏移量,即数值 0 表示矩阵 map 中的第一行,数据值 1 将指向 map 中的第二行,以此类推。在图 1.13 所示图像中,图像矩阵用的是双精度型,无偏移量,数值 7 指向颜色映射表中的第七行。

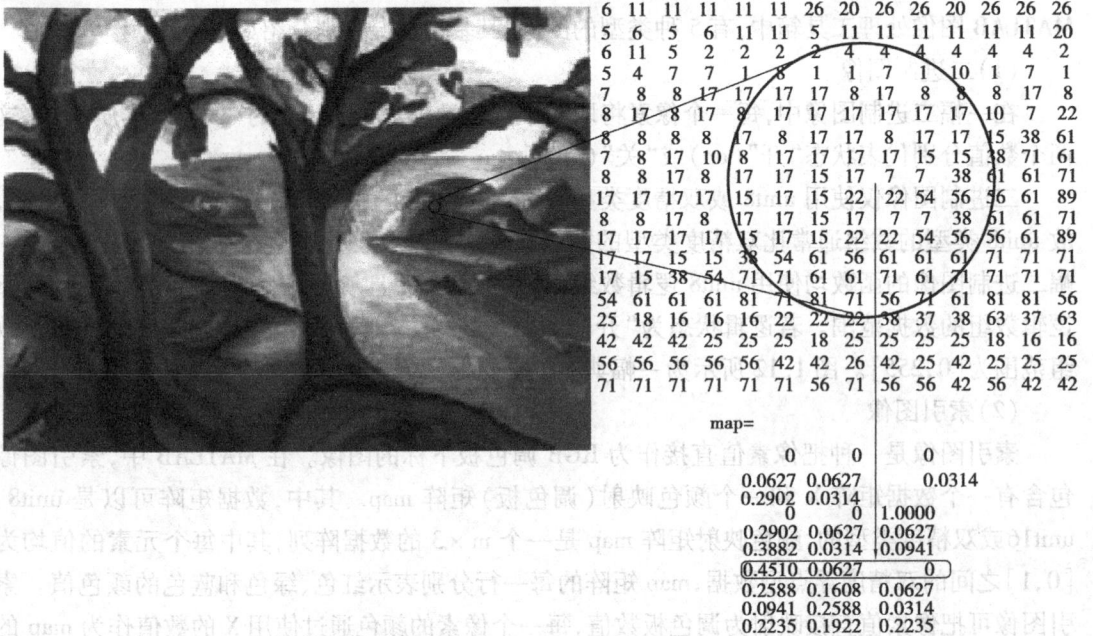

$$
\begin{array}{cccccccccccccc}
6 & 11 & 11 & 11 & 11 & 11 & 26 & 20 & 26 & 26 & 20 & 26 & 26 & 26 \\
5 & 6 & 5 & 6 & 11 & 11 & 5 & 11 & 11 & 11 & 11 & 11 & 11 & 20 \\
5 & 4 & 7 & 2 & 2 & 2 & 4 & 4 & 4 & 4 & 4 & 4 & 2 \\
5 & 4 & 7 & 1 & 1 & 4 & 1 & 2 & 1 & 1 & 10 & 1 & 1 \\
7 & 8 & 8 & 17 & 17 & 17 & 17 & 8 & 17 & 8 & 8 & 17 & 8 \\
8 & 8 & 17 & 8 & 17 & 17 & 17 & 17 & 17 & 17 & 10 & 7 & 22 \\
8 & 8 & 8 & 17 & 8 & 17 & 17 & 8 & 17 & 17 & 8 & 17 & 8 \\
8 & 8 & 17 & 8 & 17 & 17 & 17 & 8 & 17 & 15 & 15 & 38 & 61 & 61 \\
7 & 8 & 17 & 17 & 8 & 17 & 17 & 17 & 15 & 15 & 38 & 71 & 61 \\
8 & 8 & 17 & 8 & 17 & 17 & 15 & 17 & 7 & 7 & 38 & 61 & 61 & 71 \\
17 & 17 & 17 & 17 & 15 & 22 & 22 & 54 & 56 & 56 & 61 & 89 \\
8 & 8 & 17 & 8 & 17 & 17 & 15 & 17 & 7 & 7 & 38 & 61 & 71 \\
17 & 17 & 17 & 17 & 15 & 17 & 15 & 22 & 22 & 54 & 56 & 56 & 61 & 89 \\
17 & 17 & 15 & 15 & 38 & 54 & 61 & 56 & 61 & 61 & 61 & 71 & 71 \\
15 & 15 & 38 & 54 & 71 & 61 & 61 & 71 & 61 & 71 & 71 & 71 & 71 \\
54 & 61 & 61 & 61 & 71 & 81 & 71 & 56 & 71 & 61 & 81 & 81 & 56 \\
25 & 18 & 16 & 16 & 16 & 22 & 22 & 22 & 38 & 37 & 38 & 63 & 37 & 63 \\
42 & 42 & 42 & 25 & 25 & 18 & 25 & 25 & 25 & 25 & 18 & 16 & 16 \\
56 & 56 & 56 & 56 & 56 & 42 & 42 & 26 & 42 & 25 & 42 & 25 & 25 \\
71 & 71 & 71 & 71 & 71 & 71 & 56 & 56 & 42 & 56 & 42 & 42 \\
\end{array}
$$

map=

0	0	0
0.0627	0.0627	0.0314
0.2902	0.0314	0
0	0	1.0000
0.2902	0.0627	0.0627
0.3882	0.0314	0.0941
0.4510	0.0627	0
0.2588	0.1608	0.0627
0.0941	0.2588	0.0314
0.2235	0.1922	0.2235

图 1.13　索引图像 trees. tif 的结构

（3）灰度图像

灰度图像通常由一个 unit8、unit16 或双精度类型的数组来描述,其实质是一个数据矩阵 I。该矩阵中的数据均代表了在一定范围内的灰度级,每一个元素对应于图像的一个像素点,通常 0 代表黑色,1,255 或 65535（针对不同存储类型）代表白色。大多数情况下,灰度图像很少和颜色映射表一起保存,但是在显示灰度图像时,MATLAB 仍然在后台使用预定义的默认的灰度颜色映射表。图 1.14 所示为一个典型的 unit 8 灰度图像。

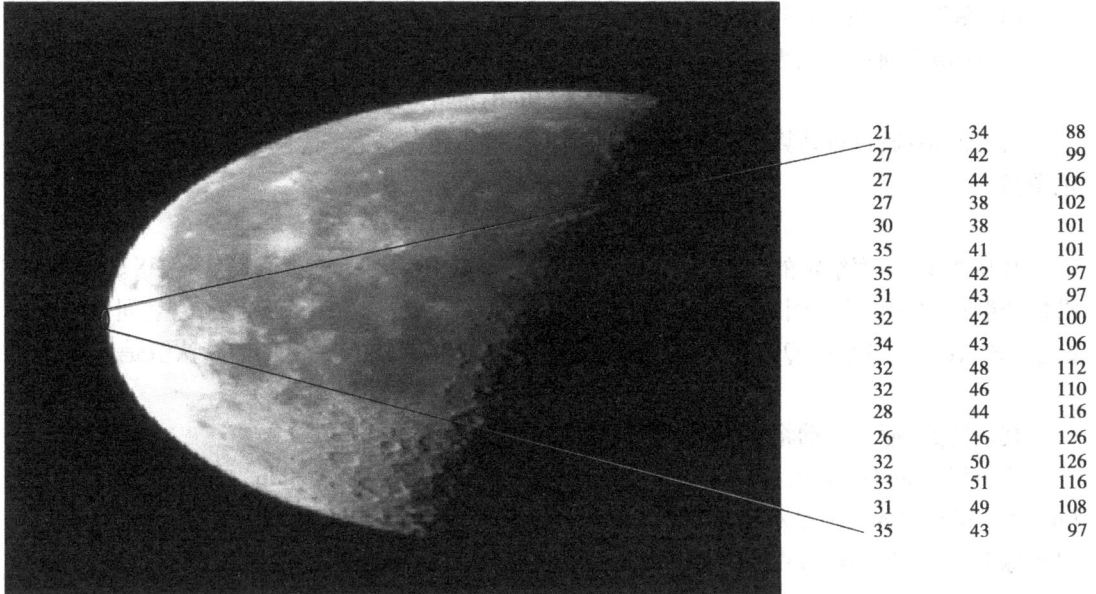

21	34	88
27	42	99
27	44	106
27	38	102
30	38	101
35	41	101
35	42	97
31	43	97
32	42	100
34	43	106
32	48	112
32	46	110
28	44	116
26	46	126
32	50	126
33	51	116
31	49	108
35	43	97

图 1.14　灰度图像 moon. tif

（4）多帧图像

多帧图像是一种包含多幅图像或帧的图像文件,又称为多页图像或图像序列,它主要用于需要对时间或场景上相关图像集合进行操作的场合,例如,磁谐振图像切片或电影帧等。在 MATLAB 中,它是一个四维数组,其中第四维用来指定帧的序号。

在 MATLAB 图像处理工具箱中提供了在同一个数组中存储多幅图像的支持,每一幅单独的图像称为一帧。如果一个数组包含多帧,那么这些图像在四维中是相联系的。在一个多帧图像数组中,每一幅图像必须有相同的大小和颜色分量。在多帧图像中,每一幅图像还要使用相同的调色板。另外,图像处理工具箱中的许多函数（如:imshow）只能够对多帧图像矩阵的前两维或三维进行操作,也可以对四维数组使用这些函数,但是必须单独处理每一帧。如果将一个数组传递给一个函数,并且数组的维数超过该函数设计的操作维数,那么得到的结果是不可预知的。

（5）RGB 图像

RGB 图像又称为真彩图像,它是利用 R、G、B 3 个分量表示一个像素的颜色,R、G、B 分别代表红、绿、蓝 3 种不同的颜色,通过三基色可以合成出任意颜色。所以对一个尺寸为 n×m 的彩色图像来说,在 MATLAB 中则存储为一个 n×m×3 的多维数据数组,其数组中的元素定义了图像中每一个像素的红、绿、蓝颜色值。值得注意的是:RGB 图像不使用调色板,每一个像素的颜色由存储在相应位置的红、绿、蓝颜色分量的组合来确定,图形文件格式把 RGB 图像存储为 24 位的图像,红、绿、蓝分量分别占用 8 位,因而图像理论上可以有 $2^{24}=16777216$ 种颜色,由于这种颜色精度能够再现图像的真实色彩,故称 RGB 图像为真彩图像。

4)MATLAB 图像类型转换

在有些图像操作中,需要对图像的类型进行转换。比如要对一幅索引图像的彩色图像进行滤波,首先应该将其转换成 RGB 图像,再对 RGB 图像使用滤波器,MATLAB 将恰当地滤掉图像中的部分灰度值。下面对一些 MATLAB 图像处理工具箱中常用的类型转换进行介绍。

(1)图像颜色浓淡处理(图像抖动)

dither 函数通过抖动算法转换图像类型,其语法格式为:

$$X = dither(RGB, map)$$

其功能是:通过抖动算法将真彩色图像 RGB 按指定的颜色图(调色板)map 转换成索引色图像 X。

$$X = dither(RGB, map, Qm, Qe)$$

其功能是:利用给定的参数 Qm,Qe 从真彩色图像 RGB 中产生索引色图像 X。Qm 表示沿每个颜色轴反转颜色图的量化(即对于补色各颜色轴)的位数,Qe 表示颜色空间计算误差的量化位数。如果 Qe < Qm,则不进行抖动操作。Qm 的默认值是 5,Qe 的默认值是 8。

$$BW = dither(I)$$

其功能是:通过抖动将矩阵 I 中的灰度图像转换为二进制图像。

值得提醒的是:输入图像(RGB 或 I)可以是双精度类型(double)或 8 位无符号类型(unit8),其他参数必须是双精度类型。如果输出的图像是二值图像或颜色种类少于 256 的索引图像时,为 unit8 类型,否则为 double 型。图 1.15 是灰度图像转换为二进制图像的实例。

$$I = imread('cameraman. tif');$$
$$BW = dither(I);$$
$$imshow(I), figure, imshow(BW)$$

图 1.15　灰度图像 cameram. tif 抖动成二值图像

(2)灰度图像转换为索引图像

gray2ind 函数可以将灰度图像转换成索引图像,其语法格式为:

$$[X, map] = gray2ind(I, n)$$

其功能是:按指定的灰度级数 n 和颜色图 map,将灰度图像 I 转换成索引色图像 X,n 的默认值为 64。下面将灰度图像 cameraman. tif 转换成索引图像 X,颜色图分别为 gray(128),gray

（32），gray（8）。程序清单如下：

$$I = imread('cameraman. tif')$$
$$[I1,map1] = gray2ind(I,128)$$
$$[I2,map2] = gray2ind(I,32)$$
$$[I3,map3] = gray2ind(I,8)$$
$$subplot(1,4,1);imshow(I)$$
$$subplot(1,4,2);imshow(I1,map1)$$
$$subplot(1,4,3);imshow(I2,map2)$$
$$subplot(1,4,4);imshow(I3,map3)$$

运行结果如图 1.16（a）、（b）、（c）、（c）所示。

(a)　　　　　　(b)　　　　　　(c)　　　　　　(d)

图 1.16　灰度图像转换为索引图像

其中（a）为原图，（b）为 gray（8），（c）为 gray（32），（d）为 gray（128）。

（3）索引图像转换为灰度图像

ind2gray 函数可以将索引图像转换成灰度图像，其语法格式为：

$$I = ind2gray(X,map)$$

其功能是：将具有颜色图 map 的索引色图像 I 转换成灰度图像 I，去掉了图像的色度和饱和度，仅保留了图像的亮度信息。输入图像可以是 double 或 unit8 类型，输出图像为 double 类型。

下面将一幅索引图像 trees 转换成灰度图像。程序清单如下：

$$trees = imread('trees1. tif')$$
$$I = ind2gray(X,map);$$
$$subplot(1,2,1);imshow(X,map);$$
$$subplot(1,2,2);imshow(I);$$

运行结果如图 1.17（a）、（b）所示。

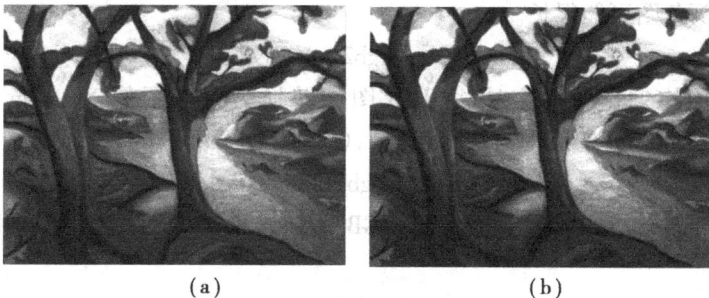

(a)　　　　　　　　　　(b)

图 1.17　索引图像转换为灰度图像

21

其中(a)为索引图像,(b)为灰度图像。

(4)RGB 图像转换为灰度图像

rgb2gray 函数用于将一幅真彩图像(RGB)转换成灰度图像,其语法格式为:

$$I = rgb2gray(RGB)$$

其功能是:将真彩图像 RGB 转换成灰度图像 I。

$$newmap = rgb2gray(map)$$

其功能是:将颜色图 map 转换成灰度级颜色图。

值得提醒的是:如果输入的是真彩图像,则图像可以是 8 位无符号类型或双精度类型,输出图像 I 与输入图像类型相同。如果输入的是颜色图,则输入和输出的图像均为双精度类型。

下面将 RGB 图像 board. tif 转换为灰度图像,程序清单如下:

```
I = imread('board. tif');
J = rgb2gray(I);
figure,imshow(I),figure,imshow(J);
```

运行结果如图 1.18(a)、(b)所示。

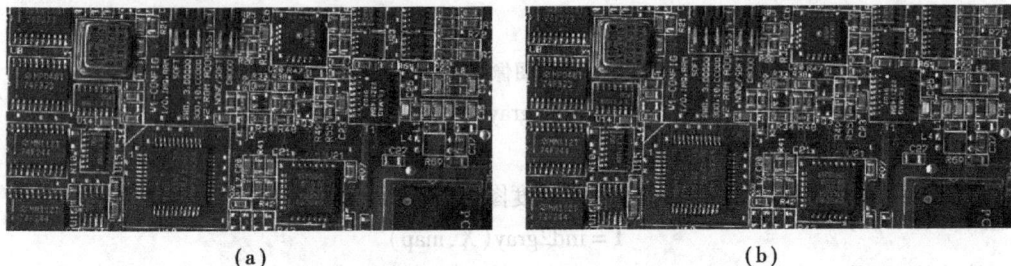

(a)   (b)

图 1.18　RGB 图像转换为灰度图像

其中(a)为索引图像,(b)为灰度图像。

(5)RGB 图像转换为索引图像

rgb2ind 函数用于将真彩图像转换成索引图像,可采用直接转换、均匀量化、最小方差量化、颜色图近似四种方法。除直接转换方法外,其他方法在不指定选项 nodither 时自动进行图像抖动。其语法格式为:

$$[X,map] = rgb2ind(RGB)$$

其功能是:直接将 RGB 图像转换为具有颜色图 map 的矩阵 X。由于每个像素点具有一个值,转换后的颜色图可能很长。

$$[X,map] = rgb2ind(RGB,tol)$$

其功能是:用均匀量化的方法将 RGB 图像转换为索引图像 X。map 包括至少(floor(1/tol) + 1)3 个颜色,tol 的范围为从 0.0 至 1.0。

$$[X,map] = rgb2ind(RGB,n)$$

其功能是:使用最小方差量化方法将 RGB 图像转换为索引图像,map 中包括至少 n 个颜色。

$$X = rgb2ind(RGB,map)$$

其功能是:通过将 RGB 中的颜色与颜色图 map 中最相近的颜色匹配,将 RGB 转换为具有 map 颜色图的索引图像。

$$[\cdots] = \text{rgb2ind}(\cdots, \text{ditheroption})$$

其功能是:通过 ditheroption 参数来设置是否抖动。ditheroption 为 dither 表示使用抖动,以达到较好的颜色效果;缺省时为 nodither,使用了新颜色图中最接近的颜色来画原图的颜色。下面将转换 RGB 图像 onion. png 为索引图像,程序清单如下:

$$\text{RGB} = \text{imread}(\text{'onion. png'});$$
$$[\text{X}, \text{map}] = \text{rgb2ind}(\text{RGB}, 128);$$
$$\text{figure}, \text{imshow}(\text{X}, \text{map})$$
$$\text{figure}(2); \text{imshow}(\text{RGB});$$

运行结果如图 1. 19(a)、(b)所示。

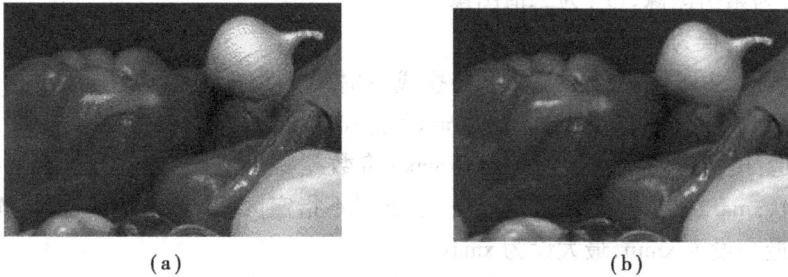

(a)　　　　　　　　　　　　　　(b)

图 1. 19　RGB 图像转换为灰度图像

其中(a)为索引图像,(b)为 RGB 图像。

(6)通过阈值化方法将图像转换为二值图像

im2bw 函数通过设置亮度阈值将真彩图像、索引图像及灰度图像转换成二值图像。在转换过程中,如果输入图像不是灰度图像,首先将其转换为灰度级图像,然后通过阈值化将灰度级图像转换成二值图像。输出二值图像在输入图像所有亮度小于给定值(level 取值范围为 [0,1])像素点处均为 0,其他均为 1。其语法格式为:

$$\text{BW} = \text{im2bw}(\text{I}, \text{level})$$

其功能是:转换灰度图像 I 为黑白二值图像。

$$\text{BW} = \text{im2bw}(\text{X}, \text{map}, \text{level})$$

其功能是:将带有颜色图 map 的索引图像 X 转换为黑白二值图像。

$$\text{BW} = \text{im2bw}(\text{RGB}, \text{level})$$

其功能是:将 RGB 图像转换为黑白图像。

值得注意的是:输入图像可以是双精度类型或 8 位无符号类型,输出图像为 8 位无符号类型。下面通过阈值化方法将索引图像 trees. mat 转换为二值图像,阈值为 0. 4,程序清单如下:

$$\text{Load trees};$$
$$\text{BW} = \text{im2bw}(\text{X}, \text{map}, 0. 4);$$
$$\text{figure}(1);$$
$$\text{imshow}(\text{X}, \text{map});$$
$$\text{figure}(2);$$
$$\text{imshow}(\text{BW});$$

23

运行结果如图 1.20(a)、(b)所示。

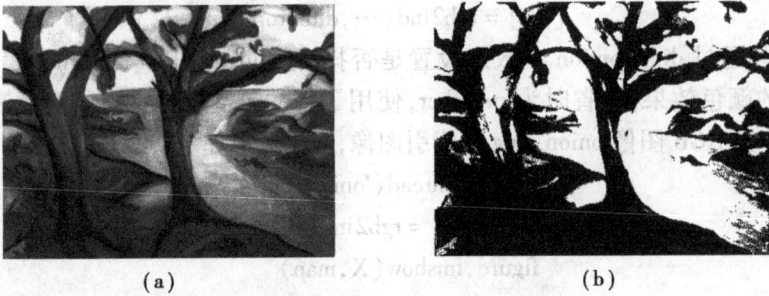

(a)   (b)

图 1.20　索引图像转换为二值图像

其中(a)为索引图像,(b)为二值图像。

(7)将矩阵转换为灰度图像

mat2gray 函数用于将一个数据矩阵转换成一幅灰度图像,其语法格式为:

$$I = mat2gray(X, [xminxmax])$$

其功能是:按指定的取值区间[xminxmax]将数据矩阵 X 转换为图像 I,xmin 对应灰度 0(最暗即黑),xmax 对应灰度 1(最亮即白)。如果不指定区间[xmin,xmax]时,MATLAB 则自动将 X 阵中最小设为 xmin,最大设为 xmax。

值得注意的是:输入矩阵 X 和输出图像 I 都是双精度类型。实际上,mat2gray 函数与 imshow 函数功能类似。imshow 函数也可以用来使数据矩阵可视化。下面将图像滤波后产生的矩阵转换为灰度图像。程序清单如下:

```
I = imread('rice. png');
J = filter2(fspecial('sobel'),I);%边缘检测 sobel 算法
K = mat2gray(J);
imshow(I),figure,imshow(K)
```

运行结果如图 1.21(a)、(b)所示。

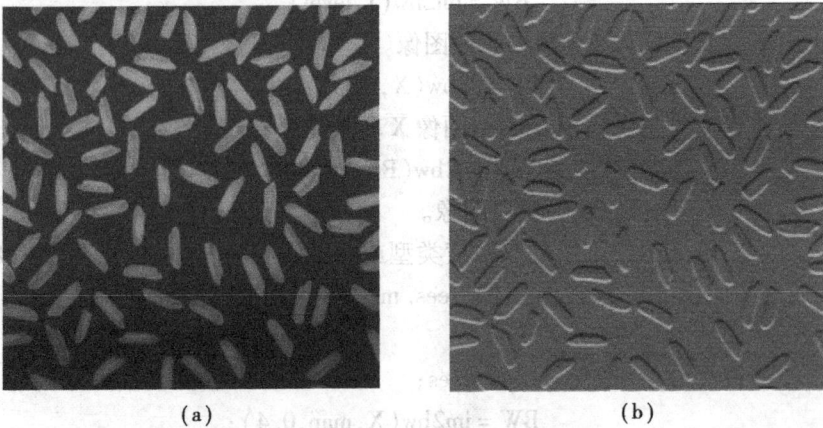

(a)   (b)

图 1.21　索引图像转换为二值图像

其中(a)为索引图像,(b)为二值图像。

1.3 颜色视觉和色度图

人的色觉的产生是一个复杂的过程,除了光源对眼睛的刺激,还需要人脑对刺激的解释。人感受到的物体颜色取决于反射光的特性,如果物体比较均衡地反射各种光谱,则物体看起来是白的。如果物体对某些光谱反射得较多,则物体看起来就呈现相对应的颜色。因此,需要对视觉有一个基本的了解。本节的目的是介绍一些图像与视觉有关的基本概念和基本定义。

1.3.1 三基色

根据人眼结构,所有颜色都可看做是3个基本颜色红(R),绿(G)和蓝(B)的不同组合。为了标准化起见,国际照明委员会(CIE,International Commission on Illumination)规定用波长为700 nm、546.1 nm、435.8 nm的单色光分别作为红(R)、绿(G)、蓝(B)三原色。

颜色可分为无彩色和有彩色两大类。无彩色指白色、黑色和各种深浅程度不同的灰色。彩色则指除去上述黑白系列以外的各种颜色。

人们区分颜色常用3种基本特性量:亮度、色调和饱和度。亮度与物体的反射率成正比,如果无彩色就只有亮度一个自由度的变化。色调是与混合光谱中主要光波长相联系的。饱和度与一定色调的纯度有关,纯光谱色是完全饱和的,随着白光的加入饱和度逐渐减少。色调和饱和度合起来称为色度。

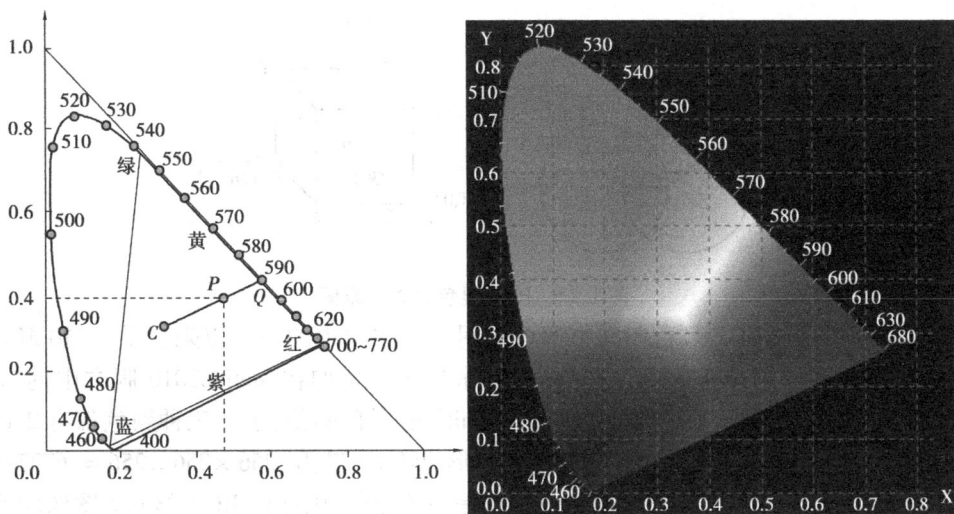

图 1.22 色度图示意

1) 色度图

横轴对应红色的色系数r,纵轴对应绿色的色系数g,蓝色的色系数可由式 x + y + z = 1 求得,它在与纸面垂直的方向上。x/y 轴表示红/绿色色系数,蓝色色系数为 z = 1. (x + y)。在色度图中边界上的点代表纯颜色,颜色的纯度(饱和度)为 100% ,点移向中心则表示混合的白光增加而颜色纯度减少。图中每点对应一种可见光颜色。表示互补色的两点连线一定通

25

过参考白光 C 点。在色度图中连接任意两端点的直线上的各点,表示将这两端点所代表的颜色相加可组成的一种颜色。例:图 1.22 的色度图中,中心 C 点对应于白色,由三原色各 1/3 组合产生,色纯度(饱和度)为零,P 点的色度坐标为(x = 0.48,y = 0.40),直线段 CP 的延长线与色度边界线交于 Q 点(约 590 nm),色调为纯橙色,色纯度为 100%。P 点位于从 C 到纯橙色 Q 点的 66% 的地方,所以它的色纯度为 66%。

2)三基色原理

三基色是指红,绿,蓝三色,人眼对红、绿、蓝最为敏感,大多数的颜色可以通过红、绿、蓝三色按照不同的比例合成产生。同样绝大多数单色光也可以分解成红绿蓝三种色光。这是色度学的最基本原理,即三基色原理。红绿蓝三基色按照不同的比例相加合成混色称为相加混色,除了相加混色法之外还有相减混色法。可根据需要相加相减调配颜色,如下所示为三基色的配色方程:

$$C = aC_1 + bC_2 + cC_3 \qquad (a,b,c \geq 0) \tag{1.1}$$

其中,C_1、C_2、C_3 为三原色(又称为三基色),a、b、c 为三种原色的权值(即三原色的比例或浓度),C 为所合成的颜色,可为任意颜色。

1.3.2 颜色模型

1)RGB 模型

RGB 模型是通过 3 种基本色的叠加来产生各种各样的不同颜色也称为加色混色模型。这个标准能够涵盖人类视力所能感知的所有颜色,是目前运用最广泛的颜色系统之一,适合于显示器等发光体的显示,如图 1.23 所示。

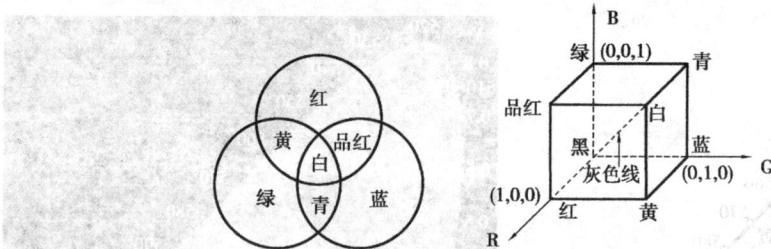

图 1.23 RGB 混色效果示意图

任何一种颜色在 RGB 颜色空间中都可以用三维空间中的一个点来表示,一幅 $M \times N$ 的 RGB 彩色图像,可以用一个 $M \times N \times 3$ 的矩阵来描述。例如在 Matlab2010 版本中的"onion. png"就是一幅 $135 \times 198 \times 3$ 并且每个像素为 unit8 的彩色图像,也就三种颜色都有 256 个亮度水平级。所以每个像素上三种色彩叠加就能形成约 1 677 万($256 \times 256 \times 256 = 16777216$)种颜色了,普遍认为人眼对色彩的分辨能力大致是一千万色,因此由 RGB 形成的图像均称作真彩色。通过它们足以再现绚丽的世界。

【例1.1】 使用如下代码可得到 RGB 真彩图像中三基色的矩阵及其灰度显示,效果如图 1.24 所示。

```
A = imread('onion. png')
imshow(A)
size(A)
```

$$B = A(\ :,:,1)$$
$$imshow(B)$$
$$C = A(\ :,:,2)$$
$$imshow(C)$$
$$D = A(\ :,:,3)$$
$$imshow(D)$$

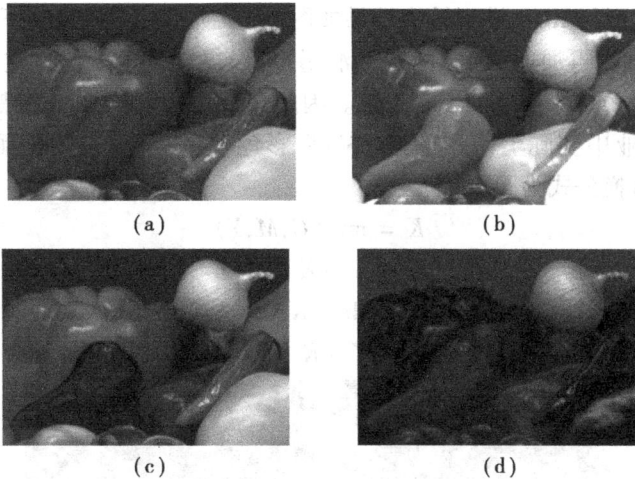

图 1.24　真彩色图像及它的 3 个分量

（a）真彩色图像；（b）R 分量；（c）G 分量；（d）B 分量

　　就编辑图像而言,RGB 色彩模式也是最佳的色彩模式,因为它可提供全屏幕的 24 bit 的色彩范围,即"真彩色"显示。但是,如果将 RGB 模式用于打印就不是最佳的了,因为 RGB 模式所提供的有些色彩已经超出了打印色彩范围之外,因此在打印一幅真彩的图像时,就必然会损失一部分亮度,并且比较鲜明的色彩肯定会失真的。这主要是因为打印所用的是 CMYK 模式,而 CMYK 模式所定义的色彩要比 RGB 模式定义的色彩少得多,因此打印时,系统将自动进行 RGB 模式与 CMYK 模式的转换,这样就难以避免损失一部分颜色,出现打印后的失真现象。

　　2）CMY 模型

　　CMY 模型是指采用青色（Cyan）、品红色（Magenta）、黄色（Yellow）3 种基本颜色按一定比例合成颜色的方法,是一种依靠反光显色的色彩模式。在 CMY 模型中,显示的色彩不是直接来自于光线的色彩,而是光线被物体吸收掉一部分之后反射回来的剩余光线所产生的。因此,光线都被吸收时显示为黑色（减色法）,当光线完全被反射时显示为白色（加色法）。CMY 模型适合于彩色打印、印刷行业等。图 1.25 为 CMY 混色效果示意图。

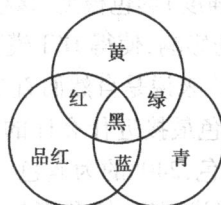

图 1.25　CMY 混色效果示意图

CMY 模型与 RGB 模型关系如下式所示：

$$\begin{bmatrix} C \\ M \\ Y \end{bmatrix} = \begin{bmatrix} 1 \\ 1 \\ 1 \end{bmatrix} - \begin{bmatrix} R \\ G \\ B \end{bmatrix}$$ (1.2)

其中，青(C) = (红色光 + 绿色光 + 蓝色光) − 红色光 = 绿色 + 蓝色；品红(M) = (红色光 + 绿色光 + 蓝色光) − 绿色光 = 红色 + 蓝色；黄(Y) = (红色光 + 绿色光 + 蓝色光) − 蓝色光 = 红色 + 绿色。CMY 模型与 RGB 模型转换结果如图 1.26 所示。理想状态下，100% 的青色油墨加上 100% 的品红油墨再加上 100% 的黄色油墨，可以得出黑色。但是这种理想状态是难以实现的，往往得出来的是深褐色而不是黑色。因此，为了能得到更纯正的黑色，就加入了黑色油墨。因此在印刷业中实际上使用的是 CMYK 彩色模型，K 为第四种颜色，表示黑色。从 CMY 到 CMYK 的转换公式为

$$K = \min(C, M, Y)$$
$$C = C - K$$
$$M = M - K$$ (1.3)
$$Y = Y - K$$

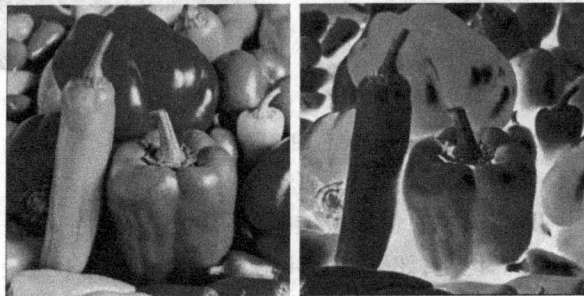

RGB空间的彩色图像   CMY空间的彩色图像

图 1.26　RGB 与 CMY 空间的转换

3) HSI 模型

HSI[Hue-Saturation-Intensity(Lightness), HSI 或 HSL]颜色模型用 H、S、I 三参数描述颜色特性，其中 H 定义颜色的波长，称为色调；S 表示颜色的深浅程度，称为饱和度；I 表示强度或亮度。当人观察一个彩色物体时，用色调、饱和度、亮度来描述物体的颜色。色调是描述纯色的属性(纯黄色、橘黄或者红色)；饱和度给出一种纯色被白光稀释的程度的度量；亮度是一个主观的描述，实际上，它是不可以测量的，体现了无色的强度概念，并且是描述彩色感觉的关键参数。而强度(灰度)是单色图像最有用的描述子，这个量是可以测量且很容易解释，提出的这个模型称作 HSI(色调、饱和度、强度)彩色模型，该模型可在彩色图像中从携带的彩色信息(色调和饱和度)里消去强度分量的影响，使得 HSI 模型成为开发基于彩色描述的图像处理方法的良好工具，而这种彩色描述对人来说是自然而直观的。

色调 H 由角度表示，它反映了颜色最接近什么样的光谱波长，即光的不同颜色。通常假定 0° 表示的颜色为红色，120° 的为绿色，240° 的为蓝色。从 0° ~ 360° 的色相覆盖了所有可见光谱的彩色。饱和度 S 表征颜色的深浅程度，饱和度越高，颜色越深。饱和度参数是色环的原点(圆心)到彩色点的半径长度。在环的边界上的颜色饱和度最高，其饱和度值为 1，在中

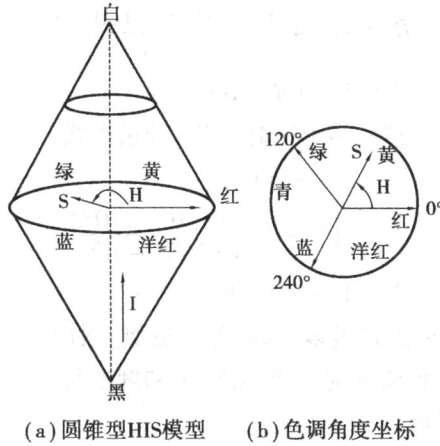

（a）圆锥型HIS模型　　（b）色调角度坐标

图1.27　HIS模型示意图

心的饱和度为0°。亮度 I 是指光波作用于感受器所发生的效应,其大小由物体反射系数来决定,反射系数越大,物体的亮度越大,反之越小。如果把亮度作为色环的垂线,那么 H、S、I 构成一个锥形彩色空间如图 1.27 所示。灰度阴影沿着轴线自下而上亮度逐渐增大,由底部的黑渐变成顶部的白,圆柱顶部的圆周上的颜色具有最高亮度和最大饱和度。

1.3.3　颜色模型转换

彩色模式就是建立的一个 3-D 坐标系统,表示一个彩色空间,采用不同的基本量(三基色)来表示彩色,就得到不同的彩色模式(彩色空间),不同的彩色空间都能表示同一种颜色,因此,它们之间是可以转换的。

1) RGB 到 HSI 模型的转换

$$I = \frac{1}{3}(R + G + B)$$

$$S = 1 - \frac{3}{(R + G + B)}\left[\min(R,G,B)\right]$$

$$H = \begin{cases} \theta & G < B \\ 2\pi - \theta & G \geq B \end{cases} \tag{1.4}$$

$$\theta = \arccos\left\{\frac{\left[(R - G) + (R - B)\right]/2}{\left[(R - G)^2 + (R - B)(G - B)\right]^{1/2}}\right\} \tag{1.5}$$

2) HSI 到 RGB 模型的转换

在[0,1]内给出 HSI 值,现在要在相同的值域找到 RGB 值,需要根据颜色点落在色环的哪个扇区来选用不同的转换公式。

当($0 \leq H \leq 120°$):当 H 位于这一扇形区时,RGB 分量由式(1.6)给出:

$$B = I(1 - S)$$

$$R = I\left[1 + \frac{S \cdot \cos H}{\cos(60° - H)}\right]$$

$$G = 1 - (R + B) \tag{1.6}$$

当($120° \leq H \leq 240°$):当 H 位于这一扇形区时,RGB 分量由式(1.7)给出:

$$B = I(1 - S)$$

$$R = I\left[1 + \frac{S \cdot \cos(H - 120°)}{\cos H}\right]$$

$$G = 1 - (R + B) \tag{1.7}$$

当$(240° \leqslant H \leqslant 360°)$：当 H 位于这一扇形区时，RGB 分量由式(1.8)给出：

$$B = I(1 - S)$$

$$R = I\left[1 + \frac{S \cdot \cos(H - 240°)}{\cos(300° - H)}\right]$$

$$G = 1 - (R + B) \tag{1.8}$$

RGB 与 HSI 之间的变换公式有很多，基本思想类似。对于从 RGB 转换到 HSI 空间的方法，只要该方法保证转换后的色调 H 是一个角度，饱和度 S 与亮度 I 相互独立，并且这个转换是可逆的，那么这种方法就是可行的。

3)彩色图像的 MATLAB 实现

MATLAB 图像处理工具箱中支持的彩色图像类型为索引图像、RGB 图像和 HSV 图像。

（1）支持的彩色图像类型

索引图像包括图像矩阵与颜色图数组，其中颜色图是按图像颜色值进行排序后的数组。对于每一个像素，图像矩阵包含一个值，这个值就是颜色数据组中的索引。颜色图为 $M \times 3$ 双精度值矩阵，各行分别指定红、绿、蓝单色值。

RGB 图像与索引图像一样，RGB 图像分别用红、绿、蓝 3 个亮度值为一组，代表每个像素的颜色。这些亮度直接存在图像数组中，图像数组为 $m \times n \times 3$，m、n 表示图像像素的行列数。

HSV 图像分别用色调(色相)、饱和度、灰度(亮度)3 个值为一组，代表每个像素的颜色，HSV 彩色图数据矩阵的三列分别表示色相，饱和度和亮度值，图像数组为 $m \times n \times 3$，m、n 表示图像像素的行列数。

（2）HSV 模式与 RGB 模式之间的相互变换

【例 1.2】 MATLAB 图像处理工具箱中提供了 HSV 模式与 RGB 模式之间的相互变换：hsv2rgb( )、rgb2hsv( )。

```
A = imread('peppers. png')
B = hsv2rgb(A)
imshow(A)
B = rgb2hsv(A)
imshow(B)
C = hsv2rgb(B);
imshow(C)
```

图 1.28　图像由 RGB 变换为 HSV 模型后再变换为 RGB

从图 1.28 看出,图像在 RGB 和 HSV 模型之间的转换在 Matlab 中是方便进行的,并且这种相互的变换不影响图像信息传递。

1.4　像素的邻域和连通性

本节介绍数字图像中像素之间的相互关系,这是图像中最基本也是最重要的关系。

1) 邻域

对一个坐标为(x,y)的像素p,它可以有两个水平和两个垂直的近邻像素。它们的坐标分别是$(x+1,y)$,$(x-1,y)$,$(x,y+1)$,$(x,y-1)$,这四个像素称为p的 4 邻域。

取像素p四周的 8 个点作为相链接的邻域点,除掉p本身外,剩下的 8 个点就是p的 8 邻域。

2) 连通性

标签分配是根据图像的组成结构和应用需求将图像划分成若干个互不相交的子区域,并为每个区域分配不同的标签的过程。这些子区域是某种意义下具有共同属性的像素的连通集合。如不同目标物体所占的图像区域、前景所占的图像区域等。连通是指集合中任意两点之间都存在着完全属于该集合的连通路径。

对于数字图像而言,如图 1.29 所示,连通包括 4 连通和 8 连通两种情况。4 连通如图 1.29(a)所示,是指从区域内一点出发,可通过 4 个方向,即上下、左右移动的组合,在不超过区域的前提下,到达区域内的任意像素点。8 连通如图 1.29(b)所示,是指从区域内一点出发,可通过左、右、上、下、左上、右上、左下、右下这 8 个方向的移动组合,到达区域内的任意像素点。

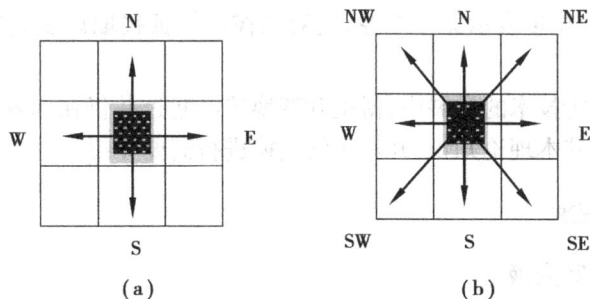

图 1.29　4 连通和 8 连通示意图

其中(a)为 4 连通,(b)为 8 连通

因此,互为 4 邻域的像素又可称为 4 连通,互为 8 邻域的像素又可称为 8 连通。目标和背景的连通性定义必须取不同,否则会引起矛盾,如图 1.30 所示的图像经过 4 连通和 8 连通表现出不同的区域特性。

$$\begin{bmatrix} 1 & 0 & 1 & 0 & 0 & 0 \\ 1 & 1 & 1 & 0 & 1 & 0 \\ 0 & 1 & 1 & 0 & 0 & 0 \end{bmatrix}$$

图 1.30　目标和背景连通性

【例1.3】 图1.30图像的连通性。

$$bw = [1\ 0\ 1\ 0\ 0\ 0;\ 1\ 1\ 1\ 0\ 1\ 0;\ 0\ 1\ 1\ 0\ 0\ 0]$$

$$[B\ L4] = bwlabel(bw,4)\quad \%4连通区域分割$$

结果为

$$B = [1\ 0\ 1\ 0\ 0\ 0;\ 1\ 1\ 1\ 0\ 2\ 0;\ 0\ 1\ 1\ 0\ 0\ 3]$$

$$L4 = 3$$

$$[B\ L8] = bwlabel(bw,8)\quad \%8连通区域分割$$

结果为

$$B = [1\ 0\ 1\ 0\ 0\ 0;\ 1\ 1\ 1\ 0\ 2\ 0;\ 0\ 1\ 1\ 0\ 0\ 2]$$

$$L8 = 2$$

图像像素间的相互关系与图像分割有着密不可分的联系,根据相邻像素的连通属性的不同,可以将图像划分为若干个相连且非空的子区域集合,像素间的相邻关系可以扩展到相邻子区域的相关性研究,为图像分割、目标识别和图像理解奠定基础。

1.5 频域变换方法

在数字信号的处理技术当中,常常需要将原定义在时域空间的信号以某种形式转换到频域空间,并利用频域空间的特有性质方便地进行一定的加工,最后再转换到时域空间以得到所需的效果。在数字图像处理中,这一方法仍然有效,图像函数经过频域变换后处理起来较变换前更加简单和方便,由于这种变换是对图像函数而言的,所以称为图像变换。现在研究的图像变换基本上都是正交变换,正交变换可以减少图像数据的相关性,获取图像的整体特点,有利于用较少的数据量表示原始图像,这对图像的特征提取以及高层语义分析都是非常有意义的。

在图像处理和分析技术的发展中,傅里叶变换曾经起过并仍在起着重要的作用。本节重点介绍傅里叶变换的基本理论知识,并对小波变换进行简要介绍。

1.5.1 傅里叶变换

1)二维连续傅里叶变换

二维连续函数 $f(x,y)$ 的傅里叶变换定义如下:设 $f(x,y)$ 是独立变量 x,y 的函数,且在 $\pm\infty$ 上绝对可积,则定义积分

$$F(u,v) = \int_{-\infty}^{\infty}\int_{-\infty}^{\infty} f(x,y)\,e^{-j2\pi(ux+vy)}\,dxdy \tag{1.9}$$

$$F^{-1}[F(u,v)] = f(x,y) = \int_{-\infty}^{\infty}\int_{-\infty}^{\infty} F(u,v)\,e^{j2\pi(ux+vy)}\,dudv \tag{1.10}$$

为二维连续函数 $f(x,y)$ 的傅里叶变换。

二维傅里叶变换的频谱、相位角和功率谱的定义公式如下:

$$|F(u,v)| = \left[R^2(u,v) + I^2(u,v)\right]^{1/2} \tag{1.11}$$

$$\varphi(u,v) = \tan^{-1}\left[\frac{I(u,v)}{R(u,v)}\right] \qquad (1.12)$$

$$P(u,v) = |F(u,v)|^2 = R^2(u,v) + I^2(u,v) \qquad (1.13)$$

2）二维离散傅里叶变换

在用计算处理博里叶变换通常采用离散傅里叶变换（Discrete Fourier Transform，DFT）。采用离散傅里叶变换主要有以下两个原因：

①因为 DFT 的输入/输出均为离散值，非常适用于计算机的操作运算；

②采用离散傅里叶变换，就可以用一种快速算法，即快速傅里叶变换（Fast Fourier Transform，FFT）。

FFT 的设计思想是将原函数分为奇数项和偶数项，通过不断将一个奇数项和一个偶数项相加（减），得到需要的结果，也就是说 FFT 是将复杂的乘法运算变成两个数相加（减）的简单运算的重复。即通过计算两个单点的 DFT，来计算一个双点的 DFT；通过计算两个双点的 DFT，来计算四个点的 DFT，……，以此类推。

对于尺寸为 $M \times N$ 的离散图像函数的 DFT

$$F(u,v) = \frac{1}{MN}\sum_{x=0}^{M-1}\sum_{y=0}^{N-1} f(x,y)\,\mathrm{e}^{-\mathrm{j}2\pi(ux/M+vy/N)} \qquad (1.14)$$

反变换可以通过对 $F(u,v)$ 求 IDFT 获得

$$f(x,y) = \sum_{u=0}^{M-1}\sum_{v=0}^{N-1} F(u,v)\,\mathrm{e}^{\mathrm{j}2\pi(ux/M+vy/N)} \qquad (1.15)$$

$f(x,y)$ 为实函数，其傅里叶变换 $F(u,v)$ 通常为复函数，若 $F(u,v)$ 的实部为 $R(u,v)$ 虚部为 $I(u,v)$，则其复数形式为：

$$F(u,v) = R(u,v) + \mathrm{j}I(u,v) \qquad (1.16)$$

$$\varphi(u,v) = \arctan\left[\frac{I(u,v)}{R(u,v)}\right] \qquad (1.17)$$

3）数字图像的二维傅里叶变换

在图像处理的广泛领域中，傅里叶变换起着非常重要的作用，包括图像的效果增强、图像分析、图像复原和图像压缩等。在图像数据的数字处理中常用的是二维离散傅里叶变换，它能把空间域的图像转变到空间频域上进行研究，从而能很容易地了解到图像的各空间频域成分，进行相应处理。

在 MATLAB 中，提供了 fft 函数、fft2 函数和 fftn 函数分别用于进行一维 DFT、二维 DFT 和 N 维 DFT 的快速傅里叶变换；ifft 函数、ifft2 函数和 ifftn 函数分别用于进行一维 DFT、二维 DFT 和 N 维 DFT 的快速傅里叶反变换。

傅里叶变换能够用来分析两幅图像的相关性，相关性可以用来确定一幅图像的特征，在这个意义下，相关性通常被称为模板匹配。

【例 1.4】　在图像 text. tif 中定位字母"a"，如图 1.31（a）所示，可以采用下面的方法定位。

将包含字母"a"的图像与 text. tif 图像进行相关运算，也就是首先将字母 a 和图像 text. tif 进行傅里叶变换，然后利用快速卷积的方法，计算字母 a 和图像 text. tif 的卷积（其结果如图 1.31（b）所示），提取卷积运算的峰值，如图 1.31（c）所示的光标标注所示，即得到在图像 text. tif 中对字母"a"定位的结果。

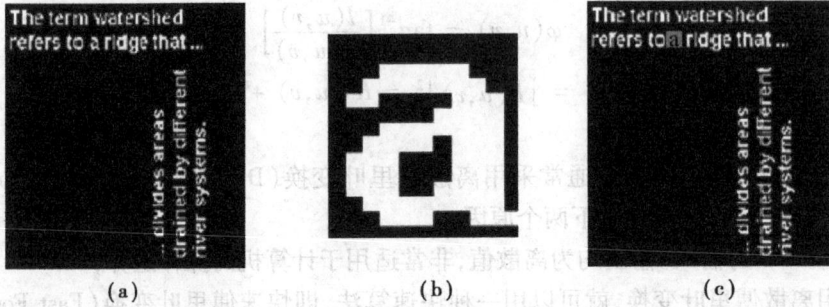

图 1.31　图像特征识别

其中(a)为含有和字母"a"的图像,(b)快递卷积结果,(c)对字母"a"定位的结果
程序代码如下:

```
I = imread('text. png') ;% 读入图像'text. tif'
a = I(32:45,88:98) ;% 从图像中抽取字母 a 的图像
imshow(I) ;
figure,imshow(a) ;
b = real(ifft2(fft2(I). * fft2(rot90(a,2),256,256))) ;
figure,imshow(b,[ ]) ;
thresh = max(b(:)) ;% 找到 b 中的最大值,选择一个略小于该数的数值作为阈值
figure,imshow(b > thresh) ;% 显示像素值超过阈值
ans = 60
thresh = 68
```

1.5.2　小波变换

虽然傅里叶变换能够将任何解析函数甚至很窄的瞬态信号表示为正弦波之和,然而这要靠若干正弦波的复杂组合才能形成一个在大部分区间上为零的函数,这虽然是使变换成为可逆的有效方法,但却使函数的频谱与函数本身看起来截然不同。在注意到傅里叶变换的弱点后,Gabor(伽柏)于 1946 年提出了信号的时域和频域局部化的分析方法,就是人们通常说的 Gabor 变换(伽柏变换),也称为加窗的傅里叶变换。为了提高局部的可观察性,则需要加大窗口,这样导致计算量大增,以致无法具体实现。

与傅里叶变换相比,小波变换是空间(时间)和频率的局部变换,因而能有效地从信号中提取信息。通过伸缩和平移等运算功能可对函数或信号进行多尺度的细化分析,解决了傅里叶变换不能解决的困难问题。小波之所以小,是因为它有衰减性,即局部非零,而称为波,则是因为它有波动性,即其取值呈正负相间的振荡形式。由于小波在频率和时间或空间位置内都是可变的,所以其有很好的时频或空频局部特性。

小波(Wavelet)函数的数学定义是:设 $\psi(t)$ 为平方可积函数,即 $\psi(t) \in L^2(R)$,若其傅里叶变换 $\psi(\omega)$ 满足条件:

$$\int_R \frac{|\psi(t)|}{\omega} \mathrm{d}\omega < \infty \tag{1.18}$$

则称 $\psi(t)$ 为一个基本小波或波母函数,并称式(1.18)是小波函数的可允许条件。根据

小波函数的定义,小波函数一般在时域具有紧支集或近似紧支集,即函数的非零值定义域具有有限的范围,这即所谓"小"的特点。另一方而,根据可允许性条件可知 $\psi(t)\big|_{\omega=0}=0$,即直流分量为零,因此小波具有正负交替的波动性。

将小波母函数 w( ) 进行伸缩和平移,设其伸缩因子(亦称尺度因子)为 a,平移因子为 r,并记平移伸缩后的函数为 $\psi_{a,r}(t)$,则

$$\psi_{a,r}(t) = a^{-\frac{1}{2}}\psi\left(\frac{t-\tau}{a}\right) \qquad (a>0,\ \tau\in\mathbf{R}) \tag{1.19}$$

并称 $\psi_{a,r}(t)$ 参数 a 和 τ 的小波基函数。由于 a 和 τ 均取连续变化的值,因此又称为连续小波基函数,它们是由同一母函数 $\psi(t)$ 经伸缩和平移后得到的一组函数。

将 $L^2(R)$ 空间的任意函数 $f(t)$ 在小波基函数下展开,称其为函数 $f(t)$ 的连续小波变换(CWT),变换式为:

$$WT_f(a,\tau) = a^{-\frac{1}{2}}\int_{\mathbf{R}} f(t)\ \overline{\psi\left(\frac{t-\tau}{a}\right)}\mathrm{d}t \tag{1.20}$$

式中,$\overline{\psi\left(\frac{t-\tau}{a}\right)\mathrm{d}t}$ 为小波基函数的共轭函数。

CWT 的变换结果是许多小波系数 $WT_f(a,\ \tau)$,这些系数是缩放因子和平移的函数。小波变换是通过缩放母小波的宽度来获得信号的频率特征,通过平移母小波来获得信号的时间信息。对母小波的缩放和平移操作是为了计算小波系数,这些小波系数反映了小波和局部信号之间的相关程度。

其小波母函数 $\psi(t)$ 缩放和平移的操作含义如下:缩放就是压缩或伸展基本小波。小波的缩放因子与信号频率之间的关系是缩放因子越小,小波越窄,度量的是信号的细节变化,表示信号频率越高:缩放因子越大,小波越宽。度量的是信号的粗糙程度,表示信号频率越低。小波的缩放操作如图 1.32 所示平移就是小波的延迟或超前,如图 1.33 所示。

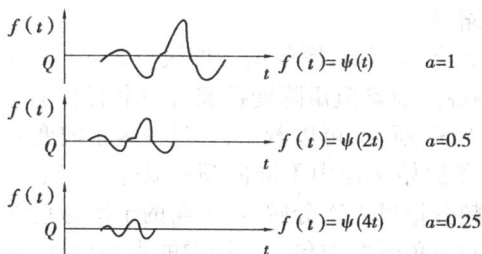

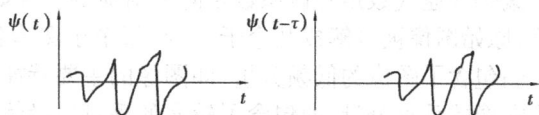

图 1.32 小波的缩放操作   图 1.33 小波的平移操作

CWT 计算主要有如下 5 个步骤:

(1)取一个小波,将其与原始信号的开始一节进行比较。

(2)计算数值 WT_f。WT_f 表示小波与所取一节信号的相似程度,计算结果取决于所选小波的形状。

(3)移动小波,重复第(1)步和第(2)步,直到覆盖整个信号。

(4)伸展小波,重复(1)~(3)步

(5)对于所有缩放,重复(1)~(4)步。

在具体应用中,需要根据原函数 $f(t)$ 的特点来选择小波基 $\psi(t)$,使得小波变换能更好地反映函数 $f(t)$ 的特征,下面是一些小波基函数的例子。

(1)哈尔(Haar)小波,如图 1.34 所示。其表达式为:

$$\psi(t) = \begin{cases} 1 & 0 \le t < \frac{1}{2} \\ -1 & \frac{1}{2} \le t < 1 \\ 0 & 0 \end{cases} \tag{1.21}$$

(2)墨西哥帽小波,如图 1.35 所示。

$$\psi(t) = \frac{2}{\sqrt{3}\sqrt{\pi}}(1-t^2)e^{-\frac{t^2}{2}} \tag{1.22}$$

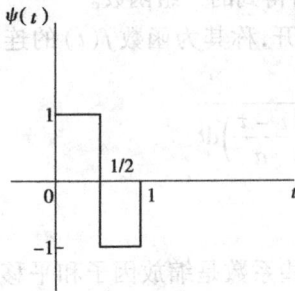

图 1.34　Harr 小波　　　　　　　图 1.35　墨西哥帽小波

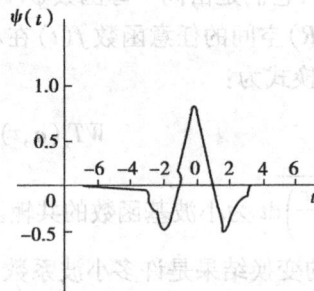

　　小波变换是一种复杂的数学变换,可以在时域和频域上对原始信号进行多分辨率分解,小波变换的应用是与小波变换的理论研究紧密结合在一起的。小波变换在图像处理方面的应用十分广泛,可用于图像压缩、分类识别、去除噪声等在医学成像方面,它用于减少 B 超、CT、核磁共振成像的时间,提高分辨率等。小波变换用于信号与图像压缩,是小波变换应用的一个重要方面。它的特点是压缩比高,压缩速度快,压缩后能保持信号与图像的特征不变,且在传递中可以抗干扰。基于小波变换的压缩方法很多,比较成功的有小波包最优基方法、小波域纹理模型方法、小波变换压缩、小波变换向量压缩等。

　　如图 1.36 所示是一个分辨率为 256×256 像素的灰度图像,图像的灰度级为 256。对这个二维原始图像进行小波变换,实际上就是把原始图像的像素值矩阵变换成另一个有利于压缩编码的通气数矩阵该系数矩阵所对应的图像如图 1.37 所示,可以看出,经过一级小波变换后,原始图像被分解成几个子图像,每个子图像包含了原始图像中不同的频率成分。左上角子图包含了图像的低频分量,即图像的主要特征,低频分量可再次分解:右上角的子图像包含了图像的垂直分量,即包含了较多的垂直边缘信息:左下角子图像包含了图像的水平分量,即包含了较多的水平边缘信息:右下角子图像包含了图像的对角分量,即同时包含了垂直和水平边缘信息。从图 1.37 中可以看出,经过小波变换,原始图像的全部信息被重新分配到了 4 个子图中。左上角子图像包含了原始图像的低频信息,但失去了一部分边沿细节信息,这些失去的细节信息被分配到其他 3 个子图像中。由于失去了部分细节信息,所以左上角子图像比原始图像模糊一些,不仅如此,其长宽尺寸也降低到原来的 1/2,即分辨率降低到原来的 1/4。一种最容易理解的图像压缩方法就是,丢弃 3 个细节子图像,只保留并编码低频子图像。但实际上,并不是通过这么简单的处理来进行图像压缩,3 个细节子图像不会被丢掉,而是与低频子图像一起编入码流,这样才可能在解码时恢复出完整的原始图像。当然,如果用户只需要一个小尺寸的图像,那就只需从码流中解码出低频子图像即可。低频子图像可以进一步分解,经过二级分解后,系数矩阵所对应的图像如图 1.38 所示。图 1.38 中,低频子图像的尺寸降到原始图像的 1/16,可见每一级分解都是对空间分辨率和频率分量的进一步细分。

从此例可以看出,小波变换为在一个码流中实现图像多级分辨率提供了基础。前面提到,为了能在解码端恢复出完整的原始图像,所有的细节子图像都一起编入了码流,不扔掉这些细节,那图像的数据量又怎能被压缩呢?对图像进行了小波变换,并不代表图像的数据量就被压缩了,因为变换后,系数的总量并未减少,那么变换的意义何在呢?其意义在于使图像的能量分布(频域内的系数分布)发生改变,从而利于压缩编码。要真正地压缩数据量,还要对变换后的系数进行量化、扫描和熵编码,这样就可以达到减少图像数据量的目的。

【例1.5】 图像经小波变换将图像信息分配到不同的子图(图1.37)中,重构后的图像结果如图1.38所示。

程序如下:

```
load woman;% 打开原始图像
imshow(X,map);% X 包含原始图像信息
% map 包含打开的色图
nbcol = size(map,1);
[cA1,cH1,cV1,cD1] = dwt2(X,'db1');% 对图像 X 执行单层分解,小波为 db1
cod_X = wcodemat(X,nbcol);
cod_cA1 = wcodemat(cA1,nbcol);
cod_cH1 = wcodemat(cH1,nbcol);
cod_cV1 = wcodemat(cV1,nbcol);
cod_cD1 = wcodemat(cD1,nbcol);
% 图像编码
figure
subplot(221)
imshow(cod_cA1,map)
title('近似细节系数')
subplot(222)
imshow(cod_cH1,map)
title('水平细节系数')
subplot(223)
imshow(cod_cV1,map)
title('垂直细节系数')
subplot(224)
imshow(cod_cD1,map)
title('对角细节系数')
Y = idwt2(cA1,cH1,cV1,cD1,'db1','nbcol');
% 对分解的细节系数执行单层重构,小波为 db1
figure;
imshow(Y,map);
title('重构后的图像')
```

从提取的区域上，小波变换为对图像进行多尺度的空间域和频率域的局部分析，通过伸缩平移运算对信号逐步进行多尺度细化，最终达到高频处时间细分，低频处频率细分，能自动适应时频信号分析的要求，从而可聚焦到信号的任意细节，其意义在于图像的降噪、特征（纹域内的系数分布）、模式识别等。

模式识别等就是进行量化，归类和模式计算等。

[例1.4] 对图像小波变换与重构[5,8]，原始图像见图1.36，重构后的图像见图1.38。

程序如下：

load woman ; % 打入原始图像
image(X,map); % 将 X 分成 4 个图像显示

图1.36 原始图像

近似细节系数

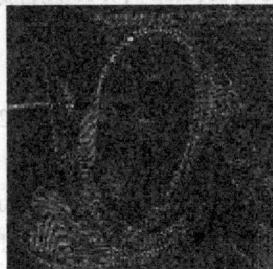

水平细节系数

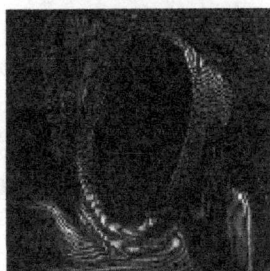

垂直细节系数

对角细节系数

图1.37 小波重构

图1.38 重构后的图像

第 **2** 章
特征提取与图像表示

图像特征的提取与信息表示是进行图像分析的基础,使用计算机获取图像中的有用数据信息,提取的特征能够有效表达图像内容是图像语义分析的前提条件。特征提取是图像处理中的一个初级运算,也就是说它是对一个图像进行的第一个运算处理。对于某个特定的图像特征,通常有多种表达方式,从各个不同的角度刻画了该特征的某些性质。

至今为止特征没有万能和精确的定义。特征的精确定义往往由问题或者应用类型决定。特征是一个数字图像中"有趣"的部分,它是许多计算机图像分析算法的起点。因此一个算法是否成功往往由它使用和定义的特征决定。因此特征提取最重要的一个特性是"可重复性":同一场景的不同图像所提取的特征应该是相同的。有时,假如特征提取需要许多的计算时间,而可以使用的时间有限制,一个高层次算法可以用来控制特征提取阶层,这样仅图像的部分被用来寻找特征。由于计算机图像高层次算法通常使用特征提取作为其初级计算步骤,因此有大量特征提取算法被发展,其提取的特征各种各样,它们的计算复杂性和可重复性也非常不同。

图像特征依赖于图像内容。特征提取的目的是获取图像中的视觉特征信息,减少视觉特征数据量。图像的表达式以图像特征为基元,合理的图像表示可以正确地反映出图像所蕴含的信息,而这些信息是以特征的形式包含在图像表示中。图像表示的基本形式独立于图像内容本身,主要包含如何表达图像的基本信息,以及图像以何种数据结构存储于计算机中。这一点类似于传统人工智能中先验信息的表示。视觉实体和知识信息间的对应关系是连接数据和知识的桥梁。常用的对应关系包括相似关系、位置关系、因果关系以及包含关系,这些关系体现了数据和知识的有效融合。最终,利用知识的指导作用,可以实现图像的语义分析。

本章主要介绍典型的图像特征(如颜色、纹理和形状特征)的提取方法以及图像表示方式。一般情况下,在提取图像特征之前,需要先对图像作一些预处理以提高特征的有效性。因此,在介绍特征提取与表达方法之前,首先介绍特征提取的预处理操作,包括提高图像质量的基本运算和增强图像中有用信息的关键技术。

2.1　基本运算

本节介绍提高图像外观和质量的基础运算,这些基础运算通常作为提取图像特征的预处理步骤,以提高图像的显示质量。

2.1.1　直方图

直方图表示图像中像素值在不同的强度值上的占有率;图像对比度是通过强度级范围来度量的。如直方图所示的是特定强度级像素点的数目,对于灰度图像来说,直方图是以灰度值作为横坐标,像素数作为纵坐标。有时,直方图也采用某一灰度值的像素数占全图总像素数的百分比作为纵坐标,即统计某一灰度值出现的频率。例如,8 位像素,其强度范围为[0,255],0 为最暗(黑色),255 为最亮(白色)。对于 RGB 的彩色图像可以独立显示三种颜色的强度直方图。图 2.1 显示的是脸部图像及灰度直方图。图 2.1(b)表明图像中没有用到所有灰度级,该直方图包括一个强度值在 30 到 200 之间的区域,图像对比度适中,图像中眉毛和瞳孔是较暗的部分,而较亮的点主要与皮肤有关。

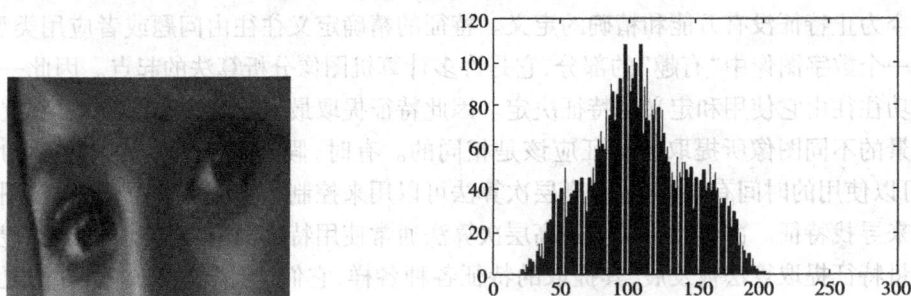

图 2.1　脸部图像及其灰度直方图

如果图像总体较暗,那么直方图偏向于黑色一方,如图 2.2(a)所示;如果图像总体较亮,那么直方图偏向于白色一方,如图 2.2(b)所示;低对比度图像的直方图窄而集中于灰度级中部,如图 2.2(c)所示,这意味着图像的灰度被冲淡了一样。高对比度的图像的直方图的成分覆盖了灰度级很宽的范围,而且像素的分别比较均匀,如果一幅图像的像素占有全部可能的灰度级并且分布均匀,如图 2.2(d)所示,则该图像有高对比度和多变的灰度色调。

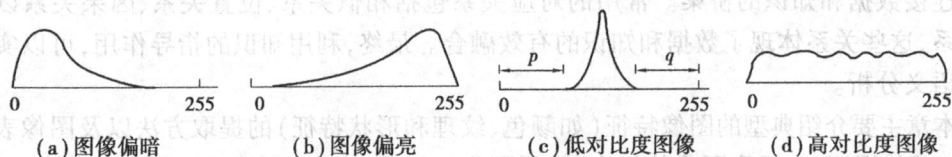

(a)图像偏暗　　　(b)图像偏亮　　　(c)低对比度图像　　　(d)高对比度图像

图 2.2　直方图与灰度图像对应关系

实现灰度直方图的 histogram 算子计算特定灰度值的图像点的数目,不同灰度值的计数形成总体直方图。以二维直方图(计数值向量)的方式返回计数,绘制成柱状图,如图 2.1(b)所示。histogram 算子的代码如下所示:

$$\text{histogram}(\text{image}) := \text{for intensity} = 0:255$$

$$\text{pixels\_at\_level}_{\text{intensity}} \leftarrow 0$$

$$\text{for } x = 0 : \text{cols}(\text{image}) - 1$$

$$\text{for } y = 0 : \text{rows}(\text{image}) - 1$$

$$\text{level} \leftarrow \text{image}_{y,x}$$

$$\text{pixels\_at\_level}_{\text{level}} \leftarrow \text{pixels\_at\_level}_{\text{level}} + 1$$

$$\text{pixels\_at\_level}$$

直方图具有以下三种基本性质：

①直方图是一幅图像中各像素灰度值出现次数（或频数）的统计结果，它只反映该图像中不同灰度值出现的次数（或频数），而未反映每一灰度值像素所在位置。也就是说，它只包含了该图像中某一灰度值的像素出现的概率，而丢失了其所在位置的信息。

②任一幅图像，都能唯一地算出一幅与它对应的直方图，但不同的图像，可能有相同的直方图。也就是说，图像与直方图之间是一种多对一的映射关系。

③由于直方图是对具有相同灰度值的像素统计计数得到的，因此，一幅图像各子区的直方图之和就等于该图全图的直方图。

如图 2.1(b)所示的直方图表明图像没有用到所有灰度级。因此，如果将图像拉伸来利用全部灰度级，将出现一幅灰度级丰富且动态范围大的图像，那么图像将变得更清晰。尤其对于进一步的处理而言，它是许多基本图像处理的焦点。如果已知理想的直方图，该直方图还可以显示图像中是否有许多噪声。去除这些噪声，不仅是可以改善图像的外观，还可以更好地表示目标，为下一步的特征提取提供方便。

2.1.2　点算子

点运算是对图像中每个像素值进行处理得到新的像素值。如果要增加亮度以拉伸对比度，我们只需要将所有像素值与一个标量相乘，比如与 2 相乘使亮度级范围扩大一倍。相反地，要降低对比度可以将所有像素值与一个标量相除。如果图像总体亮度由级别 l 表示，亮度级范围由增益 k 表示，那么新图像 N 中所有点的亮度值与原图像 O 中点的亮度值之间的关系为：

$$N_{x,y} = k \times O_{x,y} + l \qquad \forall x, y \in 1, N \qquad (2.1)$$

式(2.1)是一个根据线性亮度关系取代图像中各点的亮度值的点算子。亮度级控制图像总体亮度，是输出图像的最小值。增益控制对比度范围，如果增益大于 1，那么输出区间范围将会增加。处理过程如图 2.3 所示。因此，设 $k = 1.6$ 并且 $l = 15$ 时，眼睛图像将变得更亮，具有更大的对比度，如图 2.3(a)所示。尽管这时较亮的点通常都被设成接近白色(255)，这些因子的效果可见直方图 2.3(b)所示。

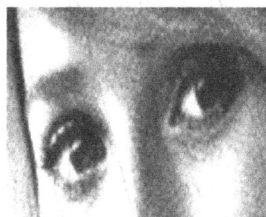

（a）原图

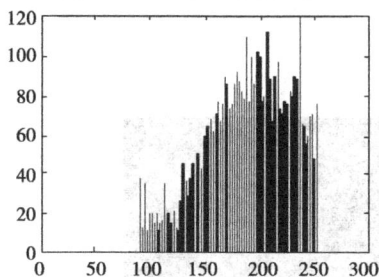

（b）直方图

图 2.3　亮度增强后的图像

点算子的拉伸处理可以看做是输入和输出值域之间基于特定关系的映射,如图2.4所示。如图2.4(a)所示的映射中输出是输入的直接复制,该关系在图2.4(c)和图2.4(d)中用虚线表示;如图2.4(b)所示的是亮度反转映射,图像中较暗部分反转成较亮部分,反之亦然。如图2.4(c)所示的是加法映射,如图2.4(d)显示的是乘法映射,如果所乘斜率比输入图像的斜率小,则为除法映射。在这些映射中,如果映射所得的值比预期的最小值小,或者比指定的最大值大,那么可以利用剪裁处理将输出值设为一个选定的亮度级。例如,如果输入和输出之间的关系所产生的输出点亮度值大于表示白色的255,那么将这些点输出值设为白色,如图2.4(c)所示。

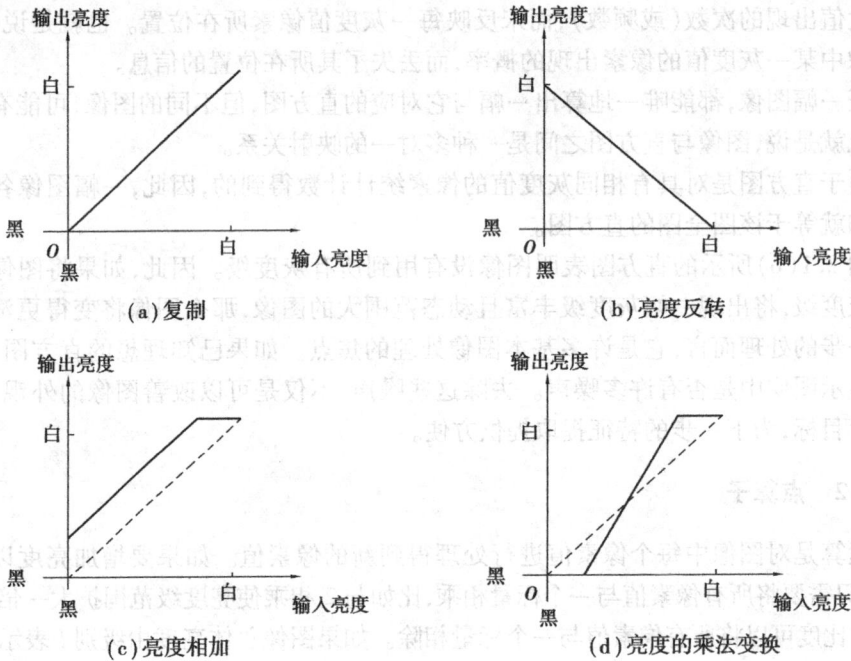

（a）复制　　　　　　　　　　（b）亮度反转

（c）亮度相加　　　　　　　　（d）亮度的乘法变换

图2.4　亮度映射

锯齿(sawtooth)算子是另一种形式的线性算子,在亮度级范围内对选择区间重复使用线性算子。锯齿算子是用来强化局部对比变化的,图像中感兴趣的区域可以是较亮或较暗的区域。亮度级范围通过锯齿算子映射为四个线性区域,而锯齿算子对眼睛图像的亮度进行反复映射来增强局部亮度变化,而不是全局变化,如图2.5(a)所示。这时,图像表示成各个区域,其区域选择可以利用像素的亮度值来进行。

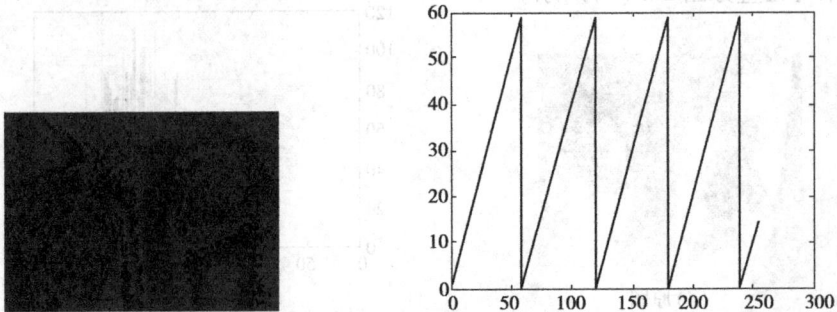

图2.5　锯齿算子的应用

最后,除简单的乘法映射之外,还可以利用算术函数,如利用对数函数来降低亮度级范围,而利用指数函数来扩大亮度级范围。它们可以用来均衡摄像机的响应,或者压缩显示的亮度级范围。如果摄像机指数性能已知,并且输出的亮度值与观测场景中对应点的亮度指数成正比,那么应用对数点算子可以恢复原亮度级范围。将图像的亮度值利用自然对数的比例变化形式 $N_{x,y} = 20\ln(100O_{x,y})$,所替代的效果如图 2.6(a)所示。指数的比例变化形式为 $N_{x,y} = 20\exp(O_{x,y}/100)$,其处理的效果如图 2.6(b)所示。这些比例因子可以用来保证所得图像的显示,由于对数或指数使像素值大幅度降低或增大。由结果可知:图 2.6(a)非常暗,亮度级范围很小,而图 2.6(b)亮得多,而且对比度也比较大。自然地,应用对数点算子会把亮度值的乘法性变化为加法变化。因此,对数算子可以用来降低乘法性亮度变化的效果,它还常用于傅里叶变换压缩以便更好地显示。这是因为直流分量与其他点的对比可能非常大,以至于无法显示其他点。

(a)对数压缩　　　　　　　　　　　　　　(b)指数扩展

图 2.6　指数点算子和对数点算子的应用

2.1.3　群运算

群运算(group operation)是利用分组处理,根据一个像素的近邻来计算新像素值。群运算通常用模板卷积形式表示,其中模板是一组加权系数。模板通常是方形的,其大小是奇数,从而可以恰当定位。通常用大小描述模板:一个 3×3 模板是宽为 3 个像素且长为 3 个像素的图像窗口,运算中模板就是一个矩阵方块。把该模板放在感兴趣点上计算新像素值。把像素值与相应的权重系数相乘,然后相加得到一个总和。这个总和通常可以计算中心像素,及模板放置的中心位置的新值,得到新输出图像中的像素值。如果模板位置还没有到达一行的终端,那么把模板沿水平方向逐像素移动,并且重复上述处理。

通过模板卷积由原图像计算得到新图像,模板卷积处理过程如图 2.7 所示。对原图像上模板的中心像素进行模板卷积所得的计算结果成为输出图像中的点。由于模板不能超出图像,而无法计算新图像边界点的新值,所以新图像要比原始图像小。当模板到达一行的终端,它会定位在下一行的一个点。新点(中心处)位置表示为模板中的深色部分。

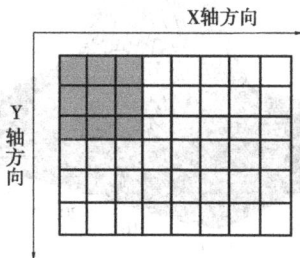

图 2.7　模板卷积处理

为了计算新图像中坐标为 x, y 的点的像素值 N,图2.8中的模板在原图像 O 上根据式(2.2)进行处理:

$$N_{x,y} = w_0 \times O_{x-1,y-1} + w_1 \times O_{x,y-1} + w_2 \times O_{x+1,y-1} + w_3 \times O_{x-1,y} + w_4 \times O_{x,y} + w_5 \times O_{x+1,y} + w_6 \times O_{x-1,y+1} + w_7 \times O_{x,y+1} + w_8 \times O_{x+1,y+1} \quad (\forall x,y \in 2, N-1) \quad (2.2)$$

需要注意的是,我们无法给图像边界赋值。因为把模板放在边界上时,模板的一部分落在图像外部,没有信息来计算新像素值。边界宽度等于模板大小的一半。要计算边界像素的值,这时有三种选择:①设置边界为黑色;②如果在傅里叶中,假设图像沿两个维度方向无限重复,利用循环位移根据另一边界来计算新值;③利用较小区域来计算像素值。

图像模板卷积处理可以用数学表达式表示:

$$N = W * O \quad (2.3)$$

其中,O 为原始图像,W 为模板权值系数,N 是图像 O 进行模板卷积所得的新图像。

高斯平均算子被认为是对图像进行平滑处理效果最优的方法。高斯算子模板是通过高斯关系式来设值的。坐标 x, y 处的高斯函数 g 利用方差 σ^2 来进行控制,具体公式如下:

$$g(x,y,\sigma) = \frac{1}{2\pi\sigma^2}e^{-\left(\frac{x^2+y^2}{2\sigma^2}\right)} \quad (2.4)$$

式(2.4)给出的是一种计算高斯模板系数的方法,这个高斯模板接下来与图像进行卷积。选择不同大小的高斯模板,卷积效果如图2.8所示。高斯函数实质上可以去除离模板中心的距离大于 3σ 的点的影响。算子尺寸越大,去除的噪声等细节越多,同时损失的特征也越大。例如 5×5 和 7×7 算子处理后,脸部组成信息丢失严重,如图2.8(b)和2.8(c)所示。

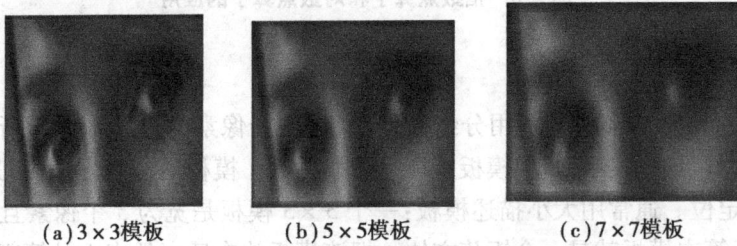

(a)3×3模板　　　　(b)5×5模板　　　　(c)7×7模板

图2.8　高斯平均算子模板卷积效果图

式(2.4)中二维高斯函数的曲面图具有著名的铃铛形状,如图2.9所示。离散点的那些

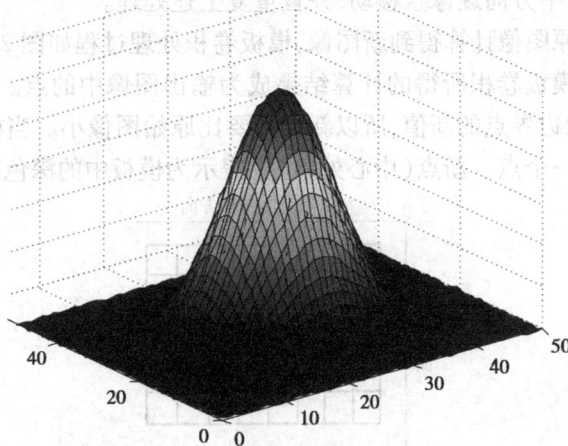

图2.9　高斯函数

函数值就是高斯模板值。就将该模板与图像进行卷积得到高斯平均:平均图像上的点是根据区域的总和来计算的,该区域内图像中心部分比边界点加权值要大。模板大小实质上可以指定方差的适当选择。方差的选择要确保模板系数在模板边界上降低到零左右。例如,模板大小为 5×5,其方差为 1,所得模板的加权值如表 2.1 所示。当该模板与图像进行卷积得到高斯模糊函数,高斯滤波在保留更多特征的同时可以去除噪声。

表 2.1　高斯平均算子模板($\sigma = 1$)

0.002	0.013	0.220	0.013	0.002
0.013	0.060	0.098	0.060	0.013
0.220	0.098	0.162	0.098	0.220
0.013	0.060	0.098	0.060	0.013
0.002	0.013	0.220	0.013	0.002

2.2　有用信息的增强

增强图像中的有用信息,它可以是一个失真的过程,其目的是要改善图像的视觉效果,针对给定图像的应用场合,有目的地强调图像的整体或局部特性,将原来不清晰的图像变得清晰或强调某些感兴趣的特征,扩大图像中不同物体特征之间的差别,抑制不感兴趣的特征,使之改善图像质量、丰富信息量,加强图像判读和识别效果,满足某些特殊分析的需要,为特征提取做好前期工作。

2.2.1　消除噪声

图像噪声来自于多方面,有来自于系统外部的干扰(如电磁波或经电源窜进系统内部的外部噪声),也有来自于系统内部的干扰(如摄像机的热噪声,电器和机械运动而产生的抖动噪声内部噪声)。实际获得的图像都因受到干扰而有噪声,噪声产生的原因决定了噪声分布的特性及与图像信号的关系。减少噪声的方法可以在空间域或在频率域处理,在空间域中进行时,基本方法就是求像素的平均值或中值,在频域中则运用低通滤波技术。

图像中的噪声往往是和信号交织在一起的,尤其是乘性噪声,如果平滑不当,就会使图像本身的细节如边缘轮廓,线条等模糊不清,从而使图像降质。图像平滑总是要以一定的细节模糊为代价的,因此如何尽量平滑掉图像的噪声,又尽量保持图像的细节,是正确进行图像特征提取的有力保证。

1) 图像中的噪声模型

一幅图像可能会受到各种噪声的干扰,而数字图像的实质就是光电信息,因此图像噪声主要可能来源于以下几个方面:光电传感器噪声、大气层电磁暴、闪电等引起的强脉冲干扰、相片颗粒噪声和信道传输误差引起的噪声等。噪声的存在恶化图像质量,使图像模糊,更严重的甚至使图像的特征完全被淹没,以至于给图像识别和分析带来了困难。

目前比较经典的去噪方法都或多或少给图像带来模糊,因此,探求一种既能去除噪声又不至于使图像模糊的方法,一直是图像增强处理中的难题,至今尚在不断地探索。

(1)噪声的分类

所谓噪声,就是妨碍人的视觉器官或系统传感器对所接收的图像信息进行理解或分析的各种因素。一般噪声是不可预测的随机信号,它只能用概率统计的方法去认识。根据噪声服从的分布对其进行分类,这时可以分为高斯噪声、泊松噪声和颗粒噪声等。

数字图像的高斯噪声主要来源于图像的获取和传输过程。按其产生的原因可分为:光电子噪声、热噪声、KTC 噪声、量化噪声和信道传输噪声等。按其是否独立于空间坐标以及和图像是否关联可分为加性噪声和乘性噪声。为了最大限度地减少噪声对图像的影响,人们从改善硬件质量和对受污图像进行处理两个方面做了许多的工作,这里主要考虑对受污图像进行处理的算法研究。为了对受污图像进行处理,人们对噪声进行了研究并建立了相应的数学模型。对噪声表述的数学建模主要考虑噪声的成因和分析受污图像上噪声的统计特性两个因素,这种噪声主要来源于电子电路噪声和低照明度或高温带来的传感器噪声,也称为正态噪声,是在实践中经常用到的噪声模型。

泊松噪声一般出现在照度非常小及高倍电子线路放大的情况下,这时泊松噪声可以认为是椒盐噪声。其他的情况通常为加性高斯噪声。光电转换过程中的泊松噪声,这类噪声是由光的统计本质和图像传感器中光电转换过程引起的。在弱光情况下,影响更为严重,常用具有泊松密度分布的随机变量作为这类噪声的模型。

感光过程中产生的颗粒噪声,在显微镜下检查可发现,照片上光滑细致的影调在微观上其实呈现一个随机的颗粒性质。此外颗粒本身大小的不同以及每一颗粒曝光所需光子数目的不同,都会引入随机性。这些因素的外观表现称为颗粒性,对于多数应用,颗粒噪声可用高斯过程(白噪声)作为有效模型。颗粒噪声可以认为是一种白噪声过程,在密度域中是高斯分布加性噪声,而在强度域中为乘性噪声。

椒盐噪声主要来源于成像过程中的短暂停留和数据传输中产生的错误。如果 $b>a$,灰度值 b 在图像中显示为一亮点,a 值显示为一暗点。如果 P_a 和 P_b 均不为零,在图像上的表现类似于随机分布图像上的胡椒和盐粉微粒,因此称为椒盐噪声。当 P_a 为零时,表现为"盐"噪声;当 P_b 为零时,表现为"胡椒"噪声。一般"盐"噪声为白色,"胡椒"噪声为黑色。前者是高灰度噪声,后者属于低灰度噪声。一般两种噪声同时出现,呈现在图像上就是黑白杂点。

根据噪声和信号的关系可以将其分为两种形式:

①加性噪声:有的噪声与图像信号 $g(x,y)$ 无关,在这种情况下,含噪图像 $f(x,y)$ 可表示为:$f(x,y)=g(x,y)+n(x,y)$ 信道噪声及扫描图像时产生的噪声都属于加性噪声。

②乘性噪声:有的噪声与图像信号有关,这可以分为两种情况:一种是某像素点的噪声只与该像素点的图像信号有关,另一种是某像素点的噪声与该点及其邻域的图像信号有关。如果噪声和信号成正比,则含噪图像 $f(x,y)$ 可以表示为:

$$f(x,y)=g(x,y)+n(x,y)g(x,y)。$$

(2)噪声的添加

MATLAB 图像处理工具箱提供的噪声添加函数 imnoise,它可以对图像添加一些典型的噪声。其语法:

$$J=imnoise(I,type)$$
$$J=imnoise(I,type,parameters)$$

其功能是:返回对原图像 I 添加典型噪声后所得的图像 J,参数 type 和 parameters 用于确定噪声的类型和相应的参数。三种典型的噪声: type = 'gaussian'时,为高斯噪声; type = 'salt&pepper'时为椒盐噪声; type = 'speckle'时为颗粒噪声。

【例 2.1】　给定图像添加噪声

I = imread('eight. tif');

imshow(I);

J1 = imnoise(I,'gaussian',0,0.02);% 叠加均值为 0,方差为 0.02 的高斯噪声

figure,imshow　(J1);

J2 = imnoise(I,'salt & pepper',0.04);% 叠加密度为 0.04 的椒盐噪声

figure,imshow(J2);

J3 = imnoise(I,'speckle');% 颗粒噪声

figure,imshow(J3);

运行结果如图 2.10 所示:

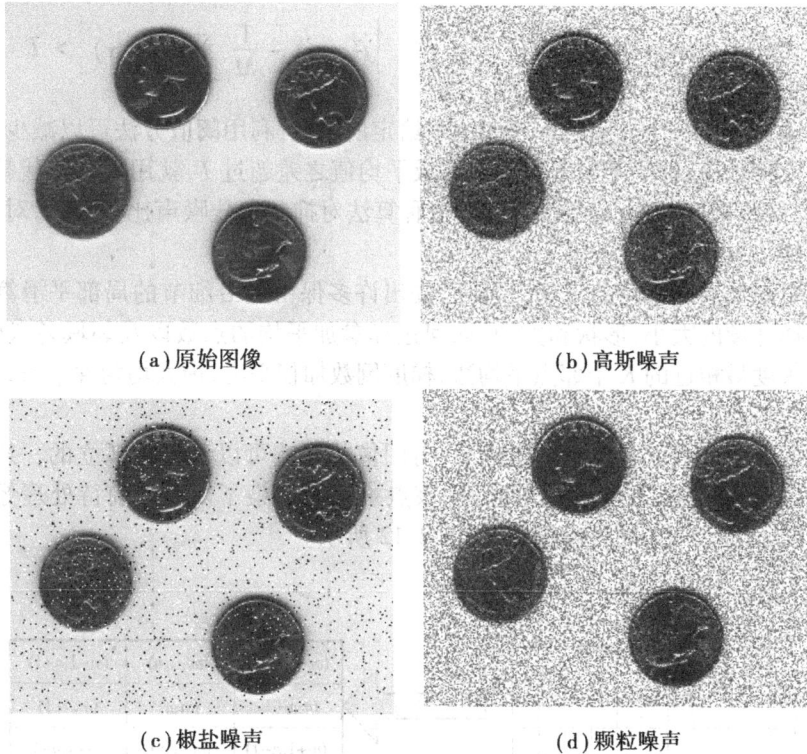

(a)原始图像　　　　　　　　(b)高斯噪声

(c)椒盐噪声　　　　　　　　(d)颗粒噪声

图 2.10　噪声污染的图像

2)邻域平均法

邻域平均法是一种局部空间域处理的算法,就是对含有噪声的原始图像 $f(x,y)$ 的每个像素点取一个邻域 S,计算 S 中所有像素灰度级的平均值,作为空间域平均处理后图像 $g(x,y)$ 的像素值,即

$$g(x,y) = \frac{1}{M}\sum_{(x,y) \in S} f(x,y) \tag{2.5}$$

式中 $f(x,y)$ 为 $N \times N$ 的阵列,$x,y = 0,1,2,\cdots,N-1$;S 是以 (x,y) 点为中心的邻域的集

合，M 为邻域 S 中的像素点数，S 邻域可取四点邻域、八点邻域，如图 2.11 所示。

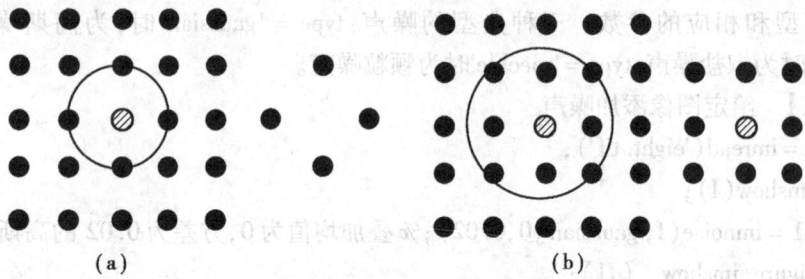

（a）　　　　　　　　　　　　　　　　（b）

图 2.11　图像邻域平均法((a)四点邻域(b)八点邻域)

图像邻域平均法的平滑效果与所用的邻域半径有关。半径越大，则图像的模糊程度越大。另外，图像邻域平均法算法简单，计算速度快，但是它的主要缺点是在降低噪声的同时使图像产生模糊，特别在边沿和细节处。邻域越大，模糊程度越厉害。为了减少这种效应，对上述算法稍加改进，可得出一种超限像素平滑法(阈值法)：

$$g(x,y) = \begin{cases} \dfrac{1}{M}\sum_{(x,y)\in S} f(x,y) & \left| f(x,y) - \dfrac{1}{M}\sum_{(x,y)\in S} f(x,y) \right| > T \\ f(x,y), \text{其他} \end{cases} \qquad (2.6)$$

式中 T 为选定的一个非负值。对于一个给定的半径，利用阈值方法可以减少由于邻域平均所产生的模糊效应，即当某像素点值与邻域平均值之差超过 T，就用平均值代替，进行平均处理，否则仍保留原值，不进行平均运算。这种算法对抑制椒盐噪声比较有效，对保护仅有微小灰度差的细节及纹理也有效。

为了克服简单局部平均的弊病，目前已提出许多保留边沿细节的局部平滑算法，其重点都在如何选择邻域的大小、形状和方向，如何选择参加平均的点数以及邻域各点的权重系数等。它们有灰度最相近的 K 个邻点平均法，梯度倒数加权平滑，最大均匀性平滑，小斜面模型平滑等。

大部分的噪声都可以看作是随机信号，对图像的影响可以看作是孤立的。某一像素，如果它与周围像素点相比，有明显的不同，则该点被噪声感染了。设当前待处理像素为 $f(m, n)$，给出一个大小为 3×3 的处理模板，如图 2.12 所示。

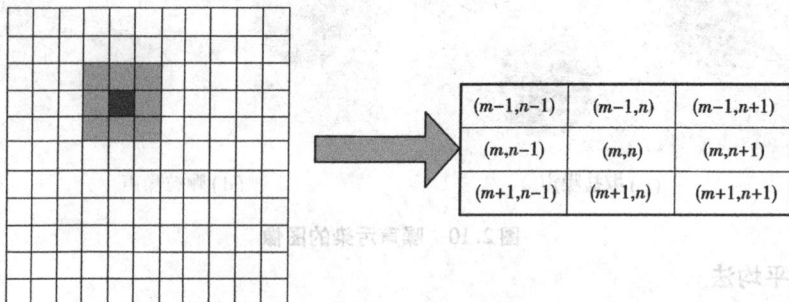

$(m-1,n-1)$	$(m-1,n)$	$(m-1,n+1)$
$(m,n-1)$	(m,n)	$(m,n+1)$
$(m+1,n-1)$	$(m+1,n)$	$(m+1,n+1)$

图 2.12　模板示意图

处理后的图像设为 $g(m,n)$，则处理过程可描述为：

$$g(m,n) = \begin{cases} \dfrac{1}{9}\sum_{i\in Z}\sum_{j\in Z} f(m+i,n+j) & \text{当} \left| f(m,n) - \dfrac{1}{9}\sum_{i\in Z}\sum_{j\in Z} f(m+i,n+j) \right| > \varepsilon \\ f(m,n), \text{其他} \end{cases} \quad (2.7)$$

其中 $Z = \{-1, 0, 1\}$，ε 为门限，它可以根据对误差容许的程度，选为图像灰度均方差的若干倍，或者通过实验得到。也可把平均处理看做是图像通过一个低通空间滤波器后的结果，设该滤波器的冲击响应为 $H(r, s)$，于是滤波器输出的结果 $g(m, n)$ 表示成卷积的形式，即

$$\hat{f}(m, n) = \sum_{r=-k}^{k} \sum_{s=-l}^{l} f(m-r, n-s) H(r, s), \quad m, n = 0, 1, 2, \cdots, N-1 \tag{2.8}$$

k, l 决定了所选邻域的大小，$H(r, s)$ 为加权函数，又被称为掩模（Mask）或模板

$$H_1 = \frac{1}{10} \begin{bmatrix} 1 & 1 & 1 \\ 1 & 2 & 1 \\ 1 & 1 & 1 \end{bmatrix} \quad H_2 = \frac{1}{16} \begin{bmatrix} 1 & 2 & 1 \\ 2 & 4 & 2 \\ 1 & 2 & 1 \end{bmatrix} \quad H_3 = \frac{1}{8} \begin{bmatrix} 1 & 1 & 1 \\ 1 & 0 & 1 \\ 1 & 1 & 1 \end{bmatrix} \quad H_4 = \frac{1}{2} \begin{bmatrix} 0 & \frac{1}{4} & 0 \\ \frac{1}{4} & 1 & \frac{1}{4} \\ 0 & \frac{1}{4} & 0 \end{bmatrix}$$

【例 2.2】　分别采用 4 种模板对图像进行处理，如图 2.13 所示。

```
I1 = imread('eight.tif');
I = imnoise(I1, 'salt & pepper');                    % 对图像加椒盐噪声
imshow(I);
h1 = [0.1 0.1 0.1; 0.1 0.2 0.1; 0.1 0.1 0.1];        % 定义 4 种模板
h2 = 1/16. * [1 2 1; 2 4 2; 1 2 1];
h3 = 1/8. * [1 1 1; 1 0 1; 1 1 1];
h4 = 1/2. * [0 1/4 0; 1/4 1 1/4; 0 1/4 0];
I2 = filter2(h1, I);                                 % 用 4 种模板进行滤波处理
I3 = filter2(h2, I);
I4 = filter2(h3, I);
I5 = filter2(h4, I);
figure, imshow(I2, [])                               % 显示处理结果
figure, imshow(I3, [])
figure, imshow(I4, [])
figure, imshow(I5, [])
```

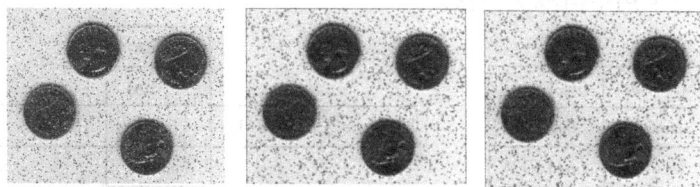

（a）有噪声的图像　　（b）模板 1 处理的结果图　（c）模板 2 处理的结果图

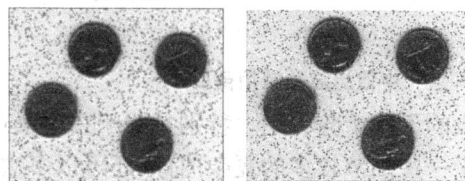

（d）模板 3 处理的结果图　（e）模板 4 处理的结果图

图 2.13　平滑处理的例子

3) 中值滤波

邻域平均法在去噪的同时也使边界变得模糊。中值滤波是一种非线性的处理方法,在去噪的同时可以兼顾到边界信息的保留。中值滤波器是在 1971 年由 J. W. Jukey 首先提出并应用在一维信号处理技术中(时间序列分析),后来应用于二维图像平滑。在一定的条件下可以克服线性滤波器如最小均方滤波、平均值滤波(平滑滤波)等所带来的图像细节模糊,而且对滤除脉冲干扰及图像扫描噪声最为有效。

中值滤波就是用一个有奇数点的滑动窗口,将窗口中心点的值用窗口内各点的中值代替。设有一个一维序列 $f_1, f_2, \cdots f_n$,取窗口长度(点数)为 m(m 为奇数),对此一维序列进行中值滤波,就是从输入序列中相继抽出 m 个数 $f_{i-v}, \cdots f_{i-1}, f_{i-2}, f_i, f_{i+1}, \cdots f_{i+v}$,其中 f_i 为窗口中心点值,$v = (m-1)/2$。再将这 m 个点值按其数值大小排序,取其序号为中心点的那个数作为滤波输出,用数学公式表示为

$$y_i = \text{Med}\{f_{i-v}, \cdots f_i, \cdots f_{i+v}\} \qquad i \in Z, v = \frac{m-1}{2} \qquad (2.9)$$

例如,有一个序列为 $\{0,3,4,0,7\}$,则中值滤波为重新排序后的序列的中间值 3。此例若用平均滤波,窗口也是 5,那么平均滤波输出为 $(0+3+4+0+7)/5 = 2.8$。又例如,若一个窗口内各像素的灰度是 5,6,35,10 和 15,它们的灰度中值是 10,中心像素点原灰度值是 35,滤波后变为 10,如果 35 是一个脉冲干扰,中值滤波后被有效抑制。相反 35 若是有用的信号,则滤波后也会受到抑制。

二维中值滤波可由式(2.10)表示:

$$y_i = \text{Med}_{A}\{f_{ij}\} \qquad (2.10)$$

其中 A 为窗口,$\{f_{ij}\}$ 为二维数据序列。二维中值滤波的窗口形状和尺寸对滤波效果影响较大,不同的图像内容和不同的应用要求,往往采用不同的窗口形状和尺寸。常见的二维中值滤波窗口形状有线状、方形、圆形、十字形及圆环形等,其中心点一般位于被处理点上,窗口尺寸一般先用 3 再取 5 逐点增大,直到其滤波效果满意为止,如图 2.14 所示。一般来说,对于有缓变的较长轮廓线物体的图像,采用方形或者圆形窗口为宜,对于包含有尖顶角物体的图像,适用十字形窗口,而窗口的大小则以不超过图像中最小有效物体的尺寸为宜。使用二维中值滤波最值得注意的问题就是要保持图像中有效的细线状物体,如果含有点、线、尖角细节较多的图像不宜采用中值滤波方法。

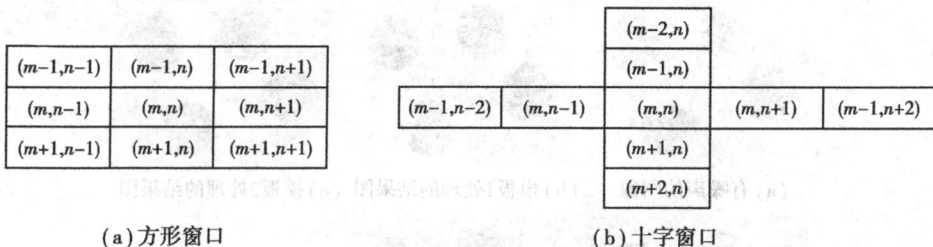

$(m-1,n-1)$	$(m-1,n)$	$(m-1,n+1)$
$(m,n-1)$	(m,n)	$(m,n+1)$
$(m+1,n-1)$	$(m+1,n)$	$(m+1,n+1)$

		$(m-2,n)$		
		$(m-1,n)$		
$(m-1,n-2)$	$(m,n-1)$	(m,n)	$(m,n+1)$	$(m-1,n+2)$
		$(m+1,n)$		
		$(m+2,n)$		

(a)方形窗口   (b)十字窗口

图 2.14 中值滤波的常用窗口

中值滤波对于消除孤立点和线段的干扰十分有用。特别是对于二进噪声尤为有效,对于消除高斯噪声的影响效果不佳。对于一些细节较多的复杂图像,还可以多次使用不同的中值滤波,然后通过适当的方式综合所得的结果作为输出,这样可以获得更好的平滑和保护边缘的效果。

【例 2.3】 选用 3×3 的窗口进行中值滤波,如图 2.15 所示。

$$I1 = imread(' eight. tif') ;$$
$$I = imnoise(I1 ,'salt \& pepper',0.02) ;$$
$$imshow(I) ;$$
$$K = medfilt2(I) ;   \% 中值滤波$$
$$figure, imshow(K) ;$$

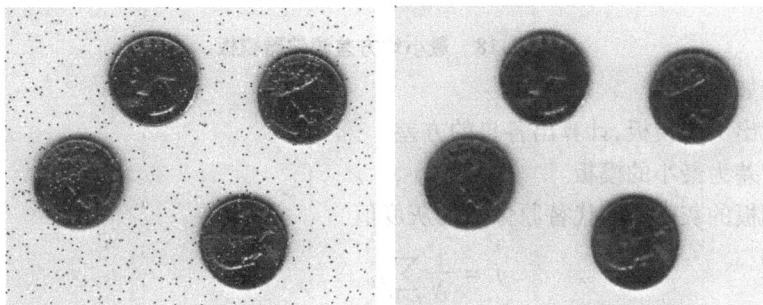

(a)原图   (b)结果图

图 2.15 中值滤波

4)边界保持类滤波

(1)k 近旁均值滤波器(KNNF)

在 $m \times m$ 的窗口中,属于同一集合类的像素,它们的灰度值将高度相关。被处理的像素(对应于窗口中心的像素)可以用窗口内与中心像素灰度最接近的 k 个邻近像素的平均灰度来代替,作一个 $m \times m$ 的模板,在其中选择 k 个与待处理像素的灰度差为最小的像素。用这 k 个像素的灰度均值替换掉原来的值。模板为 $3 \times 3,k = 3$ 的 k 近旁均值滤波器,如图 2.16 所示。

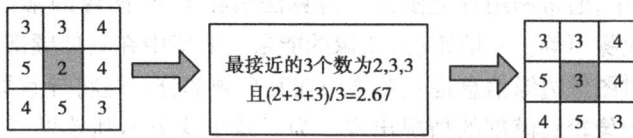

3	3	4
5	2	3
4	5	3

最接近的3个数为2,3,3
且(2+3+3)/3=2.67

3	3	4
5	3	4
4	5	3

图 2.16 k 近旁均值滤波器

(2)k 近旁中值滤波器(KNNMF)

在 k 近旁均值滤波器中,不选 k 个邻近像素的平均灰度来代替,而选 k 个邻近像素的中值灰度来代替,如图 2.17 所示。

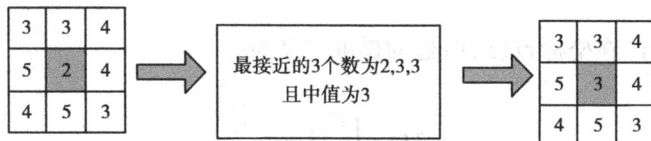

3	3	4
5	2	4
4	5	3

最接近的3个数为2,3,3
且中值为3

3	3	4
5	3	4
4	5	3

图 2.17 k 近旁中值滤波器

(3)最小均方差滤波器

对图像上待处理的像素 (m,n) 选它的 5×5 邻域,在此邻域中采用图 2.18 所示的模板。计算各个模板的均值和方差,按方差排序,最小方差所对应的模板的灰度均值就是像素 (m, n) 的输出值。

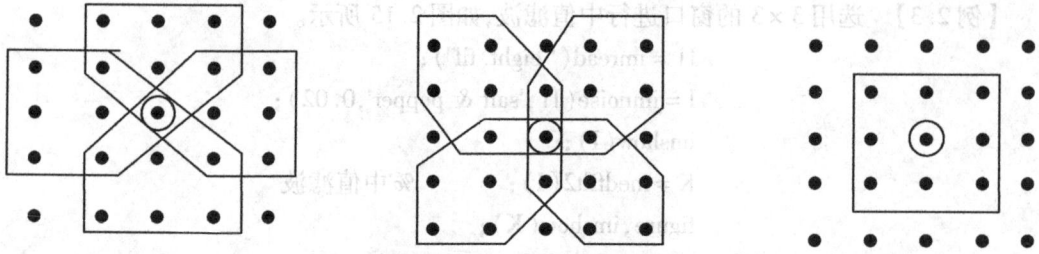

图2.18　最小均方差滤波器模板

计算步骤如下：

①按图做出9个模板，计算出各自的方差。

②选出方差为最小的模板。

③用该模板的灰度均值代替原像素的灰度值

$$\bar{f} = \frac{1}{N} \sum_{i \in \Omega} f_i \tag{2.11}$$

$$\sigma^2 = \frac{1}{N} \sum_{i \in \Omega} (f - \bar{f})^2 \tag{2.12}$$

其中 Ω 指对应的模板，N 是模板中像素的数量。以方差作为各个邻域灰度均匀性的测度，若邻域含有尖锐的边缘，灰度方差必定很大，而不含边缘或灰度均匀的邻域，方差就很小，那么最小方差所对应的邻域就是灰度最均匀邻域。通过这样的平滑既可以消除噪声，又能够不破坏邻域边界的细节。

2.2.2　边缘锐化

图像增强过程中，通常利用各类图像平滑算法消除噪声，图像的常见噪声主要有加性噪声、乘性噪声和量化噪声等。一般来说，图像的能量主要集中在其低频部分，噪声所在的频段主要在高频段，同时图像边缘信息也主要集中在其高频部分。这将导致原始图像在平滑处理之后，图像边缘和图像轮廓模糊的情况出现。为了减少这类不利效果，就需要利用图像锐化技术，使图像的边缘变得清晰。图像锐化处理的目的是为了使图像的边缘、轮廓线以及图像的细节变得清晰。经过平滑的图像变得模糊的根本原因是因为图像受到了平均或积分运算，因此对其进行逆运算（如微分运算）就可以使图像变得清晰。从频率域来考虑，图像模糊的实质是因为其高频分量被衰减，因此可以用高通滤波器来使图像清晰。

1）梯度锐化法

二元函数 $f(x,y)$ 在坐标点 (x,y) 处的梯度定义为：

$$\nabla f = \begin{bmatrix} G_x \\ G_y \end{bmatrix} = \begin{bmatrix} \dfrac{\partial f}{\partial x} \\ \dfrac{\partial f}{\partial y} \end{bmatrix} \tag{2.13}$$

梯度向量的幅度：

$$\nabla f = \mathrm{mag}(\nabla f) = [G_x^2 + G_y^2]^{\frac{1}{2}} = \left[\left(\frac{\partial f}{\partial x}\right)^2 + \left(\frac{\partial f}{\partial y}\right)^2 \right]^{\frac{1}{2}} \tag{2.14}$$

为了降低运算量，常用绝对值或最大值运算代替平方与平方根运算近似求梯度的幅度：

$$\nabla f \approx \mid G_x \mid + \mid G_y \mid \tag{2.15}$$

$$\nabla f \approx \max(\mid G_x \mid , \mid G_y \mid) \tag{2.16}$$

对数字图像来说,数字微分将用差分代替,如图 2.19 和图 2.20 所示:

$$G_x = f(i+1,j) - f(i,j) \tag{2.17}$$

$$G_y = f(i,j+1) - f(i,j) \tag{2.18}$$

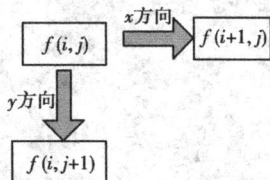

图 2.19　沿 x 和 y 方向的一阶差分　　　　图 2.20　Roberts 差分

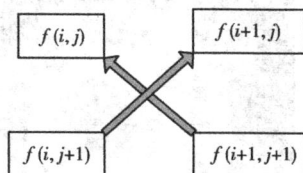

所有梯度值都和相邻像素之间的灰度差分成比例,可以利用它来增强图像中景物的边界。采用梯度进行图像增强的方法有五种:

(1)第一种方法

使其输出图像的各点等于该点处的梯度,即

$$g(i,j) = \nabla f(i,j) \tag{2.19}$$

这种方法的缺点是输出的图像是灰度变化比较小的区域, $g(i,j)$ 很小时,显示的是一片黑色。

(2)第二种方法

对梯度值超过某阈值 T 的像素选用梯度值,而小于 T 时选用原像素点值。

$$g(i,j) = \begin{cases} \nabla f(i,j) , \nabla f(i,j) \geqslant T \\ f(i,j) ,其他 \end{cases} \tag{2.20}$$

适当的选取 T,可以有效地增强边界而不影响比较平滑的背景。

(3)第三种方法

对梯度值超过 T 的像素选用固定灰度 L_G 代替,而小于 T 时仍选用原像素点值

$$g(i,j) = \begin{cases} L_G , \nabla f(i,j) \geqslant T \\ f(i,j) ,其他 \end{cases} \tag{2.21}$$

这种方法可以使边界清晰,同时又不损害灰度变化比较平缓区域的图像特性。

(4)第四种方法

将梯度值超过 T 的像素选用梯度值,而小于 T 时选用固定的灰度 L_B。即

$$g(i,j) = \begin{cases} \nabla f(i,j) , \nabla f(i,j) \geqslant T \\ L_B ,其他 \end{cases} \tag{2.22}$$

这种方法将背景用一个固定的灰度级 L_B 来表示,便于研究边缘灰度的变化。

(5)第五种方法

将梯度值超过某阈值 T 的像素选用固定灰度 L_G,而小于该阈值 T 时选用固定的灰度 L_B。

$$g(i,j) = \begin{cases} L_G , \nabla f(i,j) \geqslant T \\ L_B ,其他 \end{cases} \tag{2.23}$$

该方法生成的是二值图,根据阈值将图像分成边缘和背景,便于研究边缘所在的位置。

【例 2.4】　利用罗伯茨梯度对图像进行锐化处理,如图 2.21 所示。

$$I = imread('tire.tif');$$
$$imshow(I);$$
$$BW1 = edge(I,'roberts',0.1);$$
$$figure,imshow(BW1);$$

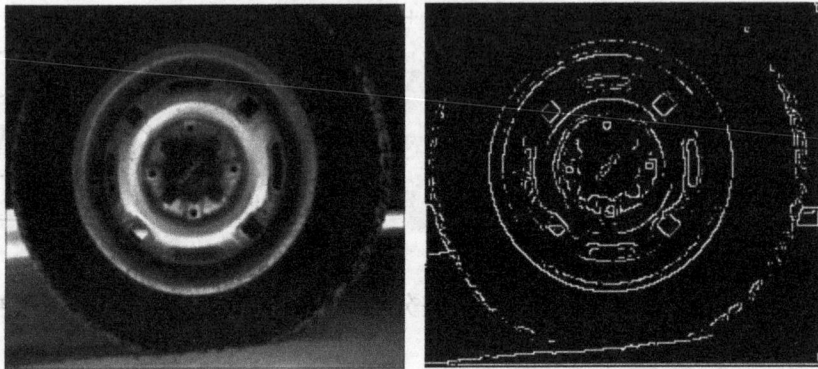

(a)原图像　　　　　　　　　　(b)结果图

图 2.21　罗伯茨梯度的锐化

2)拉普拉斯算子(Laplacian)

拉普拉斯算子法比较适用于改善因为光线的漫反射造成的图像模糊。拉普拉斯算子法是常用的边缘增强处理算子,它是各向同性的二阶导数,设 $\nabla^2 f$ 为拉普拉斯算子,则

$$\nabla^2 f = \frac{\partial^2 f}{\partial x^2} + \frac{\partial^2 f}{\partial y^2} \tag{2.24}$$

通过拉普拉斯算子进行图像的锐化,也就是对图像进行拉普拉斯运算以达到图像清晰的目的,这主要由引起图像模糊的模型而定。对由于光线的漫反射造成的图像模糊,用公式(2.25)来锐化图像:

$$g = f - k\tau \nabla^2 f \tag{2.25}$$

式中 f,g 分别是锐化前后的图像, k 是与扩散效应有关的系数。其原理是这样的:在摄影胶片记录图像的光化过程中,光点将光漫反射到其周围区域,这个过程满足扩散方程

$$\frac{f(x,y,t)}{t} = k\nabla^2 f(x,y,t) \tag{2.26}$$

将式(2.25)在 $t = \tau$ 附近用泰勒级数展开,令:

(1) $g = f(x,y,0)$,即在 $t = 0$ 时图像不模糊;

(2) $f = f(x,y,t)$,即在 $t > 0$ 时图像模糊;

(3) τ 为扩展时间。

则

$$g = f(x,y,0) = f(x,y,\tau) - \tau\frac{f(x,y,\tau)}{t} + \frac{t^2}{2}\frac{f^2(x,y,\tau)}{t^2} + \cdots + \frac{(0-t)^n}{n!}\frac{f^n(x,y,\tau)}{t^2} + \cdots$$

略去上式中的高次项,由式(2.26)可用 $k\nabla^2 f(x,y,t)$ 代替 $f(x,y,t)/t$ 则得

$$g \approx f - k\tau \nabla^2 f \tag{2.27}$$

上式表示模糊图像 f 经拉普拉斯算子锐化以后得到的不模糊图像为 g ,即不模糊图像可以由模糊图像减去模糊图像拉普拉斯算子乘一个常系数 kT 得到。这里对 kT 的选择要合理,

kT 太大会使图像中轮廓边缘产生过冲;kT 太小,锐化不明显。

对数字图像来说,图像 $f(i,j)$ 的拉普拉斯算子定义为

$$\nabla^2 f(i,j) = \Delta_x^2 f(i,j) + \Delta_y^2 f(i,j) \tag{2.28}$$

其中续 $\Delta_x^2 f(i,j)$ 和 $\Delta_y^2 f(i,j)$ 是 $f(i,j)$ 在 x 方向和 y 方向的二阶差分,所以离散函数 $f(i,j)$ 的拉普拉斯算子的表达式为

$$\nabla^2 f(i,j) = f(i+1,j) + f(i-1,j) + f(i,j+1) + f(i,j-1) - 4f(i,j) \tag{2.29}$$

拉普拉斯算子还可以用下面的模板来表示:

$$\begin{bmatrix} 0 & 1 & 0 \\ 1 & -4 & 1 \\ 0 & 1 & 0 \end{bmatrix}$$

也可以表示为卷积的形式,即

$$g(i,j) = \sum_{r=-k}^{k} \sum_{s=-l}^{l} f(i-r,j-s) H(r,s), \quad i,j = 0,1,2,\cdots N-1 \tag{2.30}$$

其中,$k=1,l=1,H(r,s)$ 取下式

$$H_1 = \begin{bmatrix} 0 & -1 & 0 \\ -1 & 4 & -1 \\ 0 & -1 & 0 \end{bmatrix}$$

但是,必须指出的是图像模糊过程符合扩散方程的模糊图像,用上述的拉普拉斯算法才能获得良好的锐化效果。如果不是扩散过程引起的模糊图像,效果并不一定很好。另外,同梯度算子进行锐化一样,拉普拉斯算子也增强了图像的噪声,但跟梯度法相比,拉普拉斯算子对噪声的作用较梯度法弱,故用拉普拉斯算子进行边缘检测时,有必要将图像进行平滑处理。

另外,常用的还有拉普拉斯的增强算子:

$$g(i,j) = 5f(i,j) - f(i+1,j) - f(i-1,j) - f(i,j+1) - f(i,j-1) \tag{2.31}$$

其对应的模板为:

$$H_1' = \begin{bmatrix} 0 & -1 & 0 \\ -1 & 5 & -1 \\ 0 & -1 & 0 \end{bmatrix}$$

【例 2.5】　应用拉普拉斯算子进行图像锐化处理,如图 2.22 所示。

(a)原图像　　　　　　　　　　　　(b)结果图

图 2.22　拉普拉斯算子的锐化

```
I = imread( 'tire. tif') ;
imshow(I) ;
h = [0  -1 0; -1 4  -1;0  -1 0] ;
I2 = imfilter(I,h) ;
figure,imshow(I2) ;
```

3)高通滤波

图像中的边缘或线条等细节部分与图像频谱中的高频成分相对应,因此采用高通滤波的方法让高频分量顺利通过,使低频分量受到抑制,就可以增强高频的成分,使图像的边缘或线条变得清晰,实现图像的锐化。高通滤波可用空间域或频域法来实现。

(1)空域高通滤波法

在空间域实现高通滤波通常是用离散卷积的方法,卷积的表达式是:

$$g(m_1,m_2) = \sum_{n_1} \sum_{n_2} f(n_1,n_2) H(m_1 - n_1 + 1, m_2 - n_2 + 1) \tag{2.32}$$

式中输出图像 $g(m_1,m_2)$ 是 $M \times M$ 方阵,输入图像 $f(n_1,n_2)$ 是 $N \times N$ 方阵,冲击响应 H 是 $L \times L$ 方阵。几种常用的归一化高通滤波的方阵 H 如下:

$$H_1 = \begin{bmatrix} 0 & -1 & 0 \\ -1 & 5 & -1 \\ 0 & -1 & 0 \end{bmatrix}, H_2 = \begin{bmatrix} -1 & -1 & -1 \\ -1 & 9 & -1 \\ -1 & -1 & -1 \end{bmatrix}, H_3 = \begin{bmatrix} 1 & -2 & 1 \\ -2 & 5 & -2 \\ 1 & -2 & 1 \end{bmatrix},$$

$$H_4 = \frac{1}{7}\begin{bmatrix} -1 & -2 & -1 \\ -2 & 19 & -2 \\ -1 & -2 & -1 \end{bmatrix}, H_5 = \frac{1}{2}\begin{bmatrix} -2 & 1 & -2 \\ 1 & 6 & 1 \\ -2 & 1 & -2 \end{bmatrix}$$

这些已经归一化的冲击方阵可以避免处理后的图像出现亮度偏移。其中的 H 等效于用 Laplacian 算子增强图像。若要增强具有方向性的边缘和线条,则应采用方向滤波,H 方阵可由方向模板组成。

(2)频域高通滤波法

因为边缘及灰度级中其他的急剧变化都与高频分量有关,在频域中用高通滤波器处理,能够获得图像尖锐化。高通滤波器衰减傅里叶变换中的低频分量,而无损傅里叶变换中的高频信息。

在频域中实现高通滤波,滤波的数学表达式是:

$$G(u,v) = H(u,v) F(u,v) \tag{2.33}$$

其中 $F(u,v)$ 是原图像的傅里叶频谱,$G(u,v)$ 是锐化后图像的傅里叶频谱,$H(u,v)$ 是滤波器的转移函数(即频谱响应)。那么对高通滤波器而言,$H(u,v)$ 使高频分量通过,低频分量抑制。常用的高通滤波器有 4 种。

- 理想高通滤波器

一个二维理想高通滤波器(IHPF)的传递函数定义为:

$$H(u,v) = \begin{cases} 0 & D(u,v) \leqslant D_0 \\ 1 & D(u,v) > D_0 \end{cases} \tag{2.34}$$

式中 $D(u,v) = \sqrt{u^2 + v^2}$ 是点 (u,v) 到频率平面原点的距离,D_0 是频率平面上从原点算起的截止距离即截止频率。

- 巴特沃斯高通滤波器

n 阶的具有 D_0 截止频率的巴特沃斯高通滤波器(BHPF)的传递函数定义为:

$$H(u,v) = \frac{1}{1 + \left[\dfrac{D_0}{D(u,v)}\right]^{2n}} \tag{2.35}$$

式中 $D(u,v) = \sqrt{u^2 + v^2}$ 是点 (u,v) 到频率平面原点的距离。值得注意的是:当 $D(u,v) = D_0$ 时,$H(u,v)$ 降到最大值的 $1/2$。通常是用这样的方法来选择截止频率的,使该点处的 $H(u,v)$ 下降到最大值的 $1/\sqrt{2}$。此式易于修改成使它本身满足这一约束条件,即利用式 (2.36):

$$H(u,v) = \frac{1}{1 + \left[\sqrt{2} - 1\right]\left[\dfrac{D_0}{D(u,v)}\right]^{2n}} \tag{2.36}$$

- 指数型高通滤波器

  具有 D_0 截止频率的指数型高通滤波器(EHPF)的传递函数定义为:

$$H(u,v) = e^{-\left[\frac{D_0}{D(u,v)}\right]^n} \tag{2.37}$$

参量 n 控制着从原点算起的距离函数 $H(u,v)$ 的增长率。当 $D(u,v) = D_0$ 时修改给出

$$H(u,v) = e^{\ln\left(\frac{1}{\sqrt{2}}\right)\left[\frac{D_0}{D(u,v)}\right]^n} \tag{2.38}$$

它使 $H(u,v)$ 在截止频率时等于最大值的 $1/\sqrt{2}$。

- 梯形高通滤波器

  梯形高通滤波器(THPF)的传递函数定义为:

$$H(u,v) = \begin{cases} 0 & D(u,v) < D_1 \\ \dfrac{D(u,v) - D_1}{D_0 - D_1} & D_1 \leqslant D(u,v) \leqslant D_2 \\ 1 & D(u,v) > D_2 \end{cases} \tag{2.39}$$

式中 D_0, D_1 是规定的,并假定 $D_0 > D_1$。通常为了实现方便,定义截止频率在 D_0,而非在半径上使 $H(u,v)$ 为最大值的 $1/\sqrt{2}$ 的那个点,第 2 个变量 D_1 是任意的,只要它小于 D_2 就行。

常用的高通模板有:

$$H_2 = \begin{bmatrix} -1 & -1 & -1 \\ -1 & 8 & -1 \\ -1 & -1 & -1 \end{bmatrix}, H_3 = \begin{bmatrix} 1 & -2 & 1 \\ -2 & 4 & -2 \\ 1 & -2 & 1 \end{bmatrix}, H_4 = \begin{bmatrix} 0 & -1 & 0 \\ -1 & 5 & -1 \\ 0 & -1 & 0 \end{bmatrix}$$

4)其他锐化算子

从数学上看,图像模糊的实质就是图像受到平均或者积分运算,因此对其进行逆运算(如微分运算)就可以使图像清晰,因为微分运算是求信号的变化率,有加强高频分量的作用,从而使图像轮廓清晰。由于模糊图像的特征(如边缘的走向等)各不相同,为了把图像中间任何方向伸展的边缘和轮廓的模糊变清晰,那么要采用各向同性的、具有旋转不变的线性微分算子来锐化它们,梯度算子和拉普拉斯算子就是满足要求的线性微分算子,它们是常用的图像锐化运算方法。

(1)Sobel 算子

对于梯度计算,常用的 Sobel 算子,其表达式为:

$$S = (d_x^2 + d_y^2)^{\frac{1}{2}} \tag{2.40}$$

$$d_x = [f(i-1,j-1) + 2f(i-1,j) + f(i-1,j+1)] - [f(i+1,j-1) + 2f(i+1,j) + f(i+1,j+1)]$$

$$d_y = [f(i-1,j+1) + 2f(i,j+1) + f(i+1,j+1)] - [f(i-1,j-1) + 2f(i,j-1) + f(i+1,j-1)]$$

用模板来表示：

$$d_x = \begin{bmatrix} 1 & 0 & -1 \\ 2 & 0 & -2 \\ 1 & 0 & -1 \end{bmatrix}, d_y = \begin{bmatrix} -1 & -2 & -1 \\ 0 & 0 & 0 \\ 1 & 2 & 1 \end{bmatrix}$$

（2）Prewitt 算子

常用的 Prewitt 算子,其表达式为：

$$S_p = (d_x^2 + d_y^2)^{\frac{1}{2}} \tag{2.41}$$

用模板表示：

$$d_x = \begin{bmatrix} 1 & 0 & -1 \\ 1 & 0 & -1 \\ 1 & 0 & -1 \end{bmatrix}, d_y = \begin{bmatrix} -1 & -1 & -1 \\ 0 & 0 & 0 \\ 1 & 1 & 1 \end{bmatrix}$$

（3）Isotropic 算子

常用的 Isotropic 算子,其表达式为：

$$S_I = (d_x^2 + d_y^2)^{\frac{1}{2}} \tag{2.42}$$

用模板表示：

$$d_x = \begin{bmatrix} 1 & 0 & -1 \\ \sqrt{2} & 0 & -\sqrt{2} \\ 1 & 0 & -1 \end{bmatrix}, d_y = \begin{bmatrix} -1 & -\sqrt{2} & -1 \\ 0 & 0 & 0 \\ 1 & \sqrt{2} & 1 \end{bmatrix}$$

【例 2.6】 利用 Sobel 算子和 Prewitt 算子对图像进行锐化处理,如图 2.23 所示。

```
I = imread('cameraman. tif');
imshow(I);
hs = fspecial('sobel');
S = imfilter(I,hs);
hp = fspecial('prewitt')
P = imfilter(I,hp);
figure,imshow(S,[]);
figure,imshow(P,[]);
```

(a)原图 (b)Sobel算子 (c)Prewitt算子

图 2.23 锐化结果

2.3　颜色特征描述

颜色特征是图像最底层、最直观、最明显的物理特征,通常对噪声、图像质量的退化、尺寸、分辨率和方向等的变化具有很强的鲁棒性,是绝大多数基于内容的图像和视频检索的多媒体数据库中使用的特征之一。颜色特征是图像分析中应用最为广泛的视觉特征,与其他视觉特征相比,它对图像的尺寸、方向、视角的依赖性较弱,因此具有较高的稳定性。

2.3.1　简单灰度特征

图像灰度特征可以在图像的某些特定的像点上或其邻域内测定,也可以在某个区域内测定。以(i,j)为中心的$(2M+1) \times (2N+1)$邻域内的平均灰度为:

$$\bar{f}(i,j) = \frac{1}{(2M+1)(2N+1)} \sum_{x=-M}^{M} \sum_{y=-N}^{N} f(i+x, j+y) \tag{2.43}$$

除了灰度均值外,在有些情况下,还可能用到区域中的灰度最大值、最小值、中值、顺序值及方差等。

2.3.2　颜色直方图

设一幅图像f包含M个像素,图像的颜色空间被量化成N个不同颜色。颜色直方图H定义为:

$$p_i = h_i \tag{2.44}$$

h_i为第i种颜色在整幅图像中具有的像素数。

归一化为:

$$p_i = h_i/M \tag{2.45}$$

称p_i为f的直方图。

由于 RGB 颜色空间与人的视觉不一致,可将 RGB 空间转换到视觉一致性空间。除了转换到前面提及的 HSI 空间外,还可以采用一种更简单的颜色空间,如果是 8 位图像的话,取$\max = 255$。

$$
\begin{aligned}
C_1 &= (R + G + B)/3 \\
C_2 &= (R + (\max - B))/2 \\
C_3 &= (R + 2(\max - G) + B)/4
\end{aligned}
\tag{2.46}
$$

彩色图像变换成灰度图像的公式为:

$$g = \frac{R + G + B}{3} \tag{2.47}$$

其中R, G, B为彩色图像的三个分量,g为转换后的灰度值。

2.3.3　颜色矩特征

颜色矩是由 Stricker 和 Orengo 所提出的。这种方法的数学基础在于图像中任何的颜色分布均可以用它的矩来表示。此外,由于颜色分布信息主要集中在低阶矩中,因此仅采用颜色的一阶矩(mean)、二阶矩(variance)和三阶矩(skewness)就足以表达图像的颜色分布。与颜色直方图相比,该方法的另一个好处在于无需对特征进行向量化。颜色的三个低次矩在数学上表达为:颜色矩通常直接在 RGB 空间计算,颜色分布的前三阶矩表示为:

一阶矩(均值)

$$\mu_i = \frac{1}{N} \sum_{j=1}^{N} P_{ij} \tag{2.48}$$

二阶矩(方差)

$$\sigma_i = \left[\frac{1}{N} \sum_{j=1}^{N} (P_{ij} - \mu_i)^2 \right]^{\frac{1}{2}} \tag{2.49}$$

三阶矩

$$\sigma_i = \left[\frac{1}{N} \sum_{j=1}^{N} (P_{ij} - \mu_i)^3 \right]^{\frac{1}{3}} \tag{2.50}$$

2.3.4 颜色集

颜色直方图和颜色矩只是考虑了图像颜色的整体分布,不涉及位置信息。颜色集表示则同时考虑了颜色空间的选择和颜色空间的划分。使用颜色集表示颜色信息时,通常采用颜色空间 HSL。颜色空间定义为:设 BM 是 M 维的二值空间,在 BM 空间的每个轴对应唯一的索引 m。一个颜色集就是 BM 二值空间中的一个二维矢量,它对应着对颜色 $\{m\}$ 的选择,即颜色 m 出现时,$c[m]=1$,否则,$c[m]=0$。

实现步骤:对于 RGB 空间中任意图像,它的每个像素可以表示为一个矢量

$$\hat{v}_c = (r, g, b) \tag{2.51}$$

变换 T 将其变换到另一与人视觉一致的颜色空间 $\hat{w}_c$,即

$$\hat{w}_c = T(\hat{v}_c)$$

采用量化器 QM 对 $\hat{v}_c$ 重新量化,使得视觉上明显不同的颜色对应着不同的颜色集,并将颜色集映射成索引 m。颜色集可以通过对颜色直方图设置阈值直接生成,如对于一颜色 m,给定阈值 τ_m,颜色集与直方图的关系如下:

$$c[m] = \begin{cases} 1 & if \quad h[m] \geq \tau_m \\ 0 & otherwise \end{cases} \tag{2.52}$$

因此,颜色集表示为一个二进制向量。

2.3.5 颜色相关矢量

颜色相关矢量 CCV(Color Correlation Vector)表示方法与颜色直方图相似,但它同时考虑了空间信息。设 H 是颜色直方图矢量,CCV 的计算步骤:首先对图像进行平滑,消除邻近像素间的小变化的影响。对颜色空间进行量化,使之在图像中仅包含 n 个不同颜色。在一个给定的颜色单元内,将像素分成相关或不相关两类。根据各连通区的大小,将像素分成相关和不相关两部分。

2.4　纹理特征分析

纹理广泛存在于气象云图、遥感图像、细胞图像等场合,如图 2.24 所示。图像像素灰度级或颜色的某种变化具有某种规律,研究如何获得图像纹理特征和结构的定量描述和解释,以便于图像分析、分割和理解。一般来说,可以认为纹理由许多相互接近、相互编织的元素构成,并常富有周期性。纹理的定义大体可以从三个方面来描述:具有某种局部的序列性,并在该序列更大的区域内不断重复,序列由基本部分非随机排列组成,各个部分大致都是均匀的统一体。

（a）纺织品　　　　　　（b）遥感图像　　　　　　（c）细胞图像

图 2.24　几种纹理图像

纹理分析是指通过一定的图像处理技术抽取出纹理特征,从而获得纹理的定量或定性描述的处理过程。纹理特征是从图像中计算出来的一个值,它对区域内部灰度级变化的特征进行量化。纹理分析基本过程是从像素出发,在纹理图像中提取出一些辨识力比较强的特征,作为检测出的纹理基元,并找出纹理基元排列的信息,建立纹理基元模型,然后再利用此纹理基元模型对纹理图像进一步分割、分类或是辨识等处理。

2.4.1　空间灰度共生矩阵

灰度共生矩阵就是从 $N \times N$ 的图像 $f(x,y)$ 的灰度为 i 的像素出发,统计与距离为 $\delta = (\mathrm{d}x^2,\mathrm{d}y^2)^{1/2}$,灰度为 j 的像素同时出现的概率 $P(i,j,\delta,\theta)$。用数学表达式则为:

$$P(i,j,\delta,\theta) = \{[(x,y),(x+\mathrm{d}x,y+\mathrm{d}y)] | f(x,y) = i, f(x+\mathrm{d}x,y+\mathrm{d}y) = j\}$$

(2.53)

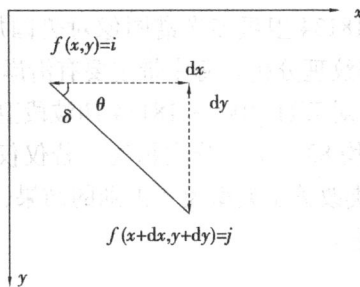

图 2.25　灰度共生矩阵的像素对

1)方向灰度共生矩阵

图 2.26 为一幅灰度图像和它在 $\theta = 0°, 45°, 90°, 135°$ 时灰度共生矩阵计算示意图,由于所给图像中只有 4 个灰度级,因此所求得的灰度共生矩阵的大小为 4×4。

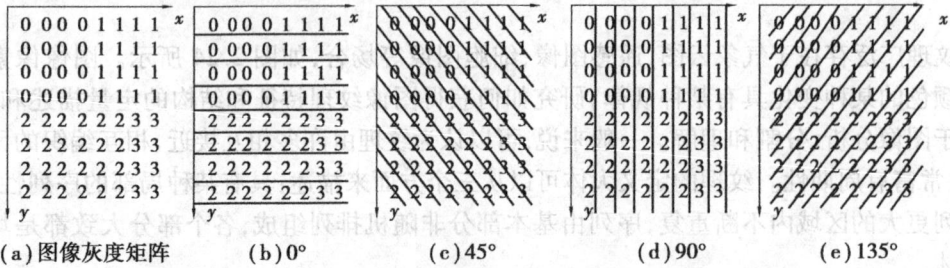

(a)图像灰度矩阵   (b)0°   (c)45°   (d)90°   (e)135°

图 2.26 一幅灰度图像和不同角度时灰度共生矩阵计算示意图

当 $\theta = 0°$ 时,$dx = 1, dy = 0$;

$\theta = 45°$ 时,$dx = 1, dy = -1$;

$\theta = 90°$ 时,$dx = 0, dy = -1$;

$\theta = 135°$ 时,$dx = -1, dy = -1$。

灰度共生矩阵计算结果:

$$P(0°) = \begin{bmatrix} 12 & 4 & 0 & 0 \\ 4 & 12 & 0 & 0 \\ 0 & 0 & 20 & 4 \\ 0 & 0 & 4 & 4 \end{bmatrix} \quad P(45°) = \begin{bmatrix} 9 & 3 & 4 & 0 \\ 3 & 9 & 1 & 2 \\ 4 & 1 & 15 & 3 \\ 0 & 2 & 3 & 3 \end{bmatrix}$$

$$P(90°) = \begin{bmatrix} 12 & 0 & 4 & 0 \\ 0 & 12 & 2 & 2 \\ 4 & 2 & 18 & 0 \\ 0 & 2 & 0 & 6 \end{bmatrix} \quad P(135°) = \begin{bmatrix} 9 & 3 & 3 & 0 \\ 3 & 9 & 3 & 1 \\ 3 & 3 & 15 & 3 \\ 0 & 1 & 3 & 3 \end{bmatrix}$$

2)灰度共生矩阵应用

灰度共生矩阵反映了图像灰度关于方向、相邻间隔、变化幅度的综合信息,它可作为分析图像基元和排列结构的信息。作为纹理分析的特征量,往往不是直接应用计算的灰度共生矩阵,而是在灰度共生矩阵的基础上再提取纹理特征量,称为二次统计量。Haralick 等人由灰度共生矩阵提取了 14 种特征。最常用的 5 个特征是:角二阶矩(能量)、对比度(惯性矩)、相关、熵、逆差矩。

Haralick 利用 ERTS1002—18134 卫星多光谱图像对美国加利福尼亚海岸带的土地利用问题,用灰度共生矩阵的方法作纹理分析。海岸带主要有沿岸森林、树林、草地、城区、小片灌溉区、大片灌溉区和水域七类。对 ERTS1002—18134 四波段卫片,将其中的某波段图像,使用旋转不变的纹理特征获得了平均 83.5% 的分类精度。若仅仅用多光谱信息,分类精度只有 74% ~ 77%,由此可见,纹理分类改善了典型模式识别的结果,这是因为图像的纹理分析充分利用了图像灰度分布的结构信息。

2.4.2 熵和能量

熵值是图像所具有的信息量的度量,纹理信息也属于图像的信息。若图像为较多的细小纹理,则灰度共生矩阵中的数值近似相等,图像的熵值最大;若仅有较少的纹理,则灰度共生矩阵中的数值差别较大,而图像的熵值较小。熵值的定义如下:

$$H = - \sum_{i=1}^{N} \sum_{j=1}^{N} P_{ij} \log P_{ij} \tag{2.54}$$

另外还有惯性、能量等也是常用的纹理特征。其定义分别为:

惯性:

$$I = \sum_{i=1}^{N} \sum_{j=1}^{N} (i-j)^2 P_{ij} \tag{2.55}$$

能量:

$$E = \sum_{i=1}^{N} \sum_{j=1}^{N} P_{ij}^2 \tag{2.56}$$

2.4.3　自相关函数

若有一幅图像 $f(i,j)$,$i,j = 0,1,\cdots,N-1$,则该图像的自相关函数定义为

$$\rho(x,y) = \frac{\sum_{i=0}^{N-1} \sum_{j=0}^{N-1} f(i,j) f(i+x,y+j)}{\sum_{i=0}^{N-1} \sum_{j=0}^{N-1} f(i,j)^2} \tag{2.57}$$

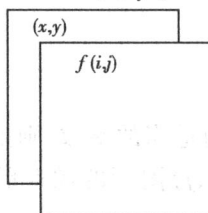

图 2.27　自相关函数法示意图

自相关函数 $\rho(x,y)$ 随 x,y 大小而变化,其变化与图像中纹理粗细的变化有着对应的关系,因而可描述图像纹理特征。定义 d 为位移矢量,$d = (x^2 + y^2)^{1/2}$,则 $\rho(x,y)$ 可记为 $\rho(d)$。在 $x=0,y=0$ 时,从自相关函数定义可以得出,$\rho(d) = 1$ 为最大值。不同的纹理图像,$\rho(x,y)$ 随 d 变化的规律是不同的。当纹理较粗时,$\rho(d)$ 随 d 的增加下降速度较慢;当纹理较细时,$\rho(d)$ 随着 d 的增加下降速度较快。

随着 d 的继续增加,$\rho(d)$ 则会呈现某种周期性的变化,其周期大小可描述纹理基元分布的疏密程度。若对应 $\rho(d)$ 变化最慢的方向为 d_{max},那么纹理局部模式形状向 d_{max} 方向延伸。Kaizer 从北极航空照片中取出七类不同地面覆盖物的图像,采用自相关函数进行分析。对每一类地面覆盖物作出它们的自相关函数随 d 的变化曲线。当 $\rho(d) = 1/e$ 时,七条曲线对应的 d 值分别为 $d_1, d_2, \cdots, d_7$,如图 2.28 所示。根据 d_i 的大小,把 7 类地物从细到粗进行了排序。

将七类地物对应的七张图像请 20 位观测者按纹理粗细目视判别,也按由细到粗的次序将图片排队。将目视判别结果与自相关函数分析的排列结果作比较,发现用自相关函数自动分析可达 99% 的正确率。

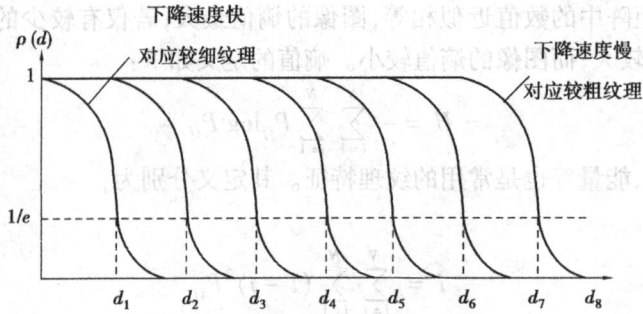

图 2.28　自相关函数法示意图

2.5　形状表示与描述

定义物体的形状非常困难,形状通常以言辞来表述或以图形来描绘,而且人们常使用一些术语,例如细长的、圆形的、有明显边缘的等。对于计算机视觉而言,需要对复杂的形状进行精确的描述,尽管存在着学到实际的形状描述方法,但并没有被认可的统一的形状描述的方法学。

2.5.1　区域标识

1)邻域与邻接

对于任意像素(i,j),(s,t)是一对适当的整数,则把像素的集合$\{(i+s,j+t)\}$叫做像素(i,j)的邻域。直观上看,这是像素(i,j)附近的像素形成的区域。经常采用的是 4-邻域和8-邻域,如图 2.29 所示。

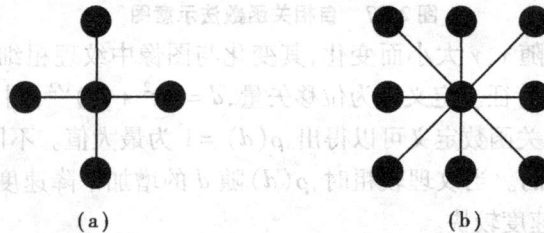

(a)　　　　　　　　　　　　　(b)

图 2.29　4-邻域和 8-邻域

互为 4-邻域的两像素叫 4-邻接,如图 2.30 所示。如果指定的像素是$p(x,y)$则与其 4-邻接的四个像素为$(x+1,y)$;$(x-1,y)$;$(x,y+1)$;$(x,y-1)$这四个像素记为$N_4(p)$。

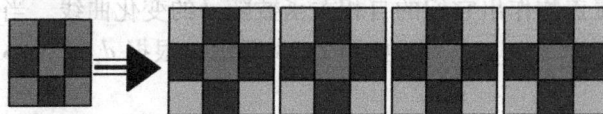

图 2.30　4-邻域

互为 8-邻域的两像素叫 8-邻接,如图 2.31 所示。如果指定的像素是$p(x,y)$,则 8-邻接的像素为与其 4-邻接的四个像素加上对角邻域的四个像素$(x-1,y-1)$;$(x+1,y-1)$;$(x-1,$

$y+1)$；$(x+1,y+1)$ 这 8 个像素记为 $N_8(p)$。

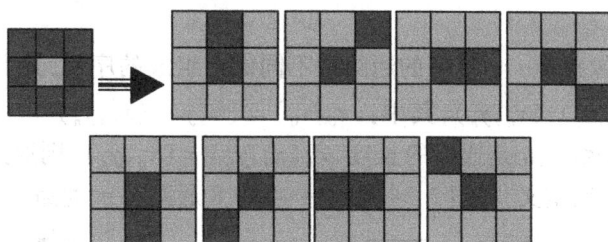

图 2.31　8-邻域

2）像素的连接

对于图像中具有相同值的两个像素 A 和 B,空间上邻接且像素灰度值相似那么这两个像素叫做 4-连接或 8-连接,以上的像素序列叫 4-路径或 8-路径。

假设 V 为灰度值集合,$V=\{1\}$:

（1）4-连接

2 个像素 p 和 r 在 V 中取值,且 r 是 p 的 4-邻域即 $N_4(p)$,则 p 和 r 称为 4-连接,如图 2.32(a)所示。

（2）8-连接

2 个像素 p 和 r 在 V 中取值,且 r 是 p 的 8-邻域即 $N_8(p)$,则 p 和 r 称为 8-连接,如图 2.32(b)所示。

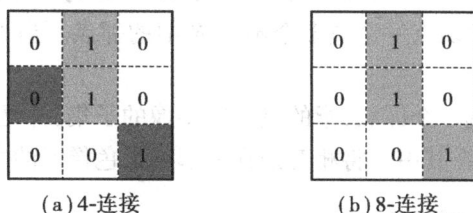

（a）4-连接　　　　　　（b）8-连接

图 2.32　像素的连接

（3）m-连接（混合连接）

2 个像素 p 和 r 在 V 中取值,且满足下列条件之一:

①r 在 $N_4(p)$ 中,即 r 是 p 的 4 领域。

②r 在 $N_8(p)$ 中且集合 $N_4(p)$ 和 $N_4(r)$ 的交集元素不在 V 中,如图 2.33 所示,假设 $V=\{1\}$,当为图 2.33(b)时,连接是存在的,但当是图 2.33(c)时,r 和 p 的连接不存在。

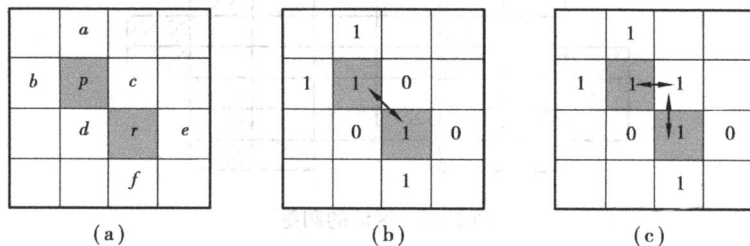

（a）　　　　　　（b）　　　　　　（c）

图 2.33　m-连接示意图

实质上,当像素间同时存在 4-连接和 8-连接时,优先采用 4-连接,屏蔽两个和同一像素间存在 4-连接的像素之间的 8-连接。m-连接的引入目的之一就是消除 8-连接的多路问题（二义性)。8-连接在像素距离的选择时有多种路径,引发歧义,而 m-连接则没有。

3)通路

像素 $p(x,y)$ 到像素 $q(s,t)$ 之间的通路是不同像素组成的序列,其坐标依次为:(x_0,y_0),(x_1,y_1),$\cdots$,(x_{n-1},y_{n-1}),(x_n,y_n),其中:$(x_0,y_0)=(x,y)$,$(x_n,y_n)=(s,t)$,(x_i,y_i) 和 (x_{n-1},y_{n-1}) 是连接的$(1\leqslant i\leqslant n)$;$n$ 是通路的长度,若$(x_0,y_0)=(x_n,y_n)$,则通路是闭合通路。不同的连接对应不同的通路定义,如图 2.34 所示:4 通路、8 通路和 m 通路。m 通路没有二义性。

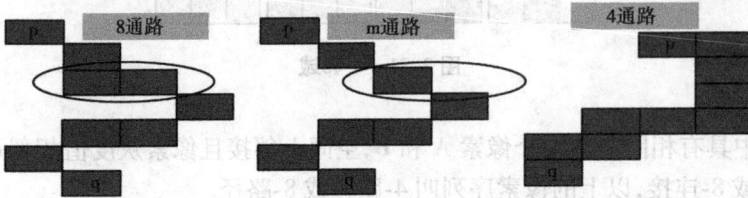

图2.34 通路对比示意图

4)连通性

S 代表一幅图像中像素的子集。像素 p 和 q 是 S 中的元素,如果存在一条完全由 S 中的像素组成的从 p 到 q 的通路,则称 p 和 q 在 S 中是连通的。

对于 S 中的任何像素 p,S 中连通到 p 的所有像素的集合,称为 S 的连通分量,即一个连通区域。如果 S 仅有一个连通分量,则集合 S 称为连通集。

令 R 是图像中的像素子集。如果 R 是连通集,则称 R 为一个区域。一个区域 R 的边界是区域中像素的集合,该区域有一个或多个不在 R 中的邻点。当 R 是整幅图像,图像边界没有邻点。

正常情况下,我们提到一个区域,指的是一幅图像的子集,并且区域边界的任何像素都作为区域边界部分全部包含在其中。将相互连在一起的黑色像素的集合称为一个连通域。

2.5.2 区域内部空间域分析

区域的大小及形状表示方法主要包括以下几种:

* 面积 S

以图 2.35 为待测量区域,图像中的区域面积 S 可以用同一标记的区域内像素的个数总和来表示(即像素点数)。按上述表示法区域 R 的面积 $S=41$。

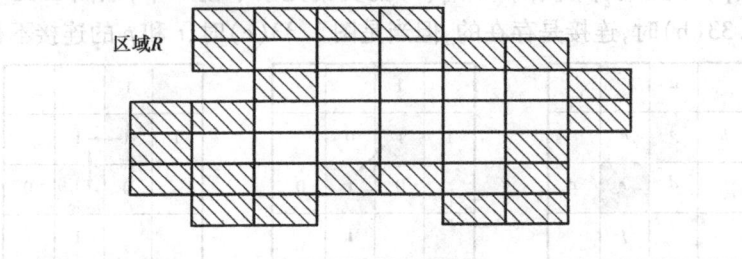

图2.35 区域的测量

* 周长 L

区域周长 L 是用区域中相邻边缘点间距离之和来表示。采用不同的距离公式,关于周长 L 的计算有很多方法。常用的有两种:

一种计算方法是采用欧式距离,在区域的边界像素中,设某像素与其水平或垂直方向上相邻边缘像素间的距离为 1,与倾斜方向上相邻边缘像素间的距离为 $\sqrt{2}$。周长就是这些像素间距离的总和,这种方法计算的周长与实际周长相符,因而计算精度比较高。另一种计算方法是采用 8 邻域距离,将边界的像素个数总和作为周长。也就是说,只要累加边缘点数即可得到周长,比较方便,但是,它与实际周长间有差异。

根据这两种计算周长的方式,以图 2.35 显示的区域 R 为例,区域的周长分别是 $14 + 8\sqrt{2}$ 和 22。

- 圆形度 R_0

圆形度 R_0 用来描述景物形状接近圆形的程度,它是测量区域形状常用的量。其计算公式为:

$$R_0 = 4\pi S / L^2 \tag{2.58}$$

圆形的 R_0 为 1。上式中 S 为区域面积;L 为区域周长。R_0 值的范围为 $(0,1]$,R_0 值的大小反映了被测量边界的复杂程度,越复杂的形状取值越小。R_0 值越大,则区域越接近圆形。

- 形状复杂性 e

形状复杂性常用离散指数表示,其计算公式为:$e = L^2 / S$。该式描述了区域单位面积的周长大小,e 值越大,表明单位面积的周长大,即区域离散,则为复杂形状;反之,则为简单形状。e 值最小的区域为圆形。典型连续区域的计算结果为:圆形 $e = 12.6$;正方形 $e = 16.0$;正三角形 $e = 20.8$。

区域内部空间域分析是不经过变换而直接在图像的空间域,对区域内提取形状特征。

1) 欧拉数

图像的欧拉数是图像的拓扑特性之一,它表明了图像的连通性。图 2.36(a) 中有一个连接成分和一个孔,所以它的欧拉数为 0,而图 2.36(b) 有一个连接成分和两个孔,所以它的欧拉数为 -1。可见通过欧拉数可用于目标识别。

【例 2.7】　欧拉数的计算

```
I1 = imread('A.jpg');        % 图 A.jpg 的欧拉数计算
BW1 = im2bw(I1,0.7);         % 图像二值化。原始图像虽然看起来像二值图像,实质为 RGB 图像。
figure,imshow(~BW1);
E1 = bweuler(~BW1,8)         % 二值化后的图像,目标为 0,背景为 1,必须先求反后计算欧拉数。
I2 = imread('B.jpg');        % 图 B.jpg 的欧拉数计算
BW2 = im2bw(I2,0.7);
figure,imshow(~BW2);
E2 = bweuler(~BW2,8)
```

(a)　　　　　　(b)

图 2.36　具有欧拉数为 0 和 -1 的图形

用线段表示的区域,可根据欧拉数来描述。如图 2.37 中的多边形网,把这多边形网内部区域分成面和孔。如果设顶点数为 W,边数为 Q,面数为 F,则得到下列关系,这个关系称为欧拉公式。

$$W - Q + F = C - H = E \qquad (2.59)$$

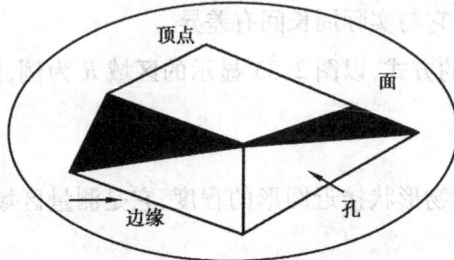

图 2.37   包含多角网络区域

图中的多边形网,有 7 个顶点、11 条边、2 个面、1 个连接区、3 个孔,因此,由上式可得到欧拉数为 −6。一幅图像或一个区域中的连接成分数 C 和孔数 H 不会受图像的伸长、压缩、旋转、平移的影响,但如果区域撕裂或折叠时,C 和 H 就会发生变化。可见,区域的拓扑性质对区域的全局描述是很有用的,欧拉数是区域一个较好的描述子。

2) 凹凸性

凹凸性是区域的基本特征之一。如图 2.38 所示,区域凹凸性可通过以下方法进行判别:区域内任意两像素间的连线穿过区域外的像素,则此区域为凹形。相反,连接图形内任意两个像素的线段,如果不通过这个图形以外的像素,则这个图形称为是凸的。任何一个图形,把包含它的最小的凸图形叫这个图形的凸闭包。

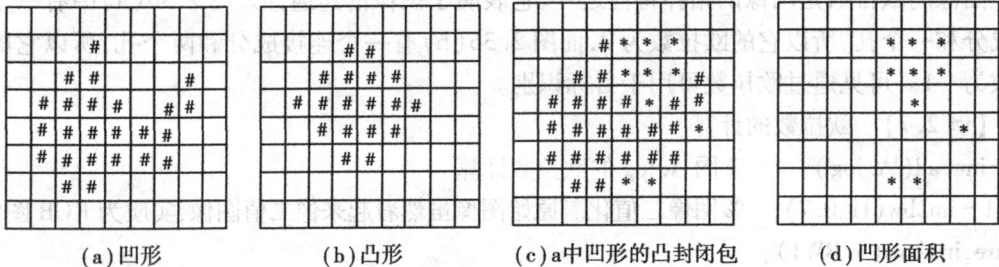

| (a) 凹形 | (b) 凸形 | (c) a 中凹形的凸封闭包 | (d) 凹形面积 |

图 2.38   区域的凹凸性

凸图形的凸闭包就是它本身。从凸闭包除去原始图形的部分后,所产生的图形的位置和形状将成为形状特征分析的重要线索。凹形面积可将凸封闭包减去凹形得到。

3) 距离

距离在实际图像处理过程中往往是作为一个特征量出现,因此对其精度的要求并不是很高。所以对于给定图像中三点 A,B,C,当函数 $D(A,B)$ 满足下式的条件时,把 $D(A,B)$ 叫做 A 和 B 的距离,也称为距离函数。

$$\begin{cases} D(A,B) \geqslant 0 \\ D(A,B) = D(B,A) \\ D(A,B) \geqslant D(A,B) + D(B,C) \end{cases} \qquad (2.60)$$

第一个式子表示距离具有非负性,并且当 A 和 B 重合时,等号成立;第二个式子表示距离具有对称性;第三个式子表示距离的三角不等式。

计算点(i,j)和(h,k)间距离常采用的几种方法:

(1)欧氏距离:

$$d_e\big[(i,j),(h,k)\big] = \sqrt{(i-h)^2 + (j-k)^2} \tag{2.61}$$

(2)4-邻域距离,也称为街区距离:

$$d_g \leqslant d_s \leqslant d_e \tag{2.62}$$

$$d_s\big[(i,j),(h,k)\big] = |i-h| + |j-k| \tag{2.63}$$

(3)8-邻域距离,也称为棋盘距离:

$$d_g\big[(i,j),(h,k)\big] = \max(|i-h|,|j-k|) \tag{2.64}$$

这三种距离之间的关系,如图 2.39 所示。

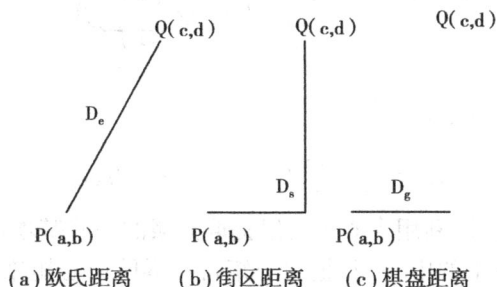

图 2.39　三种距离

街区距离和棋盘距离都是欧式距离的一种近似。图 2.40 中表示了以中心像素为原点的各像素的距离。从离开一个像素的等距离线可以看出,在欧氏距离中大致呈圆形,在棋盘距离中呈方形,在街区距离中呈倾斜 45 度的正方形。街区距离是图像中两点间最短的 4-连通的长度,而棋盘距离则是两点间最短的 8-连通的长度。

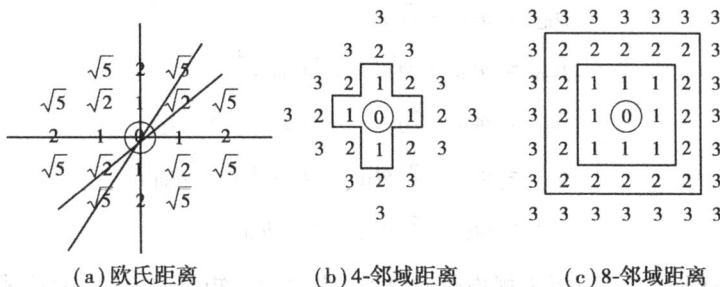

图 2.40　离开单个像素的距离

2.5.3　区域内部变换分析

区域内部变换分析是形状分析的经典方法,它包括求区域的各阶统计矩、投影和截口等,这里主要讲述矩法的应用。

具有两个变元的有界函数$f(x,y)$的$p+q$阶矩定义为

$$M_{pq} = \iint x^p y^q f(x,y)\,\mathrm{d}x\mathrm{d}y \qquad (p,q \in N_0 = \{0,1,2,\Lambda\}) \tag{2.65}$$

这里p和q可取所有的非负整数值,参数称为$p+q$矩的阶。

69

由于 p 和 q 可取所有的非负整数值,它们产生一个矩的无限集。而且,这个集合完全可以确定函数 $f(x,y)$ 本身。换句话说,集合 $\{m_{pq}\}$ 对于函数是唯一的,也只有 $f(x,y)$ 才具有该特定的矩集。对于大小为 $n \times m$ 的数字图像 $f(i,j)$ 的矩为:

$$M_{pq} = \sum_{i=1}^{n} \sum_{j=1}^{m} i^p j^q f(i,j) \qquad (2.66)$$

1)区域形心位置

0 阶矩 m_{00} 是图像灰度 $f(i,j)$ 的总和。二值图像的 m_{00} 则表示对象物的面积。如果用 m_{00} 来规格化 1 阶矩 m_{10} 及 m_{01},则得到一个物体的重心坐标 $(\bar{i}, \bar{j})$

$$\bar{i} = \frac{m_{10}}{m_{00}} = \sum_{i=1}^{n} \sum_{j=1}^{m} i f(i,j) \Big/ \sum_{i=1}^{n} \sum_{j=1}^{m} f(i,j) \qquad (2.67)$$

$$\bar{j} = \frac{m_{01}}{m_{00}} = \sum_{i=1}^{n} \sum_{j=1}^{m} j f(i,j) \Big/ \sum_{i=1}^{n} \sum_{j=1}^{m} f(i,j) \qquad (2.68)$$

2)中心矩

中心矩是以重心作为原点进行计算:

$$\mu_{pq} = \sum_{i=1}^{n} \sum_{j=1}^{m} (i - \bar{i})^p (j - \bar{j})^q f(i,j) \qquad (2.69)$$

中心矩具有位置无关性,利用中心矩可以提取区域的一些基本形状特征。利用中心矩计算公式可以计算出三阶以下的中心矩,把中心矩再用零阶中心矩来规格化,叫做规格化中心矩,记作 μ_{pq},表达式为:

$$
\begin{aligned}
\mu_{00} &= \mu_{00} \\
\mu_{10} &= \mu_{01} = 0 \\
\mu_{11} &= m_{11} - \bar{y} m_{10} \\
\mu_{20} &= m_{20} - \bar{x} m_{10} \\
\mu_{02} &= m_{02} - \bar{y} m_{01} \\
\mu_{30} &= m_{30} - 3\bar{x} m_{20} + 2 m_{10} \bar{x}^2 \\
\mu_{12} &= m_{12} - 2\bar{y} m_{11} - \bar{x} m_{02} + 2 \bar{y}^2 m_{10} \\
\mu_{21} &= m_{21} - 2\bar{x} m_{11} - \bar{y} m_{20} + 2 \bar{x}^2 m_{01} \\
\mu_{03} &= m_{03} - 3\bar{y} m_{02} + 2 \bar{y}^2 m_{01}
\end{aligned}
\qquad (2.70)
$$

把中心矩再用零阶中心矩来规格化,叫做规格化中心矩,记作 η_{pq},表达式为:$\eta_{pq} = \frac{\mu_{pq}}{\mu_{00}^r}$,其中 $r = \frac{p+q}{2}$,$p+q = 2,3,4,\cdots$。

3)不变矩

为了使矩描述子与大小、平移、旋转无关,可以用二阶和三阶规格化中心矩导出七个不变矩组 Φ。不变矩描述分割出的区域时,具有对平移、旋转和尺寸大小都不变的性质。利用二阶和三阶规格中心矩导出的 7 个不变矩组为:

$$\Phi_1 = \eta_{20} + \eta_{02}$$

$$\Phi_2 = (\eta_{20} - \eta_{02})^2 + 4\eta_{11}^2$$

$$\Phi_3 = (\eta_{30} - 3\eta_{12})^2 + (3\eta_{21} + \eta_{03})^2$$

$$\Phi_4 = (\eta_{30} + \eta_{12})^2 + (\eta_{21} + \eta_{03})^2$$

$$\Phi_5 = (\eta_{30} - 3\eta_{12})(\eta_{30} + \eta_{12})[(\eta_{30} + \eta_{12})^2 - 3(\eta_{21} + \eta_{03})^2] + \qquad (2.71)$$
$$(3\eta_{21} - \eta_{03})(\eta_{21} + \eta_{03})[3(\eta_{30} + \eta_{12})^2 - 3(\eta_{21} + \eta_{03})^2]$$

$$\Phi_6 = (\eta_{20} - \eta_{02})[(\eta_{30} + \eta_{12})^2 - (\eta_{21} + \eta_{03})^2] + 4\eta_{11}(\eta_{30} + \eta_{12})(\eta_{21} + \eta_{03})$$

$$\Phi_7 = (3\eta_{21} - \eta_{30})(\eta_{30} + \eta_{12})[(\eta_{30} + \eta_{12})^2 - 3(\eta_{21} + \eta_{03})^2] + $$
$$(3\eta_{21} - \eta_{03})(\eta_{21} + \eta_{03})[3(\eta_{30} + \eta_{12})^2 - (\eta_{12} + \eta_{03})^2]$$

图 2.41 是'football.jpg'图形旋转 45 度,和镜像的结果。三幅图像它们的七不个不变矩分别是 $\Phi_1 = 6.14, \Phi_2 = 14.64, \Phi_3 = 26.87, \Phi_4 = 26.83, \Phi_5 = 53.68, \Phi_6 = 34.29, \Phi_7 = 46.99$

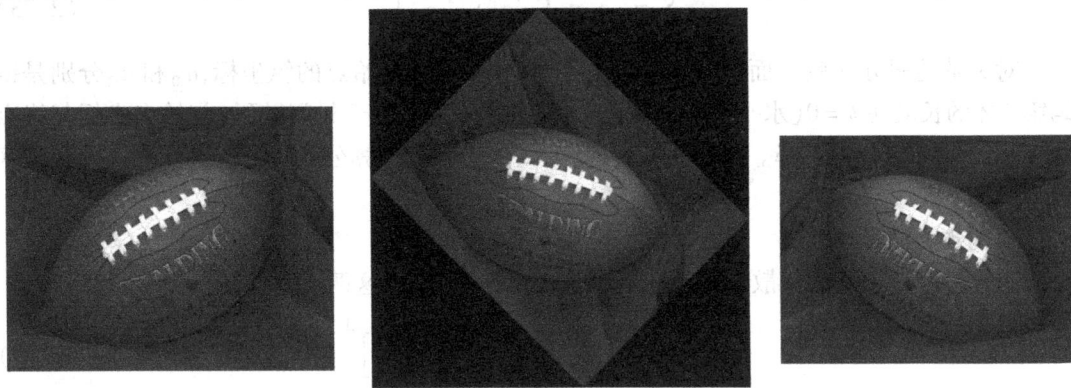

图 2.41　不变矩的实例

2.5.4　链码描述

区域外部形状是指构成区域边界的像素集合。通过边界的搜索等算法的处理,所获得的输出最直接的方式是各边界点像素的坐标,也可以用一组被称为链码的代码来表示,这种链码组合的表示既利于有关形状特征的计算,也利于节省存储空间。

用于描述曲线的方向链码法是由 Freeman 提出的,该方法采用曲线起始点的坐标和斜率(方向)来表示曲线。对于离散的数字图像而言,区域的边界轮廓可理解为相邻边界像素之间的单元连线逐段相连而成。对于图像某像素的 8-邻域,把该像素和其 8-邻域的各像素连线方向按八链码原理图所示进行编码,用 0,1,2,3,4,5,6,7 表示 8 个方向,这种代码称为方向码。

其中偶数码为水平或垂直方向的链码,码长为 1;奇数码为对角线方向的链码,码长为 $\sqrt{2}$。图 2.42 为一条封闭曲线,若以 s 为起始点,按逆时针的方向编码,所构成的链码为

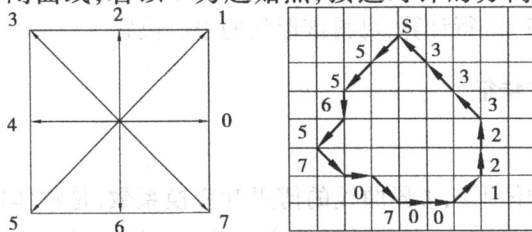

图 2.42　八链码原理图和八链码例子

71

556570700122333,若按顺时针方向编码,则得到链码与逆时针方向的编码不同。边界链码具有行进的方向性,在具体使用时必须加以注意。

1)区域边界的周长

假设区域的边界链码为 $a_1a_2\cdots a_n$,每个码段 a_i 所表示的线段长度为 Δl_i,那么该区域边界的周长为

$$P = \sum_{i=1}^{n} \Delta l_i = n_e + (n - n_e)\sqrt{2} \tag{2.72}$$

式中,n_e 为链码序列中偶数码个数;n 为链码序列中码的总个数。

2)计算区域的面积

$$S = \sum_{i=1}^{n} a_{i0}\left(y_{i-1} + \frac{1}{2}a_{i2}\right) \tag{2.73}$$

对 x 轴的积分 S 就是面积。式中 $y_i = y_{i-1} + a_{i2}$,y_0 是初始点的纵坐标,a_{i0} 和 a_{i2} 分别是链码第 i 环的长度在 $k=0$(水平),$k=2$(垂直)方向的分量。对于封闭链码(初始点坐标与终点坐标相同),y_0 能任意选择。按顺时针方向编码,根据面积计算公式得到链码所代表的包围区域的面积。

3)两点之间的距离

如果链中任意两个离散点之间的链码为 $a_1a_2\cdots a_m$,那么这两点间的距离是

$$d = \left[\left(\sum_{i=1}^{m} a_{i0}\right)^2 + \left(\sum_{i=1}^{m} a_{i2}\right)^2\right]^{\frac{1}{2}} \tag{2.74}$$

根据链码还可以计算其他形状特征。

4)对 x 轴的一阶矩($k=0$)

$$M_1^x = \sum_{i=1}^{n} \frac{1}{2}a_{i0}\left[y_{i-1}^2 + a_{i2}\left(y_{i-1} + \frac{1}{3}a_{i2}\right)\right] \tag{2.75}$$

5)对 x 轴的二阶矩($k=0$)

$$M_2^x = \sum_{i=1}^{n} \frac{1}{3}a_{i0}\left[\left(y_{i-1}^3 + \frac{3}{2}a_{i2}y_{i-1}^2 + a_{i2}^2 y_{i-1} + \frac{1}{4}a_{i2}\right)\right] \tag{2.76}$$

6)形心位置

$$x_c = \frac{M_1^y}{S} \qquad y_c = \frac{M_1^x}{S} \tag{2.77}$$

M_1^x,M_1^y 分别是链码关于 x 轴和 y 轴的一阶矩。它的计算过程为:先将链码的每个方向码做旋转 90 度的变换,得

$$a_i' = a_i + 2 \quad (\text{mod}8) \qquad i = 1,2,\cdots,n \tag{2.78}$$

然后再根据式(2.77)进行计算,可得该形状的中心位置。

2.5.5 边界的形状特征

1)傅里叶描述子

傅里叶描述子,是物体形状边界曲线的傅里叶变换系数,是物体边界曲线信号的频域分析结果。它是一种描述不受起始点移动尺寸变化及旋转影响的方法。傅里叶描述子是区域外形边界变换的一种经典方法,在二维和三维的形状分析中起着重要的作用。区域边界可以

用简单曲线来表示。设封闭曲线在直角坐标系表示为 $y=f(x)$,其中 x 为横坐标,y 为纵坐标。若以 $y=f(x)$ 直接进行傅里叶变换,则变换的结果依赖于坐标 x 和 y 的值、不能满足平移和旋转不变性要求。

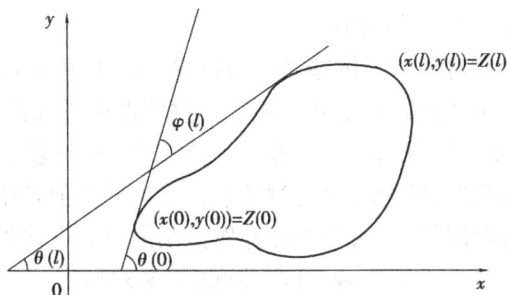

图 2.43　傅里叶描述图解

为了解决上述问题,引入以封闭曲线弧长为自变量的参数表示形式 $Z(l)=(x(l),y(l))$。若封闭曲线 r 的全长为 L,则 $L\geqslant l\geqslant 0$。若曲线的起始点 $l=0$,则 $\theta(l)$ 是曲线上某点切线方向。设 $\varphi(l)$ 为曲线从起始点到弧长为 l 的点的旋转角度,随弧长 l 而变化,显然它是平移和旋转不变的。把 $\varphi(l)$ 化为 $[0,2\pi]$ 上的周期函数,用傅里叶级数展开,那么变换后的系数可用来描述区域边界的形状特征。因此 $\varphi(l)$ 的变化规律可以用来描述封闭曲线 r 的形状。

2) 膨胀与腐蚀

数学形态学(Mathematical Morphology)是一种应用于图像处理和模式识别领域的新的方法。形态学是生物学的一个分支,常用它来处理动物和植物的形状和结构。数学形态学的历史可追溯到 19 世纪的 Eular,Steiner,Crofton 和本世纪的 Minkowski。1964 年,法国学者 Serra 对铁矿石的岩相进行了定量分析,以预测铁矿石的可轧性。几乎在同时,Marheron 研究了多孔介质的几何结构、渗透性及两者的关系,他们的研究成果直接导致数学形态学雏形的形成。随后 Serra 和 Marheron 在法国共同建立了枫丹白露(Fontainebleau)数学形态学研究中心。在以后几年的研究中,他们逐步建立并进一步完善了数学形态学的理论体系,此后,又研究了基于数学形态学的图像处理系统。

用数学形态学处理二值图像时,要设计一种特殊领域运算形式,称为结构元素(Structure Element)。结构元素通常是一些小的简单集合,如图形、正方形等的集合。常见形态学运算有腐蚀(Erosion)和膨胀(Dilation)两种。集合论是数学形态学的基础。有集合、元素、子集、并集、补集、位移、映射(镜像对称)、差集等集合的基本概念。有关形态学的处理的具体内容请参照相关文献。

腐蚀是一种消除边界点,使边界向内部收缩的过程。利用它可以消除小而且无意义的物体。B 对 X 腐蚀所产生的二值图像 E 是满足以下条件的点 (x,y) 的集合:如果 B 的原点平移到点 (x,y),那么 B 将完全包含于 X 中。腐蚀的本质就是删除对象边界某些像素。

膨胀是将与物体接触的所有背景点合并到该物体中,使边界向外部扩张的过程。利用它可以填补物体中的空洞。B 对 X 膨胀所产生的二值图像 D 是满足以下条件的点 (x,y) 的集合:如果 B 的原点平移到点 (x,y),那么它与 X 的交集非空。膨胀的本质是给图像中的对象边界添加像素。

在操作中,输出图像中所有给定像素的状态都是通过对输入图像的相应像素及邻域使用一定的规则进行确定。在膨胀操作时,输出像素值是输入图像相应像素邻域内所有像素的最大值。在二进制图像中,如果任何像素值为 1,那么对应的输出像素值为 1;而在腐蚀操作中,输出像素值是输入图像相应像素邻域内所有像素的最小值。在二进制图像中,如果任何一个像素值为 0,那么对应的输出像素值为 0。

结构元素的原点定义在对输入图像感兴趣的位置。对于图像边缘的像素,由结构元素定义的邻域将会有一部分位于图像边界之外。为了有效处理边界像素,进行形态学运算的函数通常都会给出超出图像、未指定数值的像素指定一个数值,这样就类似于函数给图像填充了额外的行和列。对于膨胀和腐蚀操作,它们对像素进行填充的值是不同的。

对于二进制图像和灰度图像,膨胀和腐蚀操作使用的填充方法如表 2.2 所示。

表 2.2　腐蚀和膨胀填充图像规则表

	规　则
腐蚀	超出图像边界的像素值定义为该数据类型允许的最大值,对于二进制图像,这些像素值设置为 1;对于灰度图像,unit8 类型的最小值也为 255。
膨胀	超出图像边界的像素值定义为该数据类型允许的最小值,对于二进制图像,这些像素值设置为 0;对于灰度图像,unit8 类型的最小值也为 0。

通过对膨胀操作使用最小值填充和对腐蚀操作使用最大值填充,可以有效地消除边界效应(输出图像靠近边界处的区域与图像其他部分不连续)。否则,如果腐蚀操作使用最小值进行填充,则进行腐蚀操作后,输出图像会围绕着一个黑色边框。

结构元素:膨胀和腐蚀操作的最基本组成部分,用于测试输出图像,通常要比待处理的图像小得多。二维平面结构元素由一个数值为 0 或 1 的矩阵组成。结构元素的原点指定了图像中需要处理的像素范围,结构元素中数值为 1 的点决定结构元素的邻域像素在进行膨胀或腐蚀操作时是否需要参与计算。三维或非平面的结构元素使用 0,1 定义结构元素在 x 和 y 平面上的范围,第三维 z 定义高度。

【例 2.8】　使用 imdilate 和 imerode 这两个函数实现图像的膨胀腐蚀,如图 2.44 所示。

```
SE = strel('rectangle',[40,30]);　% 创建结构元素
I = imread('eight. tif');
figure(1),imshow(I);
I2 = Imerode(I,SE);　% 使用结构元素腐蚀图像
figure(2),imshow(I2);
I3 = imdilate(I2,SE);　% 恢复矩形为原有大小,使用相同的结构元素对腐蚀过的图像进行膨胀
figure(3),imshow(I3)
```

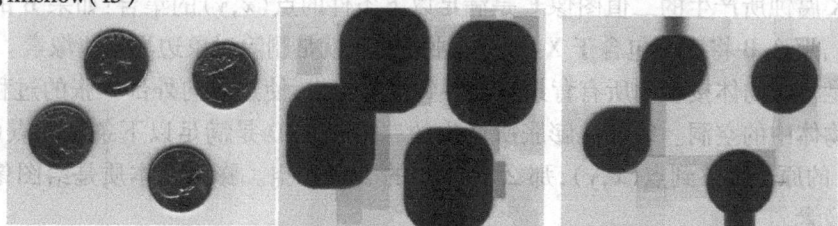

(a)原图　　　　(b)膨胀　　　　(c)对膨胀后的图像 b 腐蚀

图 2.44　形态学的膨胀腐蚀

3) 骨架化和边缘检测

(1) 骨架化

骨架化是一种将区域结构形状简化为图形的重要方法。某些应用中,针对一副图像,希望对图像中所有对象简化为线条,但不修改图像的基本结构,保留图像基本轮廓,这个过程就是所谓的骨架化。提供了专门的函数 bwmorph,可以实现骨架化操作。

【例 2.9】 使用 bwmorph 实现图像的骨架化,如图 2.45 所示。

$$BW1 = imread('circbw. tif');$$

$$imshow(BW1);$$

$$BW2 = bwmorph(BW1,'skel',Inf);$$

$$figure, imshow(BW2);$$

 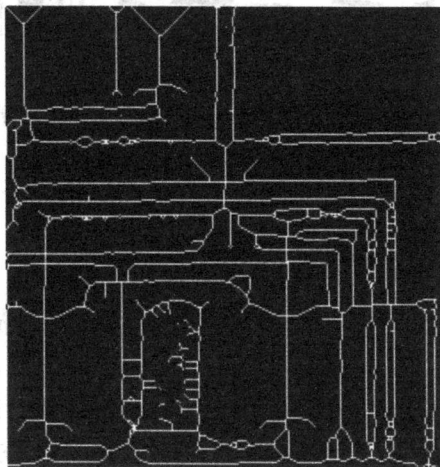

(a) 原图　　　　　　　　　　　　　　　　(b) 骨架化

图 2.45　形态学对二值图像的骨架化

(2) 边缘检测

膨胀和腐蚀处理常用于计算图像的形态梯度,梯度用 g 表示,则

$$y = (f \oplus b) - (f \ominus b) \tag{2.79}$$

其中,f 代表图像,b 代表结构元素,$\oplus$ 代表膨胀,$\ominus$ 代表腐蚀。经过形态学梯度处理,使输入图像灰度变化更加尖锐,与利用像 Sobel 算子这样的一类处理方法所获得的梯度图像相反,运用对称结构元素获得的形态学梯度将较少受边缘方向的影响,这一优点的获得是以运算量显著增加为代价的。

【例 2.10】 使用形态学实现边缘检测,如图 2.46 所示。

$$BW1 = imread('circbw. tif');$$

$$BW2 = bwperim(BW1);$$

$$imshow(BW1);$$

$$figure, imshow(BW2);$$

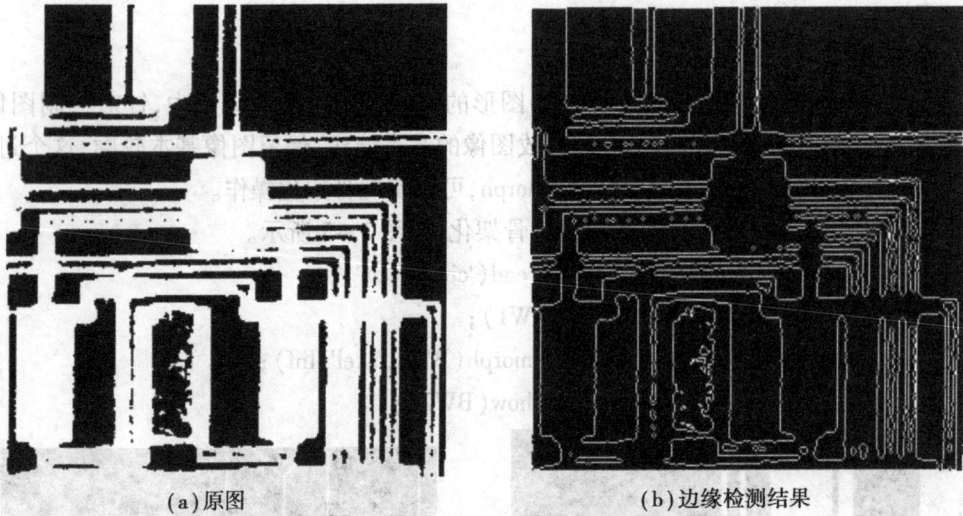

(a)原图 (b)边缘检测结果

图2.46 形态学对二值图像的边缘检测

2.6 图像表示

图像分析与理解包含数据和知识信息流的融合和转换,合理鲁棒的表示方法对有效识别检测目标和分析解释场景非常重要。图像表示所需信息包括了视觉数据信息和人类知识信息两部分,两者相辅相成。其中视觉数据信息是以图像特征为基本单元,典型的图像特征在前几节已经作了详细介绍,而图像表示中的视觉数据信息不仅包含图像特征,还包括图像数据在计算机中的存储方法。知识信息侧重于知识表述如何指导计算机理解图像,将人类的知识融入计算机对图像处理的过程中。

2.6.1 图像数据结构

选择一个适合的信息表示和存储方式,可以表示具体结构关系,节省存储空间,快速存取数据和执行运算,因此合理的数据结构是视觉数据信息表示的关键。常用的图像数据结构包括金字塔结构、图结构和复杂循环结构等。

1)金字塔结构

金字塔结构是处理和分析多分辨率图像时图像数据存储的一种有效方式,它将图像组织为多层,每层像素尺寸大小不变,而图像尺寸改变,因此各层图像有不同的分辨率。一幅图像以金字塔形结构表示时,形成了以原图为最底层,分辨率逐渐降低的多层图像组成的图像库。各层图像尺寸常为2的幂函数,幂称为相应层数,每一层像素值通常由相邻低层的若干像素值的均值得到,采用的均值窗口可以重叠也可以不重叠,这样的结构可以通过树表示,树根即为整幅图像,而它的子节点将原图划分成若干部分,以至树的叶子节点就是最高分辨率上的每个像素点,如图2.47所示。

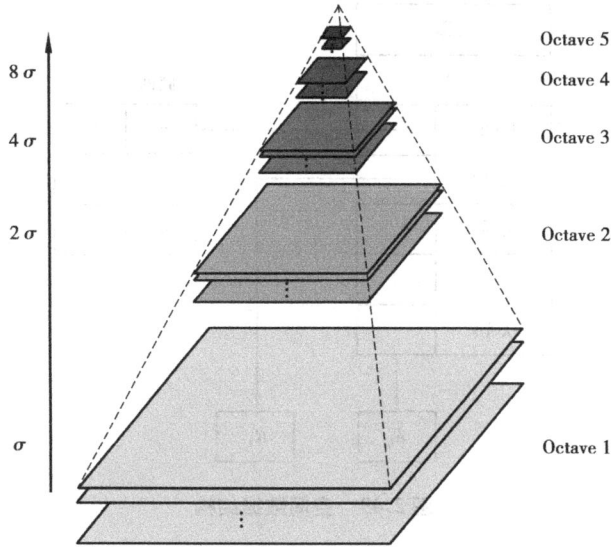

图 2.47　金字塔结构表示图

2) 图结构

图结构则表述了图像中点、线、面之间更为复杂的连接关系和空间关系。为了表示和控制可视模型，可以采用 RSE 结构，即由区域、线段和端点组成的图，这个结构包含了任何分割图像的符号表示中必须包含的最小信息。结构分为三层或三个节点面，区域平面含有表示区域的节点；线段平面由线段集定义，线段集构成了区域的边界，线段平面含有表示线段的节点；顶点或端点平面含有表示线段端点的节点。弧集将每个区域节点与形成区域的各个线段节点用弧连接；每个线段节点将与以它为边界的两个区域节点相连；每个线段节点也要与它的两个端点节点相连，如图 2.48 所示。

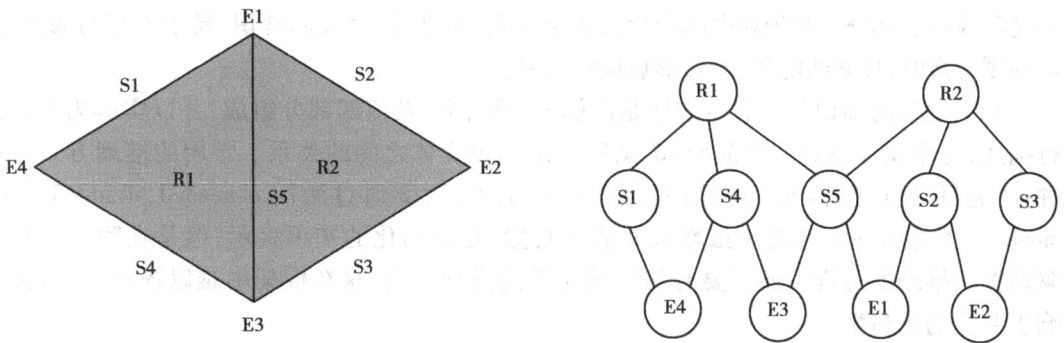

图 2.48　边、顶点、区域图和 RSE 结构图

3) 空间数据结构

空间数据结构作为一个通用的结构，可以用来表示任何目标与关系集，如图 2.49 所示。属性值表包括节点的信息，节点对之间的通路由结构链表示，链的属性值表包括了链的部分二进制关系或链的全局信息。空间数据结构是一种通用的循环结构，允许表示目标及其属性和目标之间不同的偏序多元关系。

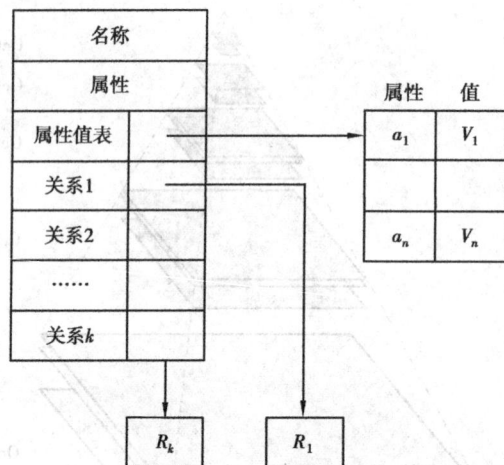

图 2.49 空间数据结构

2.6.2 知识表示

仅仅依靠输入图像提供的信息还不能使计算机完全理解图像中的内容,因此还需要将人类的知识,特别是专家的知识与经验引入计算机系统,用于其对图像的理解和解释。图像语义分析过程中实际可用的知识往往是由人的经验获得的常识性知识和由专家研究得到的启发性知识组成,因此知识以何种形式表示和存储非常重要。人工智能中常用的知识表述方法包括基于规则的产生式表示、框架结构表示及语义网络表示等。

基于规则的产生式知识表示是将知识规范作为由条件至结论的单一形式,形成"条件-结论"对,系统由规则库、事实库和推理过程组成。规则库存放专家先验知识;全局库存放问题的初始过程;推理过程作问题求解的规则解释程序,确定下一步选用的规则,包括匹配、解决冲突和执行三部分。基于规则的产生式表示清晰、自然,符合人的常识,易于增删与修改,但当规则太多时,搜索匹配代价高,影响执行效率。

基于框架的知识信息表示方法是由框架、槽、侧面及值四部分组成,并以实体为中心进行描述,每个实体具有一个框架,语义则突出体现实体之间的关系。常用的推理方式有两种:①通过 AKO 搜索父(或子)辈框架的继承推理;②通过激活 if-needed, if-added, if-removed 这类附加过程推理。虽然框架表示自然,是结构化的知识表示,但是在附加过程和驱动框架推理的过程中还需要有与领域无关的推理规则,这在框架中难以描述,同时又影响了系统的清晰性。

基于语义网络的图像知识表示是一种用网络结构表示的方法。它形式上是一个由一组节点和连接弧组成的有向图。最常用的弧有两种:一种是表示个体与集合之间关系的ISA 弧;另一种是表示全体与部分之间的 HAS-PART 弧。推理过程中的继承推理是通过IAS 弧由低层的概念节点继承高层概念节点的特性。由于低层节点既要继承高层父节点的特性,本身又具有自身属性,所以当遇见矛盾时,则排斥父节点特性,而取子节点属性进行传递。

图像中的数据和人类知识构成了图像语义分析的信息流,处理这些信息流需要建立两类信息之间的统一对应关系,体现"数据"和"知识"的融合,保证视觉信息的存储方式和知识信息处理方式具有一致连贯性,选择合适的计算机特征表示方法实现人类的知识表示。在图像理解中,人对图像场景理解所需的知识是以语义概念为基本实体的若干关系下的网状结构认知体系,语义概念以词语为基元,实体关系则具体包括相似关系、因果关系、位置关系以及包含关系等。因此,实现图像语义分析就是要在图像特征和语义概念之间建立联系,促进计算机对图像中的目标识别和场景理解。

第3章
图像分割方法及实现

由于图像分割可以将人们感兴趣的区域从图像中提取出来,通过把图像划分成具有各自特性的不同区域,将原始图像转化为更抽象更紧凑的形式,使得更高层次的图像语义分析成为可能。因此,图像分割是从图像特征提取进入到图像语义分析的关键步骤,本章主要介绍典型的图像分割方法及其实现过程。

图像分割的数学定义为:令 $f(x,y)$ 表示原图像,图像分割就是将图像信号 $f(x,y)$ 分割为若干相连的、非空子区域 $f_1,f_2,f_3,\cdots,f_n$,并且满足如下准则:

① $\bigcup_{i=1}^{n} f_i = f$;

②对 $i=1,2,\cdots,n$ 时,f_i 是相连的;

③对于任意两个相连的 f_i 和 f_j,$E(f_i \cup f_j) = \phi$;

④对于任意的 f_i,都满足均一性准则。

3.1 灰度阈值分割法

常用的图像分割方法是把图像灰度分成不同的等级,然后用设置灰度门限值(阈值)的方法确定有意义的区域或分割物体的边界。常用的阈值化处理就是图像的二值化处理,即选择一个阈值,将图像转换为黑白二值图像,用于图像分割及边缘提取等处理。若图像中目标和背景具有不同的灰度集合,且两个灰度集合可用一个灰度级阈值 T 进行分割。这样就可以用阈值分割灰度级的方法在图像中分割出目标区域与背景区域。

设图像为 $f(x,y)$,其灰度集范围是 $[0,L]$,在 0 和 L 之间选择一个合适的灰度阈值 T。图像的灰度阈值分割方法可由式(3.1)描述:

$$g(x,y) = \begin{cases} 1 & f(x,y) \geq T \\ 0 & f(x,y) < T \end{cases} \tag{3.1}$$

图像各点经灰度阈值法处理后,这样得到的是一幅二值图像,各个有意义的目标区域就从图像背景中分离出来。

采用图像的阈值化分割,阈值的选取对处理结果的影响很大。如图3.1所示,图3.1(a)为原始图像,图像中的目标为米粒,图3.1(b)为原始图像对应的灰度直方图。分析直方图可知,该直方图具有双峰特性,图像中的目标分布在较暗的灰度级上形成一个波峰,图像背景分布在较亮的灰度级上形成另一个波峰。因此,从理论上讲,以直方图双峰之间的谷底处灰度值作为阈值进行图像的阈值化处理,便可将目标和背景分割开来。

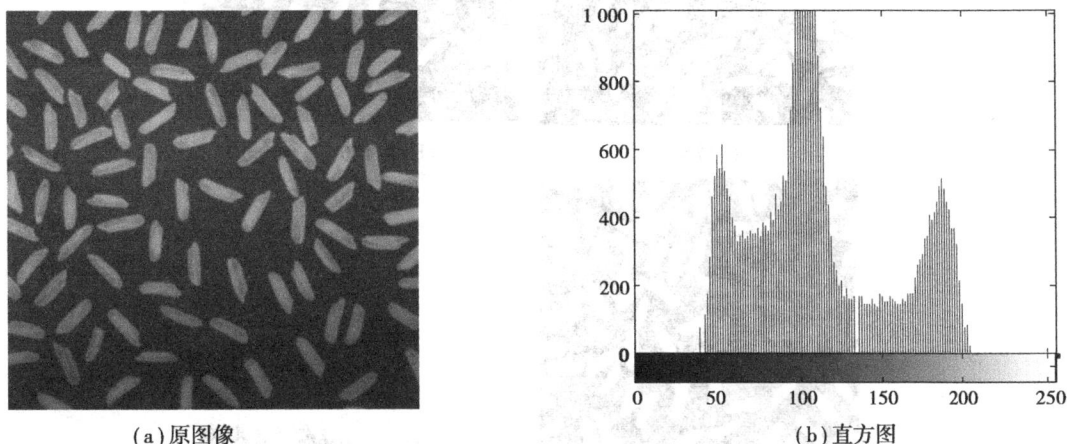

(a)原图像 (b)直方图

图3.1 阈值分割法

图3.2(a)选取阈值 $T=91$;图3.2(b)选取阈值 $T=140$;图3.2(c)选取阈值 $T=120$;图3.2(d)选取阈值 $T=56$,由于选取了不同的阈值 T,因此,图像的分割结果具有明显的差别。程序代码如下,结果如图3.2所示。

【例3.1】 'rice. png'图像的阈值分割。

```
I = imread('rice. png');
I1 = im2bw(I,91/255);
I2im2bw(I,140/255);
I3 = im2bw(I,120/255);
I4 = im2bw(I,56/255);
figure,imshow(I1);
figure,imshow(I2);
figure,imshow(I3);
figure,imshow(I4);
```

由图3.2可知,图像分割过程中,若阈值选取过大,则会提取图像的多余部分;若阈值过小,则会丢失所需的部分。因此,阈值的选取对图像的分割具有非常重要的作用。

阈值一般可写成如下形式:

$$T = T[x,y,p(x,y),q(x,y)] \tag{3.2}$$

式(3.2)中,$p(x,y)$ 是在像素点 (x,y) 处的灰度值;$q(x,y)$ 是该点领域的某种局部性质。换句话说,T 在一般情况下可以是 (x,y),$p(x,y)$ 和 $q(x,y)$ 的函数。

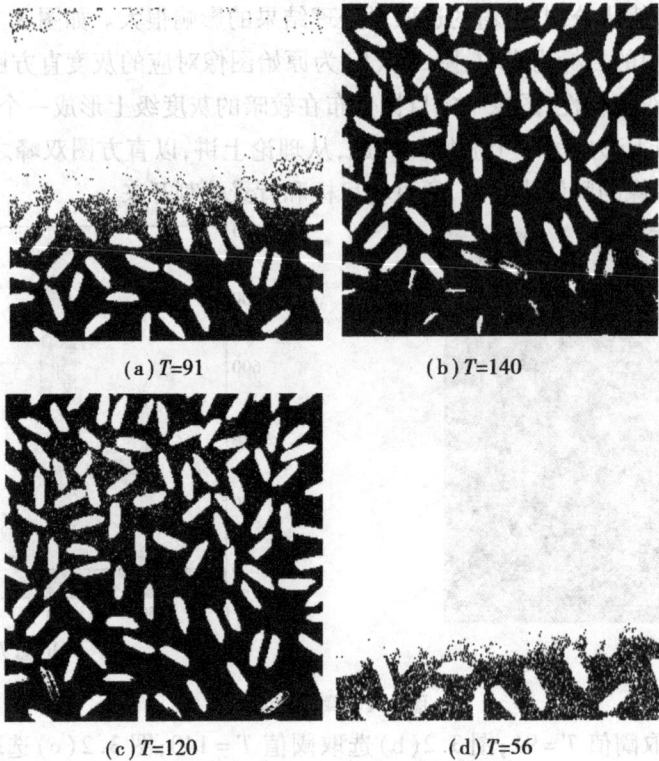

(a) $T=91$ (b) $T=140$

(c) $T=120$ (d) $T=56$

图 3.2 不同阈值对图像分割结果的影响

3.1.1 全局阈值分割

如果仅根据 $f(x,y)$ 来选取阈值,所得的阈值仅与各个图像像素的本身性质相关,因为此时确定的阈值对全图使用,这种方法称为全局阈值分割。全局阈值是最简单的图像分割方法。根据不同的目标,选用最佳的阈值。

1)直方图法

在实际应用中,含有目标和背景两类区域的图像的直方图并不一定总是呈现双峰形式,特别是目标和背景面积相差较大时,直方图的一个峰会淹没在另一个峰旁边的缓坡中,直方图基本成为单峰形式。为解决这类问题,可以通过对直方图凹凸性的分析,从这样的直方图中确定一个合适的阈值来分割图像。

图像的直方图(包括部分坐标轴)可看作平面上的一个区域,对该区域可计算其凸包并求取其最大的凸残差,由于凸残差的最大值常出现在直方图高峰的肩处,所以可用对应最大凸残差的灰度值作为阈值来分割图像。这里最大凸残差是用一种称为凹性测度的指标来衡量的。与一般方法不同,这里要求凸残差的计算是沿与灰度轴垂直的直线进行的。

图 3.3 给出了解释上述方法的一个图示。这里可认为直方图的包络(粗曲线)及相应的左边缘(粗直线)、右边缘(已退化为点)和底边(粗直线)一起围出了一个 2-D 平面区域。计算这个区域的凸包(见图中各前后相连的细直线段)并检测凸残差最大处可得到一个分割阈值 T,利用这个阈值就可以分割图像。

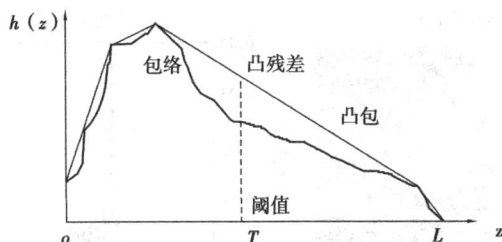

图 3.3　直方图凹凸性来确定分割阈值

上值述方法的一种变型是先将直方图函数取对数,计算指数凸包,然后借助凹凸性分析确定。

对噪声较大的图像,上述方法有时会由于噪声干扰而产生一些虚假的凹性点,从而导致选取错误的阈值。解决这个问题的一种方法是再结合一些其他准则,例如将平衡测度和繁忙性测度与凹性测度相结合定义一个优度函数,这个优度函数与平衡测度和凹性测度成正比而与繁忙测度成反比。通过搜索优度函数的极值可得到对噪声有相当鲁棒性的分割阈值。

【例 3.2】　采用直方图阈值法进行图像分割,其效果如图 3.4 所示。

```
I = imread('peppers. bmp');
I1 = rgb2gray(I);
figure;
subplot(2,2,1);
imshow(I1);
title('灰度图像');
[m,n] = size(I1);                        % 测量图像尺寸参数
GP = zeros(1,256);                       % 预创建存放灰度出现概率的向量
for k = 0:255
    GP(k+1) = length(find(I1 = = k))/(m*n);% 计算每级灰度出现的概率,
                                           将其存入 GP 中相应位置
end
subplot(2,2,2),bar(0:255,GP,'g');        % 绘制直方图
title('灰度直方图');
xlabel('灰度值');
ylabel('出现概率');
I2 = im2bw(I,150/255);
subplot(2,2,3),imshow(I2);
title('阈值 150 的分割图像');
axis([50,250,50,200]);
I3 = im2bw(I,200/255);
subplot(2,2,4),imshow(I3);
title('阈值 200 的分割图像');
```

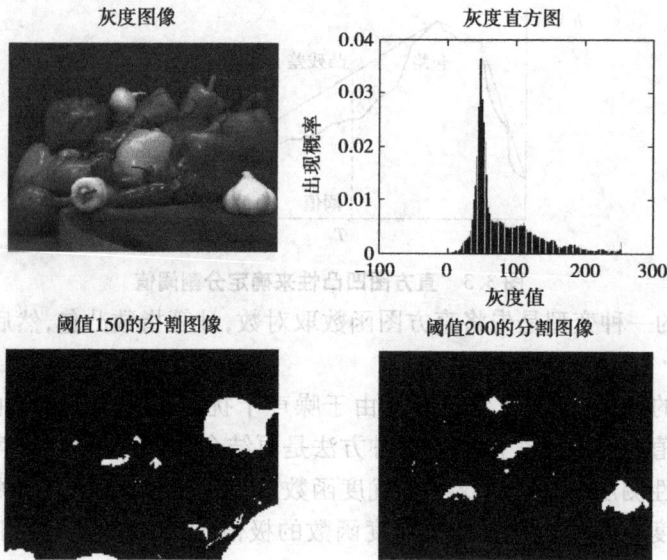

灰度图像

灰度直方图

阈值150的分割图像

阈值200的分割图像

图3.4　采用直方图凹凸性来确定分割实例

2) 最小误差阈值

假如一幅图像,设目标的灰度分布具有平均值为 μ,标准差为 δ 的正态分布概率密度函数 $p(z)$;背景的灰度分布具有平均值为 v,标准差为 τ 的正态分布概率函数 $q(z)$,如图 3.5 所示。

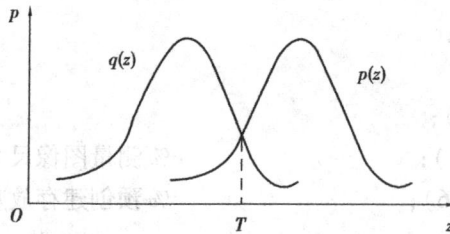

图3.5　目标和背景概率密度分布

设目标占整体图像的比例为 t,此时整体图像的灰度概率密度为:

$$tp(z) + (1 - t)q(z) \tag{3.3}$$

现在用阈值 T 将图像中的目标和背景分开:当 $z < T$ 时为背景,反之则是目标。此时,把背景误认为目标的概率为:

$$Q(T) = \int_{\theta}^{+\infty} q(z)\,\mathrm{d}z \tag{3.4}$$

把目标误认为背景的概率为:

$$1 - P(T) = \int_{-\infty}^{\theta} p(z)\,\mathrm{d}z \tag{3.5}$$

那么错误区分的概率为:

$$t[1 - P(T)] + (1 - t)Q(T) \tag{3.6}$$

求式(3.6)为最小值时的 θ,便是阈值,也就是对式(3.6)求微分并使其为零。

$$\frac{\mathrm{d}}{\mathrm{d}T}\{t[1 - P(T)] + (1 - t)Q(T)\} = 0$$

所以

84

$$(1 - t)q(T) - tp(T) = 0 \qquad\qquad (3.7)$$

根据假设,当 $t, p(z), q(z)$ 已知时,可求解阈值 T。利用这种方法求阈值 T 时,必须用两个已知正态分布的曲线合成来近似直方图的分布,还要给定两个正态分布合成的比例 t,所以实现起来比较复杂,必须用数值计算才能得到,由于这种方法是由日本学者 Otsu 首先使用的,所以又叫 Otsu 阈值法。

【例 3.3】　Otsu 阈值法,如图 3.6 所示。

```
I = imread('peppers. bmp');
subplot(1,2,1),imshow(I);
title('原始图像');
level = graythresh(I);                        % 确定灰度阈值
BW = im2bw(I,level);
subplot(1,2,2),imshow(BW);
title('Otsu 法阈值分割图像');
```

图 3.6　Otsu 阈值法分割图像

3.1.2　自适应阈值分割

当照明不均匀、有突发噪声或者背景灰度变化比较大的时候,如果只有一个固定的全局阈值对整幅图进行分割,则由于不能兼顾图像各处的情况而使分割效果受到影响。有一种解决方法是对图像进行分块处理,对每一块分别选定一个阈值进行分割,这种与坐标相关的阈值称为动态阈值,这种取阈值分割方法称为自适应阈值的方法。

自适应阈值的方法的基本思想是:首先将图像分解成一系列子图像,这些子图像可以互相重叠也可以相邻。如果子图像比较小,则由阴影或对比度的空间变化带来的问题就会比较小,就可以对每个子图像计算一个阈值。通过对这些子图像所得阈值的插值就可得到对图像进行分割所需的阈值。分割就是将每个像素都和与之对应的阈值相比较而实现的。这里对应每个像素的阈值组成图像(幅度轴)上的一个曲面,也可叫阈值曲面。其具体步骤如下:

①将整幅图像分成一系列互相之间有 50% 重叠的子图像;

②做出每个子图像的直方图;

③检测各个子图像的直方图是否为双峰的,如是则采用最优阈值法确定一个阈值,否则就不进行处理;

④根据对直方图为双峰的子图像得到的阈值通过插值得到所有子图像的阈值;

⑤根据各子图像的阈值再通过插值得到所有像素的阈值,然后对图像进行分割。

图 3.7 给出用自适应阈值选取方法进行图像分割的一个结果。图 3.7(a)为一幅由于侧

面光照面具有灰度梯度的图像,图 3.7(b)为用直方图阈值 150 分割得到的结果。由于光照不均,用一个阈值对全图分割不可能都合适,所以根本无法把图像分割开来。图 3.7(c)为采用最大阈值法分割图像,在图像的左下角分割出部分图像,但在右半部分几乎无法分割图像。图 3.7(d)为使用自适应阈值分割图像,分割效果较好。

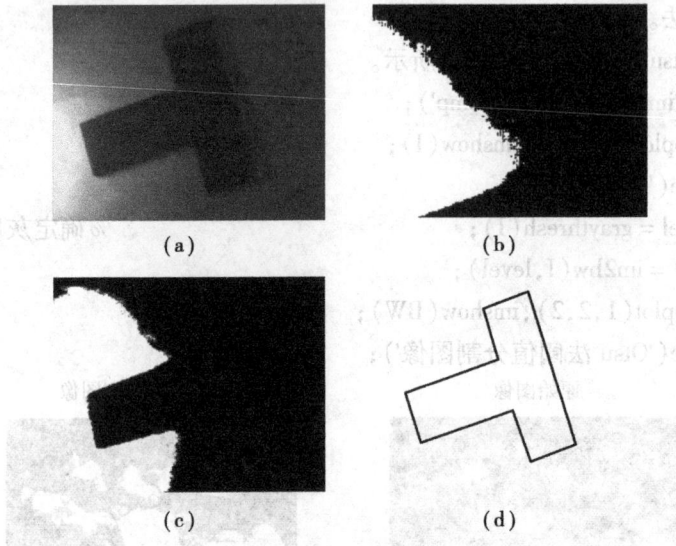

(a)

(b)

(c)

(d)

图 3.7 自适应阈值分割与其他方法的比较

这类算法的时间复杂度和空间复杂度比较大,但是抗噪声的能力比较强。任何一种分割方法都有其局限性。实际的算法只能根据实际情况选择方法和阈值。

3.2 边缘检测算子

图像的边缘检测是图像分割、目标区域识别、区域形状提取等图像分析领域十分重要的基础,也是图像识别中提取图像特征的一个重要属性。目标边缘是以图像的局部特征不连续的形式出现的,即是图像局部亮度变化最显著的部分,如灰度值的突变、颜色的突变、纹理结构的突变等,同时目标的边缘也是不同区域的分界。图像边缘具有方向和幅度两个特性,通常沿边缘的走向灰度变化平缓,垂直于边缘走向的像素灰度变换剧烈。利用边缘检测来分割图像,其基本思想是:先检测图像中的边缘点,再按照某种策略将边缘沿点连接成轮廓,从而构成分割区域。由于边缘是所要提取目标和背景的分界线,提取出边缘才能将目标和背景分开。

图像中目标边界的两个特征值:灰度的变化率和变换方向,分别以梯度向量的幅值和方向来表示。梯度对应于一阶导数,相应的梯度算子就对应于一阶导数算子。对于一个连续函数 $f(x,y)$,其在 (x,y) 处的梯度可以表示为一个矢量(两个分量分别是沿 X 和 Y 方向的一阶导数):

$$\nabla f = \begin{bmatrix} G_x \\ G_y \end{bmatrix} = \begin{bmatrix} \dfrac{\partial f}{\partial x} \\ \dfrac{\partial f}{\partial y} \end{bmatrix} \tag{3.8}$$

式(3.8)中的偏导数需对每个像素位置计算,在实际中常采用小型模板,然后利用卷积运算来近似计算。其中 G_x 和 G_y 各自使用一个模板,因此需要两个模板组合起来以构成一个梯度算子。人们根据模板的大小,模板中元素(系数)值的不同,提出了许多不同的算子。

在实际应用中,为了简便,一般将算子以微分算子的形式表示,然后采用快速卷积函数来实现,这种实现方法可以得到快速而有效的处理。常用的微分算子有 Roberts 算子、Prewitt 算子及 Sobel 算子等。

3.2.1　Roberts 算子

对于离散图像来说,边缘检测算子就是用图像的垂直和水平差分来逼近梯度算子:

$$\nabla f = (f(x,y) - f(x-1,y) - f(x,y-1)) \tag{3.9}$$

因此,当需要检测图像边缘时,最简单的方法就是对每个像素计算 ∇f,然后求绝对值,最后进行阈值操作就可以实现。Roberts 算子就是基于这种思想,该算子见式(3.10)。

$$R(i,j) = \sqrt{(f(i,j) - f(i+1,j+1))^2 + (f(i,j+1) - f(i+1,j))^2} \tag{3.10}$$

它可以由以下两个 2×2 的模板共同实现:

$$\begin{bmatrix} 1 & 0 \\ 0 & -1 \end{bmatrix} \qquad \begin{bmatrix} 0 & 1 \\ -1 & 0 \end{bmatrix}$$

3.2.2　Prewitt 算子

在比较复杂的图像中,仅用 2×2 的 Roberts 算子得不到较好的边缘检测,而相对较复杂的 3×3 的 Prewitt 算子检测效果较好,可以通过以下两个模板实现:

$$\begin{bmatrix} -1 & 0 & 1 \\ -1 & 0 & 1 \\ -1 & 0 & 1 \end{bmatrix} \qquad \begin{bmatrix} 1 & 1 & 1 \\ 0 & 0 & 0 \\ -1 & -1 & -1 \end{bmatrix}$$

以上两矩阵分别代表图像的水平梯度和垂直梯度。如果用 Prewitt 算子检测图像 M 的边缘,一般先用水平算子和垂直算子对图像进行卷积,得到两个矩阵 M_1、M_2,在不考虑边界因素的时候,它们与原图形有相同的大小,分别表示图像 M 中相同位置对 P_V 和 P_H 的偏导数。然后求 M_1 和 M_2 对应位置的两个数的平方和,得到一个新的矩阵 G。G 是 M 中像素灰度梯度的近似值,然后经过阈值操作得到边缘,即

$$G = ((M \otimes P_V)^2 + (M \otimes P_H)^{-2}) > Thresh^2 \tag{3.11}$$

3.2.3　Sobel 算子

Sobel 算子与 Prewitt 算子的区别仅在于选用的模板不同:

$$\begin{bmatrix} -1 & 0 & 1 \\ -2 & 0 & 2 \\ -1 & 0 & 1 \end{bmatrix} \qquad \begin{bmatrix} 1 & 2 & 1 \\ 0 & 0 & 0 \\ -1 & -2 & -1 \end{bmatrix}$$

为了方便对比,下面对上述常用微分算子的模板进行总结,如表 3.1 所示。

表 3.1 常用边缘检测微分算子模板

算子名称	Roberts 算子	Prewitt 算子	Sobel 算子
模板 1	$\begin{bmatrix} 1 & 0 \\ 0 & -1 \end{bmatrix}$	$\begin{bmatrix} -1 & 0 & 1 \\ -1 & 0 & 1 \\ -1 & 0 & 1 \end{bmatrix}$	$\begin{bmatrix} -1 & 0 & 1 \\ -2 & 0 & 2 \\ -1 & 0 & 1 \end{bmatrix}$
模板 2	$\begin{bmatrix} 0 & 1 \\ -1 & 0 \end{bmatrix}$	$\begin{bmatrix} 1 & 1 & 1 \\ 0 & 0 & 0 \\ -1 & -1 & -1 \end{bmatrix}$	$\begin{bmatrix} 1 & 2 & 1 \\ 0 & 0 & 0 \\ -1 & -2 & -1 \end{bmatrix}$
特点	边缘定位准 对噪声有抑制作用	平均、微分 对噪声有抑制作用	加树平均 边宽≥2 像素

MATLAB 7.0 图像处理工具箱中专门提供的边缘检测 edge( )函数,其调用格式如下:

$$BW = edge(I, 'method')$$

$$BW = edge(I, 'method', thresh)$$

$$BW = edge(I, 'method', thresh, direction)$$

$$BW = edge(I, 'method', \cdots)$$

其中,I 是输入图像,method 是选用的方法(算子),可以选择的 method 有 Sobel、Prewitt、Roberts、log、Canny、zerocross 等。可选用的参数有 thresh(门限)、sigma(方差)、direction(方向)。

【例 3.4】 边缘检测三种算子的提取效果比较。

下面将用边缘检测 edge( )函数,分别采用 Sobel、Prewitt、Roberts 三种不同的边缘检测算子对图 3.8(a)所示的原始图像进行边缘提取,程序代码如下:

```
I = imread('tire. tif');
figure, imshow(I);
BW1 = edge(I,'roberts');%进行 Roberts 算子边缘检测,门限值采用默认值
BW2 = edge(I,'prewitt');%进行 Prewitt 算子边缘检测,门限值采用默认值
BW3 = edge(I,'sobel');%进行 Sobel 算子边缘检测,门限值采用默认值
figure, imshow(BW1,[]);
figure, imshow(BW2,[]);
figure, imshow(BW3,[]);
```

执行以上程序,图 3.8(b)~(d)给出了利用这三个算子进行边缘检测的不同效果。由图显见,这三个算子的检测效果中 Prewitt 算子和 Sobel 算子的检测效果比较好。

3.2.4 Laplacian of Gaussian 算子

前面都是利用边缘处的梯度最大(正的或者负的)这一性质来进行边缘检测,即利用了灰度图像的拐点位置是边缘的性质。除了这个性质,边缘还有另外一个性质,即在拐点位置处的二阶导数为 0,如图 3.9 所示。图中由上到下分别是图像的拐点(图像灰度值)、拐点处的梯度(灰度一阶导数)和灰度二阶导数。对准图像网格点,可以发现二阶导数为令交叉点处对应的是图像的拐点。

(a) 原图像　　　　　　　　　　　　(b) Roberts 算子检测

(c) Prewitt 算子检测　　　　　　　　(d) Sobel 算子检测

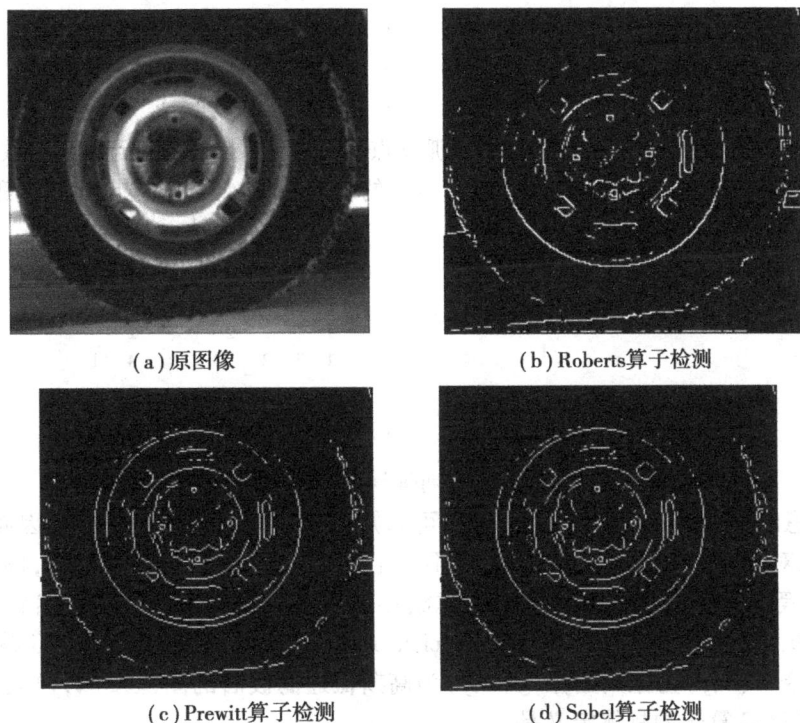

图 3.8　边缘检测三种算子的提取效果比较

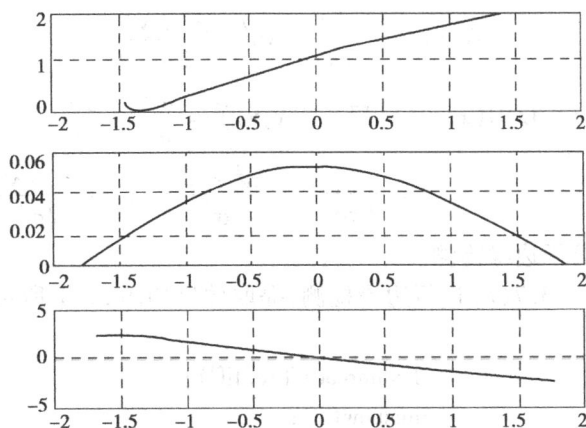

图 3.9　边缘、局部极值、零交叉点

　　因此,也可以通过寻找二阶导数的零交差点来寻找边缘,而 Laplacian 是最常用的二阶导数算子,也是借助模板来实现的。对模板有一些基本要求:模板中心的系数为正,其余相邻系数为负,且所有的系数之和为零。

　　二元函数 $f(x,y)$ 的 Laplacian 变换定义为式(3.12),实际上就是二阶偏导数之和。

$$\nabla^2 f = \frac{\partial^2 f}{\partial x^2} + \frac{\partial^2 f}{\partial y^2} \tag{3.12}$$

将上式以差分方式表示,得到式(3.13):

$$\nabla^2 f = [f(x+1,y) + f(x-1,y) + f(x,y+1) + f(x,y-1) - 4f(x,y)] \tag{3.13}$$

若以模板形式表示,其常用的算子有:

$$\begin{bmatrix} 0 & -1 & 0 \\ -1 & 4 & -1 \\ 0 & -1 & 0 \end{bmatrix}$$

$\nabla^2 f$ 算子能突出反映图像中的角线和孤立点,如对图 3.10(a)所示的原始数据图像进行 Laplacian 算子运算,可以得到如图 3.10(b)所示的结果,在边缘和孤立点的幅值都比较大。

```
1 1 1 1 1
1 1 1
1 1
1        1
```

```
  1 1 1 1 1
1 2 1 1 2 2 3 1
1 1 0 2 2 2
1 1 2 2     2
1 3 2       4 1
    1           1
```

(a)原始数据图像　　　　(b)用Laplacian算子运算以后的结果

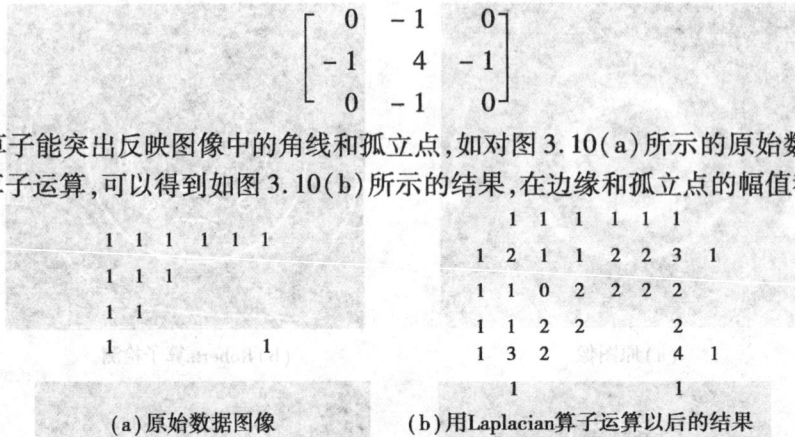

图 3.10　Laplacian 算子实例

需要注意的是,由前面已经提过的算子可以知道,一阶导数对噪声敏感,因而不稳定,由此,二阶导数对噪声就会更加敏感,因而更不稳定。对此,可以先作高斯卷积,再用 Laplacian 算子作卷积,等价于先用高斯形二维低通滤波器对图像 $M(x,y)$ 进行滤波,然后再对图像作 Laplacian 边缘提取,这种方法被称为 Laplacian of Gaussian 算子法,简称 LOG 算子,也称为 Marr 算子。令 $M(x,y)$ 为原始图像,$f(x,y)$ 为高斯低通滤波后的图像,$g(x,y)$ 表示边缘提取后的图像,则 LOG 算子的具体定义是:

$$\nabla f = \nabla^2 (G(x,y) * M(x,y)) \tag{3.14}$$

$$G(x,y) = \frac{1}{2\pi\sigma^2}\exp\left(-\frac{x^2+y^2}{2\sigma^2}\right) \tag{3.15}$$

$$LOG(x,y) = \nabla^2(G(x,y)) = \frac{\partial^2 G}{\partial x^2} + \frac{\partial^2 G}{\partial y^2}$$

$$= \frac{-1}{2\pi\sigma^4}\left(2 - \frac{x^2+y^2}{\sigma^2}\right)\exp\left(-\frac{x^2+y^2}{2\sigma^2}\right) \tag{3.16}$$

【例 3.5】 LOG 算子边缘检测。

应用 LOG 算法对图 3.7(a)进行边缘检测,提取效果如图 3.11 所示,MATLAB 程序代码段如下所示:

```
I = imread('tire. tif');
imshow(I);
BW4 = edge(I,'log');
figure,imshow(BW4,[]);
```

图 3.11　LOG 算子边缘提取的结果图

3.3　方向算子

方向算子基于特定方向上的微分来检测边缘。它先辨认像素为可能的边缘元素,再给它赋予预先定义的若干个方向之一。在空域中,方向算子利用一组模板与图像进行卷积来分别计算不同方向上的差分值,取其中最大的值作为边缘强度,而将与之对应的方向作为边缘方向。实际上每个模板会对应两个相反的方向,所以最后还需要根据卷积值的符号来确定其中之一。相对于梯度算子的优点:不仅只考虑水平和垂直方向,还可以检测其他方向上的边缘。但计算量将大大增加。

3.3.1　Kirsch 模板

Kirsch 算子是一种方向算子,利用一组 8 个模板对图像中的同一像素作卷积,选取其中最大的值作为边缘强度,而将与之相应的方向作为边缘方向。常用的有八方向 3×3 Kirsch 模板,如图 3.12 所示,方向间的夹角为 45°。

$$
\begin{bmatrix} -5 & 3 & 3 \\ -5 & 0 & 3 \\ -5 & 3 & 3 \end{bmatrix}
\begin{bmatrix} 3 & 3 & 3 \\ -5 & 0 & 3 \\ -5 & -5 & 3 \end{bmatrix}
\begin{bmatrix} 3 & 3 & 3 \\ 3 & 0 & 3 \\ -5 & -5 & -5 \end{bmatrix}
\begin{bmatrix} 3 & 3 & 3 \\ 3 & 0 & -5 \\ 3 & -5 & -5 \end{bmatrix}
$$

$$
\begin{bmatrix} 3 & 3 & -5 \\ 3 & 0 & -5 \\ 3 & 3 & -5 \end{bmatrix}
\begin{bmatrix} 3 & -5 & -5 \\ 3 & 0 & -5 \\ 3 & 3 & 3 \end{bmatrix}
\begin{bmatrix} -5 & -5 & -5 \\ 3 & 0 & 3 \\ 3 & 3 & 3 \end{bmatrix}
\begin{bmatrix} -5 & -5 & -5 \\ -5 & 0 & 3 \\ 3 & 3 & 3 \end{bmatrix}
$$

图 3.12　3×3 Kirsch 算子的八方向模板

如果取卷积值的最大值的绝对值为边缘强度,并用考虑最大值符号的方法来确定相应的边缘方向,则由于各模板的对称性只需要用前四个模板就可以了。

Kirsch 算子的方向模板也可以有不同尺寸,如八方向 5×5 模板,图 3.13 为 5×5 模板中的前四个。

$$
\begin{pmatrix} -1 & -1 & 0 & 1 & 1 \\ -1 & -1 & 0 & 1 & 1 \\ -1 & -1 & 0 & 1 & 1 \\ -1 & -1 & 0 & 1 & 1 \\ -1 & -1 & 0 & 1 & 1 \end{pmatrix}
\begin{pmatrix} -1 & -1 & 0 & 1 & 1 \\ -1 & -1 & 0 & 1 & 1 \\ -1 & -1 & 0 & 1 & 1 \\ -1 & -1 & 0 & 1 & 1 \\ -1 & -1 & 0 & 1 & 1 \end{pmatrix}
\begin{pmatrix} -1 & -1 & 0 & 1 & 1 \\ -1 & -1 & 0 & 1 & 1 \\ -1 & -1 & 0 & 1 & 1 \\ -1 & -1 & 0 & 1 & 1 \\ -1 & -1 & 0 & 1 & 1 \end{pmatrix}
\begin{pmatrix} -1 & -1 & 0 & 1 & 1 \\ -1 & -1 & 0 & 1 & 1 \\ -1 & -1 & 0 & 1 & 1 \\ -1 & -1 & 0 & 1 & 1 \\ -1 & -1 & 0 & 1 & 1 \end{pmatrix}
$$

图 3.13　八方向 5×5 Kirsch 算子模板中的前四个

3.3.2　Canny 算子

Canny 算子把边缘检测问题转换为检测单位函数极大值的问题来考虑,它是最优的阶梯形边缘检测算子。从以下 3 个标准意义来说,Canny 算子对受到白噪声影响的阶跃型边缘是最优的。

①检测标准:不丢失重要的边缘,不应有虚假的边缘;

②定位标准:实际边缘与检测到的边缘位置之间的偏差最小;

③单响应标准:将多个响应降低为单个边缘响应。

Canny 算子的实现步骤如下:

Step 1：首先用 2D 高斯滤波模板与原始图像进行卷积，以消除噪声；

Step 2：利用微分算子如 Prewitt 算子、Sobel 算子等，找到图像灰度沿着两个方向的导数 G_x，G_y，并求出梯度的大小：$|G| = \sqrt{G_x^2 + G_y^2}$；

Step 3：利用步骤 2 的结果计算出梯度的方向：$\theta = \arctan\left(\dfrac{G_y}{G_x}\right)$；

Step 4：求出了边缘的方向，就可以把边缘的梯度方向大致分为：0°、45°、90°和135°，并可以找到这个像素梯度方向的邻接像素；

Step 5：遍历图像。若某个像素的灰度值与其梯度方向上前后两个像素的灰度值相比不是最大的，那么将这个像素值置为 0，即不是边缘；

Step 6：使用累计直方图两个阈值。凡是大于高阈值的一定是边缘；凡是小于低阈值的一定不是边缘。如果检测结果在两个阈值之间，则根据这个像素的邻接像素中有没有超过高阈值的边缘像素，如果有，则它就是边缘，否则不是。

Canny 算子的检测比较优越，可以减少模板检测中的边缘中断现象，有利于得到较完整的边缘。以下程序段是利用 MATLAB 中的 edge( ) 函数，并采用 Canny 算子，对图 3.14(a)所示的原始图像进行边缘检测，检测效果如图 3.14(b)所示，可以看出检测结果不单能提取 tire 的边缘，而且边缘连续比较好，这就是 Canny 算子的优良之处。

【例 3.6】 Canny 算子边缘检测，如图 3.14 所示。

$$I = imread('tire.tif');$$
$$Figure, imshow(I);$$
$$BW5 = edge(I,'canny');$$
$$figure, imshow(BW5,[\ ]);$$

(a)原始图像　　　　　(b)Canny算子边缘检测效果

图 3.14　Canny 算子边缘检测

3.3.3　边缘跟踪

不同形状的目标可以有其适宜的线图形表示方法，如环状物，用骨骼或中心线都难以确切表示其形状特征，而内外两条边缘线对环状物来说却是相当有代表性的。另一方面，目标形状虽然分别可以由骨骼和中心线来表示，但是也可以用边缘来表示。因此，可以说在块状图形分析中，边缘的应用是最为广泛和基本的。

边缘跟踪也称为轮廓跟踪。沿边缘线(即轮廓线)跟踪边缘点(即轮廓点),并给出边缘点的坐标序列,这是边缘跟踪的基本要求。以下通过一种典型的8-连接跟踪方法来说明实现边缘跟踪基本要求的途径。8连接边界点的条件是在4邻域的像素中有一个以上的白色像素存在。其算法步骤如下:

Step 1:按顺时针方向对图像进行扫描,寻找未跟踪上的边缘点,如果能检测出来,此点就定义为跟踪的起始点 P_0 并记录下来,取 $d = 5$ 开始跟踪,当没有未跟踪点时,操作结束。这里 d 为8邻域像素点的序号,用来表示方向;

Step 2:从 d 开始按逆时针方向进行8邻域像素点的查找,如果从白像素点到黑像素的变化在下一个边缘点位置 d' 上,那么转入第3步处理。如果在8邻域像素点上没有找到黑色像素,那么跟踪起始点就为孤立点,跟踪结束;

Step 3:向下一个边缘点 P_0 移动,如果 $P_n + 1 = P_0, P_n = P_1$,跟踪就结束。否则,$d = (d' + 3)\%8 + 1$(式中%表示取模运算),返回到第2步。

边缘的跟踪又分成连接成分外侧边缘的跟踪和连接成分内侧的孔边沿上的跟踪两种方式。跟踪算法对外侧边缘的跟踪一般是沿逆时针方向,对于内侧边缘的跟踪是沿顺时针方向。边沿跟踪可以用于检测连接成分、计算孔的个数、计算周长等,由边缘可以方便地进行图像复原,因此,跟踪边缘不仅可用于形状分析,还可用于图像的压缩存储。

【例3.7】　边缘跟踪。

$$I = imread('circbw. tif');$$
$$subplot(2,2,1), imshow(I), title('原始图像');$$
$$I1 = bwperim(I,4);$$
$$subplot(2,2,2), imshow(I1), title('8 连接边界识别结果');$$
$$I2 = bwperim(I,8);$$
$$subplot(2,2,3), imshow(I2), title('4 连接边界识别结果');$$

其结果如图3.15所示。

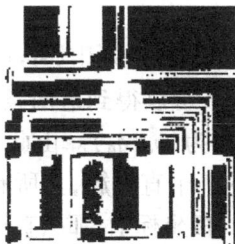

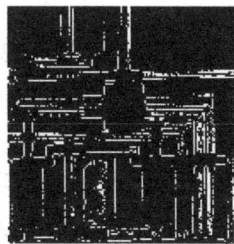

(a)原始图像　　　　　　　(b)8连接边界识别结果

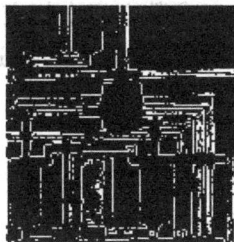

(c)4连接边界识别结果

图3.15　边缘跟踪示例

3.4　霍夫变换

霍夫(Hough)变换是利用图像全局特性来直接检测目标轮廓,是在预先知道区域形状的情况下,将图像的边缘像素连接起来的常用方法。变换的主要优点是受噪声和曲线间断的影响较小。

3.4.1　基本原理

霍夫变换是一种特殊的在不同空间之间进行变换的线描述方法。设在图像空间有一个目标,其轮廓可用代数方程表示,代数方程既有图像空间坐标的变量也有属于参数空间的参数。霍夫变换就是图像空间和参数空间之间的一种变换。

霍夫变换的性质如下:

1)图像空间中的一条直线和参数空间中的点有一一对应关系

在图像空间 X-Y 中,所有过点 (x,y) 的直线都满足方程:

$$y = px + q \tag{3.17}$$

式(3.17)中参数 p 和 q 分别代表斜率和截距。如果已知参数值,则该点坐标之间的关系即可确定。则式(3.17)可表示为:

$$q = -px + y \tag{3.18}$$

假定 p 和 q 是人们感兴趣的参量,而 x 和 y 是参数,式(3.18)代表参数空间 P-Q 中过 Q 点 (p,q) 的一条直线。因此,图像空间 X-Y 的一条直线和参数空间 P-Q 中的点有一一对应关系,这种关系称为霍夫变换。

2)参数空间中的一条直线和图像空间中的一点也有一一对应关系

同理,参数空间 P-Q 中的一条直线和图像空间 X-Y 中的一点也有一一对应关系。

3)点-线对偶性

假设给定直线上 $y = p_0 x + q_0$ 任意 3 个点 (x_i,y_i),$i = 1,2,3$,其中 $(x_1,y_1)(x_2,y_2)$ 所对应的参数空间中的两条直线为 $q = -px_1 + y_1$,$q = -px_2 + y_2$,可以得到这两条直线的交点为 (p_0, q_0);同理可以得到点 $(x_2,y_2)(x_3,y_3)$ 这两条直线的交点为 (p_0,q_0)。由此可知,如果直线 $y = px + q$ 上有 n 个点,那么这些点对应参数空间 P-Q 上的一个直线簇,且所有直线相交于一点。利用这个性质可以检测共线点。如果点 (x,y) 被映射到极坐标上,那么直线上有 n 个点,这些点对应极坐标空间的 n 条正弦曲线,且所有正弦曲线交于一点。

总之,图像空间中共线的点对应于参数空间中相交的线。反过来,在参数空间中相交于同一点的所有线在图像空间中都有共线的点与之对应,这就是点-线对偶性。

3.4.2　实现步骤

实际进行霍夫变换时,要在上述基本方法的基础上根据图像的具体情况采用一些措施。使用极坐标直线方程用以提高精度和速度。

霍夫变换中,直角坐标到极坐标的转换如图 3.16(a)所示,在直角坐标系中一条直线 l,原点到该直线的垂直距离为 ρ,垂线与 x 轴的夹角为 θ,则这条直线方程为:

$$\rho = x\cos\theta + y\sin\theta \tag{3.19}$$

这条直线用极坐标表示则为点(ρ,θ),如图 3.16(b)可见,直角坐标系中的一条直线对应极坐标系中的一点,这种线到点的变换就是霍夫变换。

在直角坐标系中过任一点的直线系,如图 3.16(c),满足:

$$\rho = x_0\cos\theta + y_0\sin\theta = (x_0^2 + y_0^2)^{3/2}\sin(\theta + \phi) \tag{3.20}$$

式(3.20)中$\phi = \arctan(y_0/x_0)$。这些直线在极坐标系中所对应的点(ρ,θ)构成图 3.16(d)中的一条正弦曲线。反之,在极坐标系中位于这条正弦曲线上的点,对应直角坐标系中过点(x_0,y_0)的一条直线,如图 3.16(e)所示。设平面上若干点,过每点的直线系分别对应于极坐标上的一条正弦曲线。若这些正弦曲线有共同的交点(ρ',θ'),如图 3.16(f),则这些点共线,且对应的直线方程为:

$$\rho' = x\cos\theta' + y\sin\theta' \tag{3.21}$$

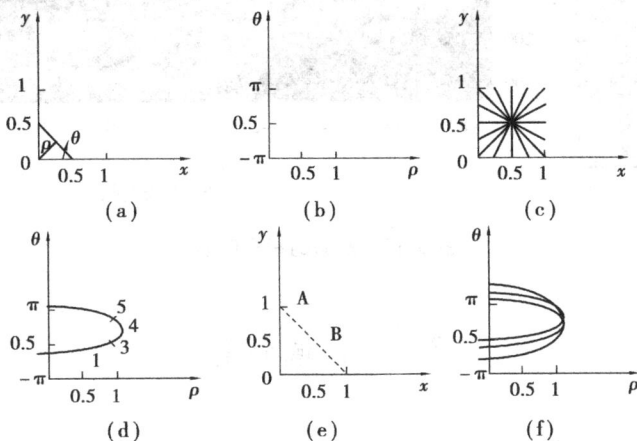

图 3.16　霍夫变换

当给定图像空间中的一些边缘点时,就可以通过霍夫变换确定连接这些点的直线方程。把在图像空间中的直线检测问题转换到参数空间中对点的检测问题,通过在参数空间里进行简单的累加统计即可完成检测任务。检测点应该比检测线容易,因而霍夫变换虽然简单,但作用不容小觑。其算法步骤如下:

①在ρ、θ的极值范围内对其分别进行m,n等分,设一个二维数组ρ_i的下标与ρ_i、θ_j的取值对应;

②对图像上的边缘点作霍夫变换,求每个点在$\theta_j(i=0,1,\cdots,n)$变换后ρ_i,判断(ρ_i,θ_j)与哪个数组元素对应,则让该数组元素值加 1;

③比较数组元素值的大小,最大值所对应的(ρ_i,θ_j)就是这些共线点对应的直线方程的参数。具体计算时,需要在参数空间建立一个二维的累加数组。

【例 3.8】　图像的霍夫变换,如图 3.17 所示。

```
RGB = imread('gantrycrane.png');
I = rgb2gray(RGB);                %变换成灰度图像
BW = edge(I,'canny');             %提取边缘
[H,T,R] = hough(BW,'RhoResolution',0.5,'Theta',-90:0.5:89.5);
subplot(2,1,1);                   %显示原图
```

```
imshow(RGB);
title('Gantrycrane Image');
subplot(2,1,2);                    % 显示霍夫矩阵
imshow(imadjust(mat2gray(H)),'XData',T,'YData',R,'InitialMagnification','fit');
title('Hough Transform of Gantrycrane Image');
xlabel('\theta'),ylabel('\rho');
axis on,axis normal,hold on;
colormap(hot);
```

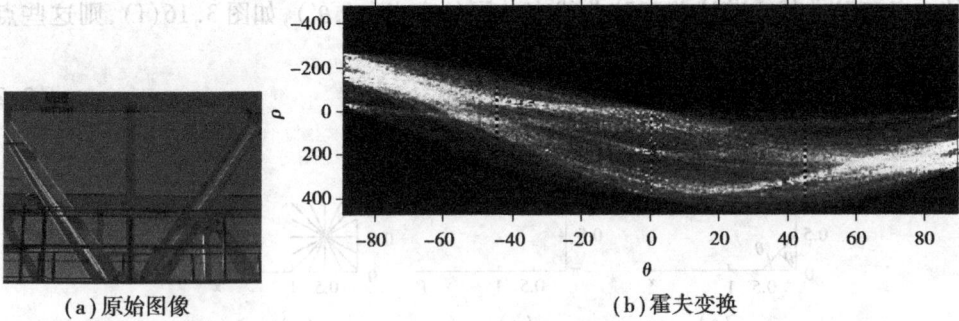

| (a)原始图像 | (b)霍夫变换 |

图 3.17　图像的霍夫变换

3.5　区域分割

　　阈值分割法由于没有考虑或很少考虑空间关系,使多阈值选择受到限制,基于区域的分割方法可以弥补这点不足。该方法利用的是图像的空间性质,认为分割出来的同一区域的像素应具有相似的性质,其概念是相当直观的。

3.5.1　区域生长

1)原理和步骤

　　区域生长的基本思想是将具有相似性质的像素集合起来构成区域。具体是先对每个需要分割的区域找一个种子像素作为生长的起点,然后将种子像素周围领域中与种子像素有相同或相似性质的像素合并到种子像素所在的区域中。这个生长或相似性判断准则是事先确定的,可以是灰度级、色彩、组织、梯度或其他特征。相似性的测度可以由所确定的阈值来判定。将这些新像素当做新的种子像素继续进行上面的过程,直到再没有满足条件的像素可被包括进来,这样,一个区域就长成了。

　　图 3.18 给出了已知种子点进行区域生长的一个示例。这个例子的相似性准则是邻点的灰度级与目标的平均灰度级的差小于2。图中被接受的点和起始点均被灰色方块标注,其中图 3.18(a)是输入图像数据;3.18(b)是第一步接受的邻近点;图 3.18(c)是第二步接受的邻近点;图 3.18(d)是区域生长的结果。

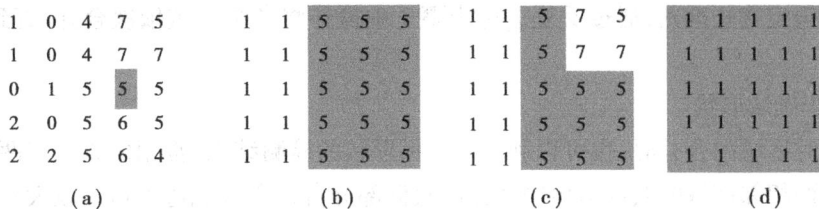

图 3.18　区域生长示例

从上面的示例可知,在实际应用区域生长法时的基本步骤是:

①选择或确定一组正确代表所需区域的种子像素;

②确定在生长过程中能将相邻像素包括进来的准则;

③制定生长过程停止的条件或规则。

当生成任意目标时,接受准则以结构为基础,而不是以灰度级或对比度为基础,为了把候选的小群点包含在目标中,可以检测这些小群点,而不是检测单个点,如果它们的结构与物体的结构充分并且足够相似时就接受它们。另外,还可以使用界限检测对生成建立"势垒",如果在"势垒"的邻近点和目标之间有界限,则不能把这邻近点接受为目标中的点。

2)生长准则

区域生长的一个关键是选择合适的生长准则,大部分区域生长准则使用图像的局部性质。生长准则可根据不同原则制定,而使用不同的生长准则会影响区域生长的过程,下面介绍 3 种基本的生长准则和方法。

(1)基于区域灰度差

基于区域灰度差的方法主要有以下步骤:

Step 1:对像素进行扫描,找出还没有归属的像素;

Step 2:以该像素为中心检查它的邻域像素,即将邻域中的像素逐个与它比较,如果灰度差小于预先确定的阈值,将它们合并;

Step 3:以新合并的像素为中心,返回到第 2 步,检查新像素的邻域,直到区域不能进一步扩张;

Step 4:返回到第 1 步,继续扫描,直到所有像素都归属,则结束整个生长过程。

采用上述方法得到的结果对区域生长起点的选择有较大的依赖性。为克服这个问题可以对上述方法进行以下改进:将灰度差的阈值设为零,这样就有相同灰度值的像素合并到一起,然后比较所有相邻区域之间的平均灰度差,合并灰度差小于某一阈值区域。这种改进仍然存在一个问题,即当图像中存在缓慢变化的区域时,有可能会将不同区域逐步合并而产生错误的分割结果。比较好的做法:一是在进行生长时,不用新像素的灰度值与邻域像素的灰度值比较,二是用新像素所在区域的平均灰度值与各领域像素的灰度值进行比较,将小于某一阈值的像素合并起来。

(2)基于区域内灰度分布统计性质

这种方法考虑以灰度分布相似性作为生长准则来决定区域的合并,具体步骤为:

Step 1:把像素分成互不重叠的小区域;

Step 2:比较邻接区域的累积灰度直方图,根据灰度分布的相似性进行区域合并;

Step 3:设定终止准则,通过反复进行步骤 2 中操作将各个区域依次合并,直到满足终止准则。

(3)基于区域形状

在决定对区域的合并时,也可以利用对目标形状的检测结果,常用的方法有两种:第一种方法是合并两相邻区域的共同边界中对比度较低部分占整个区域边界份额较大的区域;第二种方法是合并两相邻区域的共同边界中对比度较低部分比较多的区域。图 3.19 为使用基于区域形状分割准则的实例。

(a)原始图像　　　　　　　(b)R分量区域生长　　　　　　(c)G分量区域生长

(d)B分量区域生长　　　　　(e)RGB合成区域生长

图 3.19　区域生长的实例

3.5.2　分裂合并算法

区域分裂合并算法的基本思想是先确定一个分裂合并的准则, 即区域特征一致性的测度,当图像中某个区域的特征不一致时就将该区域分裂成 4 个相等的子区域, 当相邻的子区域满足一致性特征时则将它们合成一个大区域, 直至所有区域不再满足分裂合并的条件为止。分裂到不能再分的情况时,分裂结束,然后它将查找相邻区域有没有相似的特征,如果有就将相似区域进行合并,最后达到分割的作用。

在一定程度上区域生长和区域分裂合并算法有异曲同工之妙,互相促进相辅相成的,区域分裂到极致就是分割成单一像素点,然后按照一定的测量准则进行合并,在一定程度上可以认为是单一像素点的区域生长方法。区域生长比区域分裂合并的方法节省了分裂的过程,而区域分裂合并的方法可以在较大的一个相似区域基础上再进行相似合并,而区域生长只能从单一像素点出发进行生长(合并)。

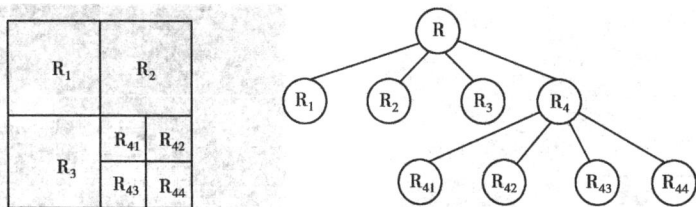

图 3.20　图像的四叉树分解示意图

这种图像的分解也可以用金字塔数据结构来表示。对于 $2N \times 2N$ 的数字图像若用 n 表示其层次，则第 n 层上图像的大小为 $2N-n \times 2N-n$，因此最底层，即第 0 层就是原始图像，最顶层就是第 n 层，只有一个点。四叉树第 n 层上共有 $4n$ 个节点。

（1）确定区域同质准则 H；

（2）将原始图像按照四份一级等分，至一个合理的中间层次 n（不必要将图像分成 N 级），这种特殊的分割技术用所谓的四叉树形式表示最为方便（就是说，每个非叶子节点正好有 4 个子树），这正如图 3.20 中说明的树那样。注意，树的根对应于整幅图像，每个节点对应于划分的子部分。此时，只有 R_4 进行了进一步的再细分。

（3）做所有区域 R 的均匀性检验，如果 $H(R) = false$，则将该区域分裂成四个大小相等的子区域，若任一子区域 R_i 满足 $H(R_i) = false$，则继续分裂此子区域，直至这一分枝上树结构到达它的底层树叶，分裂不能继续为止；如果 $H(R_i) = true$，则该区域不需要再分裂，进入树结构上下一个区域的分析。

（4）回溯合并环节：对相邻的两个区域 R_i 和 R_j，若满足 $H(R_i \cup R_j) = true$，说明这两个区域同质，则合并这两个区域。R_i 和 R_j 不要求大小相同，但要求它们相邻。

（5）当再无法进行聚合或拆分时操作停止。操作结束后，分析面积很小的零星区域与相邻大区域的相似程度，将它们归于相似性大的区域。

（6）在第 5 步完成后可以得到近似的边界，由于是在各种方块组合的基础上得到的，是一条锯齿形的线，还需要经过曲线拟合得到光滑的分界线。

【例 3.9】　图像的四叉树分解，如图 3.21 所示。

```
I = imread('liftingbody. png');
S = qtdecomp(I,. 27);
blocks = repmat(uint8(0),size(S));
for dim = [512 256 128 64 32 16 8 4 2 1];
    numblocks = length(find(S == dim));
    if(numblocks >0)
        values = repmat(uint8(1),[dim dim numblocks]);
        values(2:dim,2:dim,:) =0;
        blocks = qtsetblk(blocks,S,dim,values);
    end
end
blocks(end,1:end) =1;
blocks(1:end,end) =1;
imshow(I),figure,imshow(blocks,[])
```

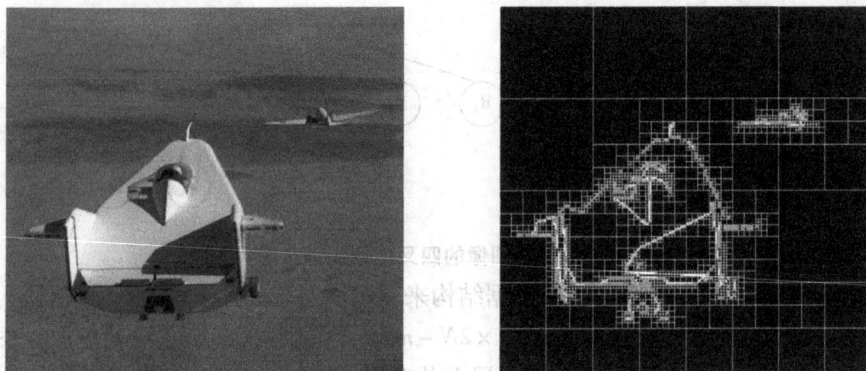

图 3.21　图像的四叉树分解

3.6　基于图论的分割

3.6.1　图像到图的映射

把图论中图分割方法应用到图像分割当中,首先需要研究如何用图来表示一幅图像,即如何把图 G 和图像 I 对应起来。在用图来表示图像时,要尽可能考虑到图像的性质,如图像像素的灰度信息、颜色信息、纹理特征等,可以选择用加权无向连通图来表示图像。在构造图时,也要注意到连通图的复杂性,所以要在图 G 的复杂性能够承担的范围之内,让所构造的图尽可能多地表达图像 I 的性质。

对于一幅 $m \times n$ 大小的图像 $I(m, n)$,所构造的加权无向图 $G = \{V, E\}$ 要能够表达出图像中每个像素之间的联系。所以,在对图像 I 进行构造图 G 时,可以把图像中单个像素看作图中的一个顶点 $v_i \in V$,若两像素相邻,则可以在图 G 中与之对应的顶点之间连一条边。为每条边分配一个权值,边上的权值的大小反映了图像中两个相邻的像素之间的相似度或者关联程度。

图 3.22 展示了是图像 I 和图 G 的关系,从图中可以清楚地看到图像 I 和图 G 之间的关系。像素和节点相对应,而像素和像素之间的邻接关系及关联程度则与图中的边及边上的权值相对应。

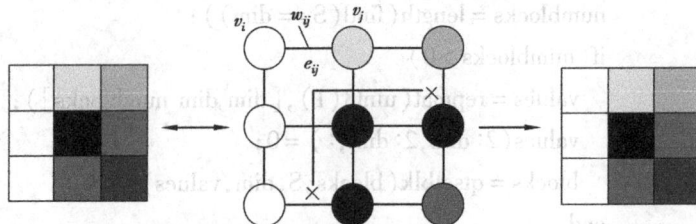

图 3.22　图像 I 和图 G 的映射关系

正因为图论特性与图像之间具有一定的对应关系,才可基于图论对图像进行分割。图论特性与图像特性之间的主要关系如表 3.2 所示。

表 3.2　图论特性与图像特性之间的关系

图论特性		对应的图像特性	图像分割
网络图	节点	像素	图像
	边	像素的相邻性	
	权	相邻像素的边缘性或相似性	
图或网络图的阵表示		图像像素与像素之间的关系	
生成树		图像区域的边界信息	基于边缘信息的图像分割
最短路径		图像区域的边界	
割		区域间的关联度或相似性	基于区域信息的图像分割
最小割		区域间具有最小的关联度或相似性	
度		像素与其他像素或区域的联系程度	

3.6.2　图切割算法

图切割(GraphCut)算法作为一种基于图论的组合优化技术,被众多研究人员用来计算最小化能量函数,并结合最大流最小割定理来完成图像分割问题。它利用人们对目标物体的认知来寻找边界,通过适度交互获得高性能的分割效果。GraphCut 把图像分割成两个区域:"目标"和"背景"。首先,用户强制定义一些"硬约束",即把图像中的某些肯定是目标或者肯定是背景的像素手工标注出来,分别作为目标和背景的种子像素。这些硬约束的定义能够直观反应用户的分割意图。之后,通过计算得到满足硬约束的所有分割中的全局最优解,从而自动地把图像的其他像素进行分割,归入目标或背景。

如图 3.23(a)所示,O 为用户标记的前景,B 为背景。将前景、背景和图像中的普通像素构建成一个图,如图 3.23(b)所示。根据图论的相关理论,应用最大流最小割算法对应相应的图进行分割,获得该图的全局最优分割,如图 3.23(c)所示,同时也就获得了图 3.23(d)中的最优分割。图 3.23 展示了基于 GraphCut 算法的图像分割的基本过程。

简单地说,GraphCut 算法就是利用图论中的最小割(Minimum Cut)进行分割,而最小割又是通过最大流(Max-flow)来得到。根据最大流最小割定理可知最大流和最小割是等价的,最大流又是图像所构造出来的网络的最大流,而这个最小割正是要求的能量函数的全局最优值。因此,GraphCut 是用网络最大流的方式得到最小割,而这个最小割就是目标函数即能量函数的最小值。所以用 GraphCut 理论来进行图像分割的关键便是解决如下两个问题:

①构造网络图。通过构造网络可以求出网络的最大流,也就是最小割的值。得到能量函数的最小值就可以对图像分割做出精确的分割。

②构造能量函数。GraphCut 是解决优化能量函数问题的,所以需要将要解决的问题构成能量函数。对于图像分割来说,能量函数就是数据项和平滑项的和。

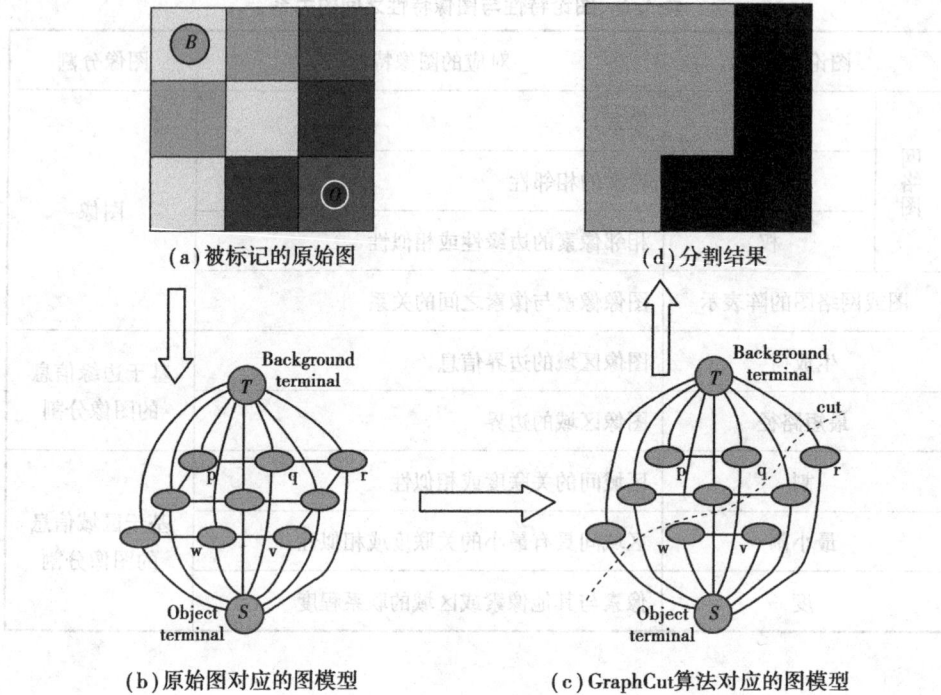

(a) 被标记的原始图　　　　　　　　　(d) 分割结果

(b) 原始图对应的图模型　　　　(c) GraphCut算法对应的图模型

图3.23　基于GraphCut算法的图像分割基本过程

1) 图像映射为图Graph

网络图 $G=(V,L)$ 如图3.23所示,节点集合 $V=\{v_1,v_2,\cdots,v_n,s,t\}$,节点 v 对应于图像的像素;s 与 t 为终点,s 称为源,t 称为汇,对应于图像的二元标号。边集合 $L=\{e\}\cup\{\{v,s\},\{v,t\}\}$。其中,$\{\{v,s\},\{v,t\}\}$ 是节点 v 与终点 s 与 t 之间的连接;$\{e\}$ 是各节点与其邻域节点之间的连接。w_{ij} 表示边的权值,反映两个节点 v_i 和 v_j 之间的相似度。边对应的权值分配规则如表3.3所示。

表3.3　边对应的权值分配规则

边	权 值	条 件
$\{p,q\}$	$B_{\{p,q\}}$	$\{p,q\}\in N$
$\{p,S\}$	$\lambda\cdot R_p(\text{"}bkg\text{"})$	$p\in P,p\notin O\cup B$
	K	$p\in O$
	0	$p\in B$
$\{p,T\}$	$\lambda\cdot R_p(\text{"}obj\text{"})$	$p\in P,p\notin O\cup B$
	0	$p\in O$
	K	$p\in B$

其中,

$$K = 1 + \max_{p \in P} \sum_{q:\{p,q\} \in N} B_{\{p,q\}} \qquad (3.22)$$

$$B_{\{p,q\}} = \frac{\exp\left(-\frac{(I_p - I_q)^2}{2\delta^2}\right)}{\text{dist}(p,q)} \qquad (3.23)$$

式(3.23)代表了图像的边界属性,I 表示像素点的亮度,$\text{dist}(p,q)$ 则表示像素点 p 与 q 间的物理距离。区域属性 R_p 如下所示。

$$R_p("obj") = -\ln\text{Pr}(I_p \mid O) \qquad (3.24)$$

$$R_p("bkg") = -\ln\text{Pr}(I_p \mid B) \qquad (3.25)$$

I_p 表示具有指定亮度值的像素个数,相应地,O 和 B 分别表示人工标注的前景和背景的像素总个数,I_p 分别与 O、B 的比值则表示前景和背景中不同亮度值的像素分布直方图。

式(3.23)中的 δ 是两个像素点 p、q 亮度差的一个阈值,由式(3.22)和式(3.23)可知,如果 $|I_p - I_q| > \delta$,则两像素点的亮度差别较大,$B_{\{p,q\}}$ 的值越小,其对应 N-连接成为分割的主要对象。因此,参数 δ 越大,反应在图像上便是具有较大亮度差别的像素被分割成同一个区域的可能性便越大。按照上述方法,为每一条 E 分配权值,完成图像到图的映射。

2)构造能量函数

将人工交互标记过的像素构成分割的一些硬性限制,这些限制提供了分割目标的线索。通过构造能量函数的区域项和边界项,将此能量函数作为分割模型,图像中剩余像素通过计算该能量函数的最优值得到分割结果。

对于加权图 $G(V,E,W)$,设向量 $A = (A1, \cdots, Ap, A|p|)$ 定义了一种分割结果,Ap 表示集合 P 中像素 p 的标号,该标号可以是前景,也可以是背景。向量 A 将图像划分为二值区域,其代价函数定义为图像边界性质 $B(A)$ 和区域性质 $R(A)$ 的代价之和,如式(3.26)

$$E(A) = \lambda R(A) + B(A) \qquad (3.26)$$

其中,

$$R(A) = \sum_{p \in P} R_p(A_p) \qquad (3.27)$$

$$B(A) = \sum_{\{p,q\} \in N} B_{\{p,q\}} \delta(A_p, A_q) \qquad (3.28)$$

$$\delta(A_p, A_q) = \begin{cases} 1, & A_p \neq A_q \\ 0, & \text{其他} \end{cases} \qquad (3.29)$$

其中,λ 是一个非负系数,该系数描述了区域项(数据项)$R(A)$ 和边界项 $B(A)$ 在图像分割过程中的相对重要性。区域项可以反映像素 p 的亮度对所有目标的直方图模型的拟合度。边界项组成了分割 A 的边界性质,$B_{\{p,q\}}$ 是对像素 p、q 的亮度值相差较大并大于指定的阈值时,$B_{\{p,q\}}$ 为 0。

对于一幅图像来说,能够使得式(3.26)中的代价函数最小的分割就是图像的最优分割。如图 3.24 所示,原图 3.24(a)中目标用黄色线标记,背景用红色线标记,这些种子点为硬性约束并指导分割,图 3.24(b)为 GraphCut 算法的图像分割的结果图。

(a) 人工标记

(b) GraphCut 分割

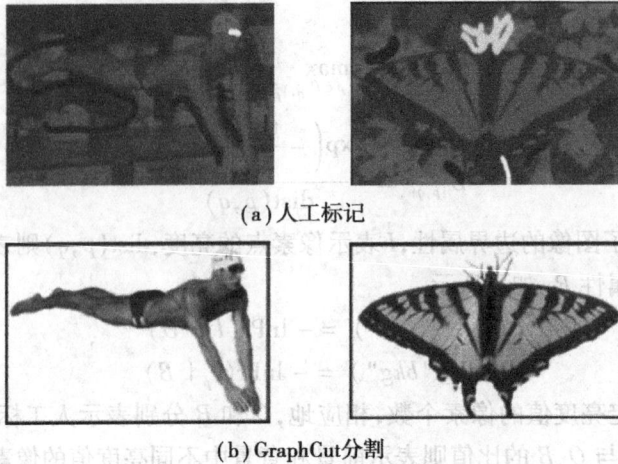

图 3.24 交互式 GraphCut 算法的分割结果

3.7 基于聚类的分割

3.7.1 Kmeans 算法

Kmeans 算法是最为经典的基于划分的聚类方法,算法的基本思想是:以数据集合 X 中 k 个点为中心对 X 进行聚类,计算每个样本点到聚类中心的距离,分别将它们划分到与其最近的聚类(聚类中心所代表的)中。通过迭代的方法,逐次更新各聚类中心的值,即该类别中所有数据的均值,不断反复直到目标函数达到最小为此,得到最好的聚类结果。一般采用均方差作为目标函数,即

$$J = \sum_{i=1}^{k} \left(\sum_{x_j \in X} d(x_j - c_i) \right) \tag{3.30}$$

其中,c_i 是第 i 个聚类中心,x_j 表示数据集合 X 中的任一样本数据,$d(\cdot)$ 为各聚类中样本到聚类中心的欧式距离。Kmeans 聚类的特点是各聚类本身尽可能的紧凑,不同聚类之间尽可能的分开。

Kmeans 算法属于硬聚类方法,只是定义了确定性的聚类,每个样本数据都确定的属于某个聚类,具有非此即彼的特性。而实际上大多数对象并没有严格的属性,往往具有亦此亦彼的性质。因此,将模糊数据引入聚类分析中,形成一种具有更合理的模糊 C 均值聚类算法。

3.7.2 FCM 算法

模糊 C 均值聚类(Fuzzy C-means,简称 FCM)算法实质上是 Dunn 于 1973 提出,并经 Bezdek 在 1981 年改进的一种爬山技术。这个算法被广泛用于计算机视觉和模式识别中的图像分割。在 FCM 中,每个像素和每个聚类中心有确定的隶属度。这些隶属度的范围在[0,1]之间,表示像素与特定聚类中心之间的联系程度。

FCM 算法依据某个给定的标准,划分每个像素到 M 聚类中心集合中。令 N 是图像中像

素总数量,m 是隶属度的指数权重。FCM 的目标函数定义如下:

$$W_m = \sum_{i=1}^{N} \sum_{j=1}^{M} u_{ji}^m d_{ji}^2, \qquad (3.31)$$

其中 u_{ji} 是第 i 个像素到第 j 个聚类中心的隶属度;d_{ji} 是第 i 个像素和第 j 个聚类中心之间的距离。

聚类中心的紧凑程度和一致程度主要依赖于 FCM 的目标函数。总的来说,FCM 的目标函数越小,则聚类结果越紧凑、一致。然而,目标函数的解与其最小值还有很大的差距。为了优化目标函数,FCM 算法采用了迭代方法。令 $U_i = (u_{1i}, u_{2i}, \cdots, u_{Mi})^T$ 是第 i 个像素与每个聚类中心的隶属度集合;x_i 是第 i 个像素;c_j 是第 j 个聚类中心;$U = (u_1, u_2, \cdots, u_N)$ 是隶属度矩阵;$C = (c_1, c_2, \cdots, c_M)$ 是聚类中心集合。FCM 算法流程如下:

Step 1:设迭代终止阈值 ε 为 $[0,1]$ 范围内的一个正数,迭代次数 q 的初值设为 0。

Step 2:根据 $C^{(q)}$ 计算 $U^{(q)}$,如式(3.32)所示:

$$U_{ji} = \frac{1}{\sum_{k=1}^{M} (d_{ji}/d_{ki})^{2/(m-1)}} \qquad (3.32)$$

其中,$1 \leqslant j \leqslant M, 1 \leqslant i \leqslant N$。注意:如果 $d_{ji} = 0$,那么 $u_{ji} = 1$ 并且这个像素的其他隶属度都为 0。

Step 3:根据 $U^{(q+1)}$ 计算 $C^{(q+1)}$,如式(3.33)所示:

$$C_j = \frac{\sum_{i=1}^{N} u_{ji}^m x_i}{\sum_{i=1}^{N} u_{ji}^m} \qquad (3.33)$$

其中,$1 \leqslant j \leqslant M$。

Step 4:根据式(3.32),可以由 $C^{(q+1)}$ 计算得到更新后的 $U^{(q+1)}$。

Step 5:比较 $U^{(q+1)}$ 和 $U^{(q)}$。如果 $\| U^{(q+1)} - U^{(q)} \| \leqslant \varepsilon$,停止迭代,获得最优聚类结果;否则,重复步骤 2 到步骤 4,直到 $\| U^{(q+1)} - U^{(q)} \| > \varepsilon$。

【例 3.10】 FCM 算法在图像分割中的应用。

原始图像为 384×256 像素的 JPG 图片,聚类个数设为 4,运用 FCM 算法后图像分割结果如图 3.25 所示。FCM 函数代码如下所示:

```
function[U,P,Dist,Cluster_Res,Obj_Fcn,iter] = fuzzycm(Data,C,plotflag,M,epsm)
    if nargin < 5
        epsm = 1.0e-6;
    end
    if nargin < 4
        M = 2;
    end
    if  nargin < 3
        plotflag = 0;
    end
    [N,S] = size(Data);m = 2/(M-1);iter = 0;
    Dist(C,N) = 0;U(C,N) = 0;P(C,S) = 0;
    U0 = rand(C,N);
    U0 = U0./(ones(C,1) * sum(U0));
```

```
while true
    for i = 1: C
        for j = 1: N
            Dist(i,j) = fuzzydist(P(i,:),Data(j,:));
        end
    end
    U = 1./(Dist.^m.*(ones(C,1)*sum(Dist.^(-m))));
    if  nargout > 4 | plotflag
        Obj_Fcn(iter) = sum(sum(Um.*Dist.^2));
    end
    if norm(U-U0,Inf) < epsm
        break
    end
    U0 = U;
end
if nargout > 3
    res = maxrowf(U);
    forc = 1: C
        v = find(res == c);
        Cluster_Res(c,1:length(v)) = v;
    end
end
if plotflag
    fcmplot(Data,U,P,Obj_Fcn);
end
```

图 3.25 FCM 算法的图像分割结果

3.7.3 HTFCM 分割算法

为了克服基于特征分割技术的缺陷,可以通过提高区域的紧凑性来解决区域分割的问题。由于模糊 C 均值(FCM)算法具有聚类结果正确且实现简单的特性,已经被广泛用于提高图像区域的紧凑性。像素聚类过程是将图像像素分别划分到不同的簇中,同一簇中的像素尽可能的相似,不同簇中的像素则尽可能的不同,而图像分割中分割出的不同区域在视觉上要尽可能的有区别。因此,像素聚类与图像分割的本质相同,可以将聚类算法用于图像分割的实际应用中。然而,像素聚类通常会遇到两个不可避免的初始化难题:聚类的数目和初始聚类中心的设置问题,这两个初始化难点对图像分割的质量有很大的影响。聚类的数目影响分割区域以及区域对特征变量的容忍性,初始化聚类中心对聚类的紧凑性和分类的准确率有重要的影响作用。

直方图阈值-模糊 C 均值(Histogram-Threshold Fuzzy C-means,HTFCM)算法采用直方图阈值方法解决 FCM 对初始条件敏感的问题,通过阈值法找到全局直方图中的主峰,利用主峰具有特征突出的性质确定聚类的初始中心和聚类数目。同时,采用 FCM 提高直方图阈值模块生成的聚类的紧凑性。

直方图阈值方法包含峰值寻找、区域初始化和合并过程三个基本步骤。峰值寻找是正确定位全局直方图中的所有主峰,以主峰所代表的像素作为聚类的初始中心,避免初始条件设置的盲目性。区域初始化是根据直方图的主峰设置的聚类中心,获得图像中性质各自相同的所有子区域。这时,虽然已经将图像划分为性质相同的若干个区域,但是这些区域数量较大,一些相邻区域在视觉上仍然很接近,接着应用合并过程将这些区域合并到一起,降低聚类数目,使分割结果与人类视觉效果更接近。下面具体介绍这三个基本步骤的实现过程。

1)峰值寻找

假设待分割图像为 RGB 表示的彩色图像,其三原色强度分别存储为 n 位整数,颜色强度的范围是区间 $[0, L-1]$,其中 $L=2^n$。令 $r(i)$,$g(i)$ 和 $b(i)$ 分别表示红色直方图、绿色直方图和蓝色直方图;x_i,y_i 和 z_i 分别表示 $r(i)$,$g(i)$ 和 $b(i)$ 中第 i 颜色强度对应的像素数量。峰值寻找算法的流程如下:

Step 1:计算红色直方图、绿色直方图和蓝色直方图,计算公式如式(3.34):

$$r(i) = x_i, \tag{3.34}$$
$$g(i) = y_i, \tag{3.35}$$
$$b(i) = z_i, \tag{3.36}$$

其中,$0 \leqslant i \leqslant L-1$。

Step 2:为了避免在寻找直方图峰值的过程中陷入局部极值的干扰之中,由原始直方图中构建一个新的平滑直方图,公式如式(3.37)所示:

$$T_s(i) = \frac{(s(i-2) + s(i-1) + s(i) + s(i+1) + s(i+2))}{5} \tag{3.37}$$

其中,s 表示直方图,实际计算时可以被 r,g 和 b 替换,并且 $2 \leqslant i \leqslant L-3$。$T_r(i)$,$T_g(i)$ 和 $T_b(i)$ 分别是红色直方图、绿色直方图和蓝色直方图的新的平滑直方图。

Step 3:在新的直方图上识别出所有峰值,公式如式(3.38)所示:

$$P_s = ((i, T_s(i)) \mid T_s(i) > T_s(i-1) \text{ 和 } T_s(i) > T_s(i+1)) \tag{3.38}$$

其中,s 表示直方图,实际计算时可以被 r,g 和 b 替换,并且 $1 \leqslant i \leqslant L-2$。$P_r$,$P_g$ 和 P_b 分别表示从 $T_r(i)$,$T_g(i)$ 和 $T_b(i)$ 中识别出的峰值集合。

Step 4:在新的直方图上识别出所有峰谷,公式如式(3.39)所示:

$$V_s = ((i, T_s(i)) \mid T_s(i) < T_s(i-1) \text{ 和 } T_s(i) < T_s(i+1)) \tag{3.39}$$

其中,s 表示直方图,实际计算时可以被 r,g 和 b 替换,并且 $1 \leqslant i \leqslant L-2$。$V_r$,$V_g$ 和 V_b 分别表示从 $T_r(i)$,$T_g(i)$ 和 $T_b(i)$ 中识别出的峰谷集合。

Step 5：为了消除噪声干扰，根据模糊规则对峰值和峰谷进行预处理，模糊规则如下：

如果 i 是峰值并且 $T_s(i+1) > T_s(i-1)$，那么 $T_s(i) = T_s(i+1)$；

如果 i 是峰值并且 $T_s(i+1) < T_s(i-1)$，那么 $T_s(i) = T_s(i-1)$；　　　　(3.40)

如果 i 是峰谷并且 $T_s(i+1) < T_s(i-1)$，那么 $T_s(i) = T_s(i-1)$；

如果 i 是峰谷并且 $T_s(i+1) < T_s(i-1)$，那么 $T_s(i) = T_s(i+1)$。

其中，s 可以被 r, g 和 b 替换，并且 $1 \leqslant I \leqslant L-2$。

Step 6：检查直方图上由负梯度变为正梯度且像素数量大于预定阈值 H 的点，确定为 $T_r(i), T_g(i)$ 和 $T_b(i)$ 中的主峰，H 设为 20。

2) 区域初始化

峰值寻找算法得到红色直方图、绿色直方图和蓝色直方图中各自的主峰颜色强度。令 x，y 和 z 是红色直方图、绿色直方图和蓝色直方图中得到的主峰数量。$P_r = (i_1, i_2, \cdots, i_x)$，$P_g = (i_1, i_2, \cdots, i_y)$ 和 $P_b = (i_1, i_2, \cdots, i_z)$ 是红色直方图、绿色直方图和蓝色直方图中各自主峰的颜色强度集合。区域初始化算法的流程如下：

Step 1：形成所有可能的聚类中心。聚类中心的每个元素有 R, G, B 三个颜色值，分别取自红色直方图主峰的颜色强度集合 P_r、绿色直方图主峰的颜色强度集合 P_g 和蓝色直方图主峰的颜色强度集合 P_b。因此，形成了众多的聚类中心，其数量为 $x \times y \times z$。

Step 2：将每个像素分配到最近的聚类中心，形成像素的聚类集合。

Step 3：去除聚类集合中像素数量小于阈值 V 的中心点。为了降低初始聚类中心数量，V 的值设为 $0.006N$~$0.008N$，其中 N 是图像中所有像素的数量。

Step 4：重新分配每个像素到最近的聚类中心。令 c_l 是聚类中心集合中第 l 个元素，X_l 是分配给的像素集合。

Step 5：更新每个聚类中心。

3) 区域合并

区域初始化步骤通过聚类中心获得性质相同的若干分割子区域。但是这些区域有可能在视觉上接近，可以合并到一起以构成更简练的聚类中心来表示同质区域。因此，合并算法需要依据颜色的相似性合并颜色接近的区域。测量颜色相似性最简单的方法是利用欧式距离来测量两个区域的颜色差异度。令 $C = (c_1, c_2, \ldots, c_M)$ 是聚类中心集合，M 是聚类中心的数量。合并算法流程如下：

Step 1：设欧式距离的最大阈值 d_c 为一个正整数。

Step 2：计算 M 个聚类中心中任意两个中点之间的距离

$$D(c_j, c_k) = \sqrt{(R_j - R_k)^2 + (G_j - G_k)^2 + (B_j - B_k)^2}, \forall j \neq k \quad (3.41)$$

其中，$1 \leqslant j \leqslant M, 1 \leqslant k \leqslant M$。$R_j, G_j$ 和 B_j 分别是第 j 个聚类中心的红、绿和蓝颜色的值。R_k, G_k 和 B_k 分别是第 k 个聚类中心的红、绿和蓝颜色的值。

Step 3：找到最近的两个聚类中心的最小距离。如果最小距离小于阈值 d_c，合并这两个最近的聚类中心形成新的聚类中心。否则，不能合并这两个聚类中心。

Step 4：聚类中心合并后，相应地对两个聚类的像素进行合并，构成一个新的聚类像素集合。

Step 5：根据新的聚类的像素集合，更新聚类的中心。

Step 6：聚类的数目由 M 降低到 $M-1$。重复步骤 2 到步骤 5，直到两个最近聚类中心之间的最小距离都大于 d_c，实验中 d_c 值为 24~32。

　　256×256 的图像"房子"如图 3.29(a)所示,首先需要确定直方图中的主峰值。红色直方图、绿色直方图和蓝色直方图分别如图 3.26(a),图 3.27(a)和图 3.28(a)所示。在图 3.26(a)中,原始直方图存在大量的小峰值,局部极值会对确定全局直方图的主峰造成干扰,以致红色直方图中的全局峰值很难被识别出来。图 3.27(a)和图 3.28(a)中也出现了同样的情况,必须去除这些小峰值才能有效地识别出全局直方图的主峰。因此,对直方图进行平滑处理,所得消除小范围波动的新的直方图,如图 3.26(b),图 3.27(b)和图 3.28(b)所示。每个新的直方图与他们各自的原始直方图在形状上大致相似,所以新的直方图中的主峰可以看作直方图中的主峰。此外,新的直方图比原始直方图的隶属度更光滑。因此,直方图中的主峰可以很容易的通过检查新的直方图极值识别出来。然后,分配每个像素到各自的聚类中心形成初始聚类。例如,图像中左上层像素的 RGB 值为(159,197,222)被分配到 RGB 值为(159,199,224)的聚类中心,因为该像素与这个中心的欧式距离最小。中心的 RGB 值由图 3.26(b),图 3.27(b)和图 3.28(b)中的主峰的三原色获得。

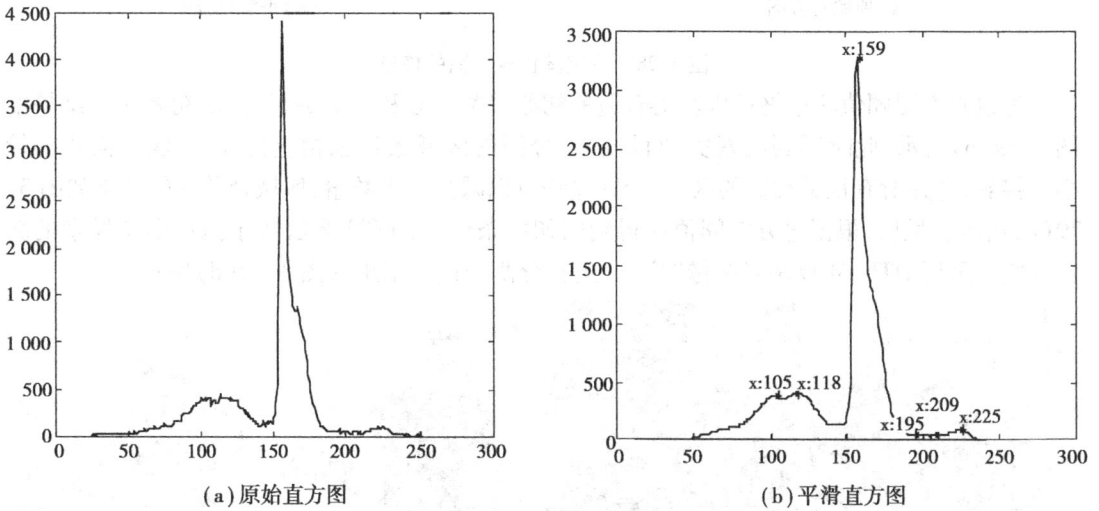

(a)原始直方图　　　　　　　　　　　　(b)平滑直方图

图 3.26　确定红色直方图的峰值

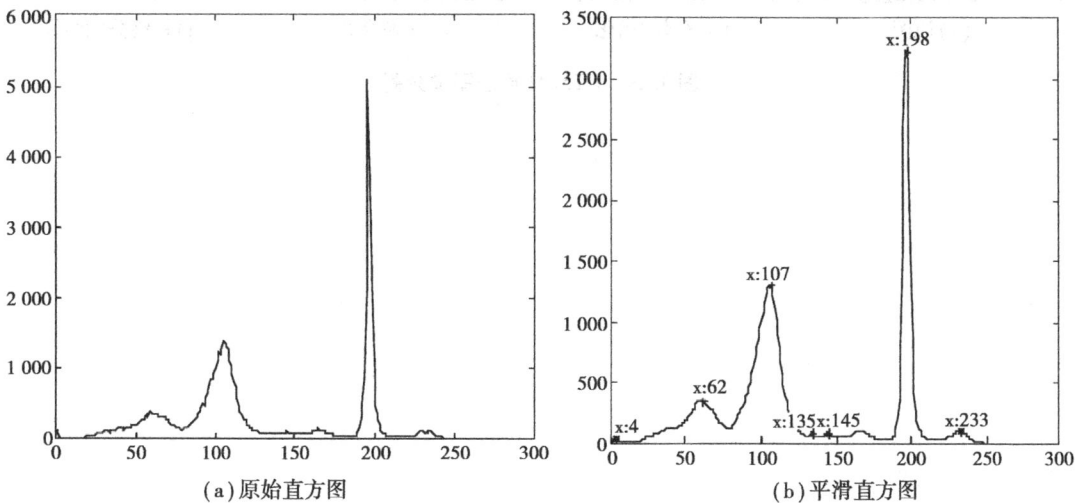

(a)原始直方图　　　　　　　　　　　　(b)平滑直方图

图 3.27　确定绿色直方图的峰值

(a) 原始直方图　　　　　　　　　　　　(b) 平滑直方图

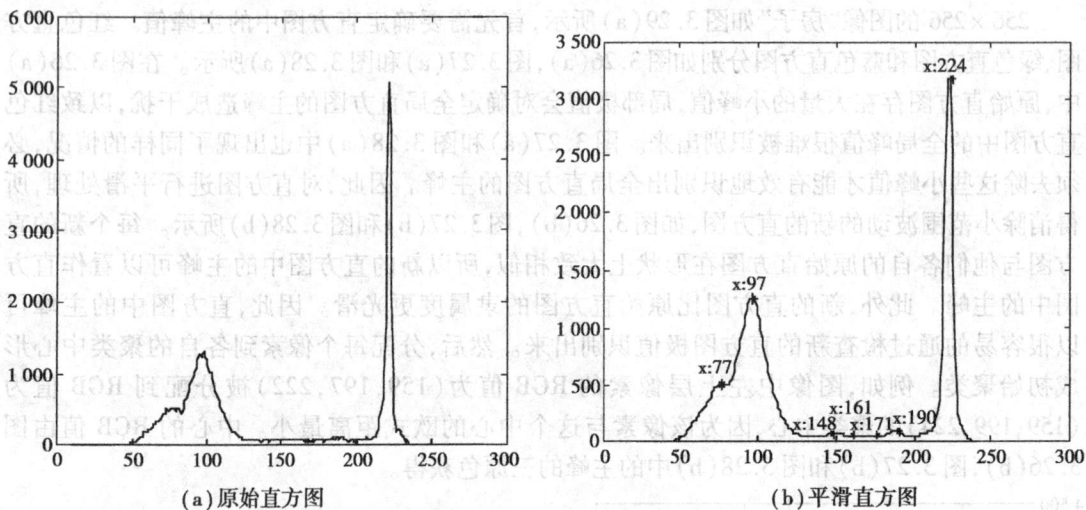

图 3.28　确定蓝色直方图的峰值

　　通过直方图阈值法最终可以获得合适的初始聚类中心和聚类数目,区域初始化的结果如图 3.29(b) 所示,此时得到的聚类数目较多,分割的区域数目也相应得较多,区域面积都较小。接着,合并所有视觉相似的区域,合并过程可以减少聚类数量,区域合并后的结果如图 3.29(c) 所示。最后,根据直方图阈值法得到的初始条件,将 FCM 算法用于执行图像像素的颜色分割。采用 HTFCM 算法对图像"房子"进行分割的最终结果如图 3.29(d) 所示。

(a) 原图　　　　(b) 区域初始化　　　　(c) 区域合并　　　　(d) 最终分割结果

图 3.29　HTFCM 算法图像分割

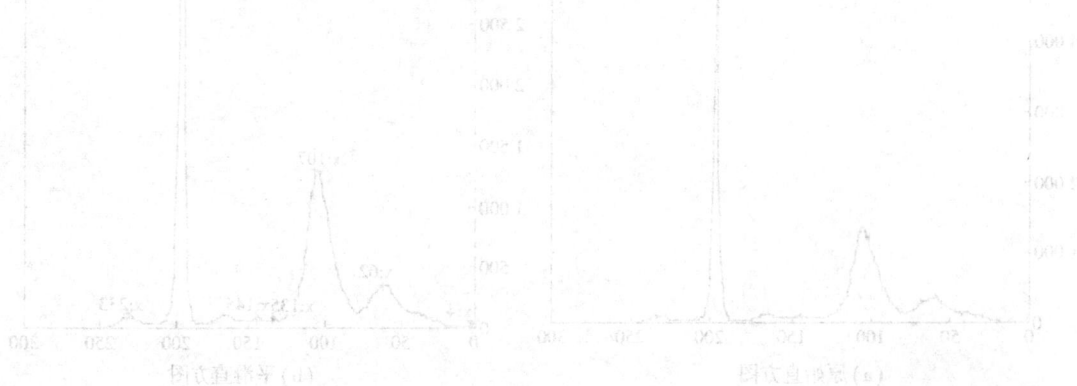

第**4**章

目标识别

图像识别在图像分析和计算机视觉领域中起着重要的作用,是近年来的研究热点之一。图像识别是以特征为基础的,视觉感知的认知学为目标识别提高了理论依据。如果没有目标识别,即使是最简单的机器视觉问题也无法解决。模式识别被用于区域和物体的分类,为了学习更复杂的机器视觉操作,对图像进行语义分析,有必要先了解一些图像匹配的基本知识和目标识别的相关内容。

4.1 图像匹配

感知物体的显著性,可以通过物体的颜色、纹理、边缘、形状来进行描述。其中,纹理识别和形状识别作为物体特征的分析过程,是目标识别研究的一个重要领域。利用模式识别技术对图像所包含的目标对象进行识别时,这个过程的实现方法可以利用物体的关系结构,将图像中的主要目标之间的关系结构描述为图模型,图模型中的节点和边代表图像中的关键特征。这样就将图像匹配转换为图匹配。因此,图匹配的目的是判断一幅图像所表示的实际物体是否与图模型中关于这幅图像的先验知识相符。图 4.1 是一个典型的图匹配问题。

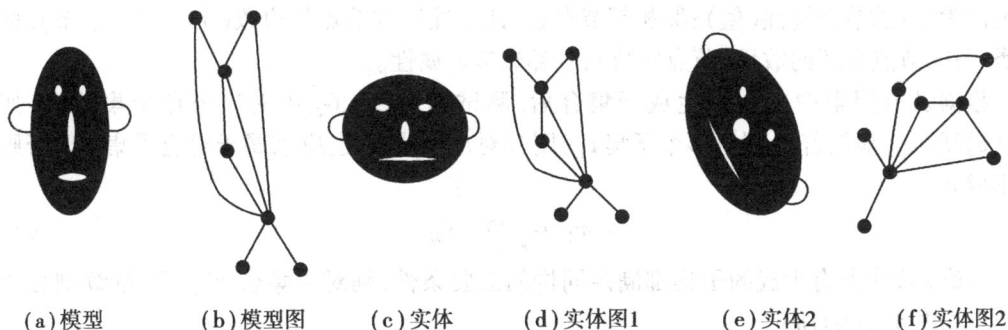

(a)模型　　　(b)模型图　　　(c)实体　　　(d)实体图1　　　(e)实体2　　　(f)实体图2

图 4.1　图匹配问题

4.1.1 图的同构

物体的描述图应该与物体的模型图完全匹配。若问题是在图像的图表示中寻找某个物体(由模型图表示),则模型图应该与图像表示图中的某个子图完全匹配。图之间的完全匹配称为同构(isomorphism),图 4.1 中的各图都是同构的。

图同构和子图同构的判定是图论中的经典问题,在应用和理论上都有很大价值。由于物体描述的不准确、图像的噪声、物体间的遮挡、不同光照条件等因素,物体图通常不能与模型图完全匹配。

图的同构问题可以被分为三种主要类型:

①图同构。给定两幅图 $G_1 = (V_1, E_1)$ 和 $G_2 = (V_2, E_2)$,寻找一个 V_1 和 V_2 简单一个映射 f,使得对中的每一条端点为 $v, v' \in V_1$ 的边,都存在一条 E_2 中端点为 $f(v)$ 和 $f(v')$ 的边,并且若 $f(v)$ 和 $f(v')$ 有一条 G_2 中的边相连,则 v 和 v' 由一条中的边相连。

②子图同构。寻找图 G_1 与另一个图 G_2 的子图间的同构。这个问题上一个问题难度更大。

③双重子图同构。寻找图的子图与图 G_2 的子图简单同构,这个问题的复杂度与问题 2 在同一数量级上。

子图同构和双重子图同构问题都是 NP-完全的,也就是说采用现有的算法找到解所用的时间与输入长度的指数成正比。目前还不知道图同构问题是否是 NP-完全的。尽管已经做了大量的工作,但仍然没有一个算法能够在多项式时间内判断图的同构,目前也没有证明这样的算法根本就不存在。然而,图同构的非确定算法利用启发式信息寻找近似最优解,可以在多项式时间内解决图同构和子图同构的判定问题。

无论图中是否赋值,图的同构判定计算量都很庞大。赋值图在识别和图像理解中更常用,其节点的取值根据所代表的区域的性质而定,而弧的取值根据所连接的节点间的关系而定。赋值可以简化同构的判定,更确切地说,赋值可以使证明不是同构更容易一些。同构的赋值图有相同数目的节点,且对应节点的值也相同,弧也是如此。

判定两幅赋值图 $G_1 = (V_1, E_1)$ 和 $G_2 = (V_2, E_2)$ 是否同构的基本思想是:先将节点集合 V_1 和 V_2 以相同的方式进行划分,然后在划分结果中寻找不同点。划分的目的是对于 G_1 和 G_2 构造一个节点集合 V_1 和 V_2 间的一一映射。算法包括反复进行节点集划分,每次划分需要考虑的因素有:①节点属性(值);②相邻节点数(连通性);③节点的边数(节点度);④节点的边的类型;⑤节点自环的数目(节点阶数);⑥邻近节点属性。

根据以上因素中的一个生成子集合后,测试图 G_1 和 G_2 中对应节点子集的势,如图 4.2(a)所示。显然若 v_{1i} 属于多个子集 v_{1j},则其对应节点 v_{2i} 也应该属于对应子集 V_{1j},否则同构不成立。

$$v_{2i} \in \bigcap_{j | v_{1i} \in V_{1j}} V_{2j} \tag{4.1}$$

若第 i 步中所有生成的子集都满足同构的必要条件,则对子集合 W_{1n}, W_{2n} 继续划分成新的节点如图 4.2(b)所示。

$$W_{1i} \cap W_{1j} = \varphi \quad i \neq j$$
$$W_{2i} \cap W_{2j} = \varphi \quad i \neq j \tag{4.2}$$

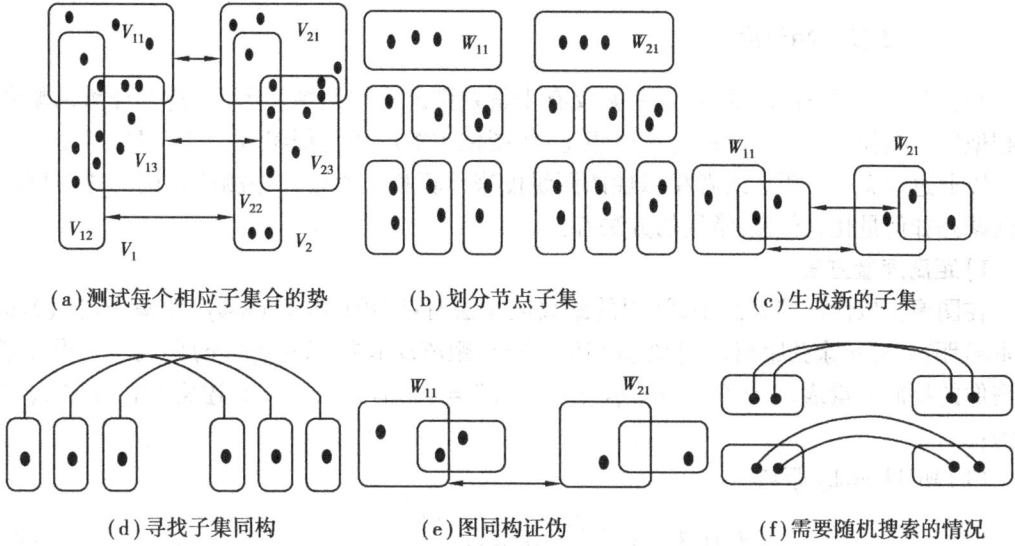

（a）测试每个相应子集合的势　　　（b）划分节点子集　　　（c）生成新的子集

（d）寻找子集同构　　　（e）图同构证伪　　　（f）需要随机搜索的情况

图4.2　图同构

显然,若 $V_{1j} = V_{2j}$ 且 $v_{1i} \notin V_{1k}$,则 $v_{2i} \notin V_{2K}^C$,其中 V^C 为补集。因此式(4.3), W_{1n}, W_{2n} 的对应元素 v_{1i}, v_{2i} 应该满足

$$v_{2i} \in \left\{ \bigcap_{\{j|v_{1i} \in W_{1j}\}} W_{2j} \right\} \cap \left\{ \bigcap_{\{k|v_{1i} \notin W_{1k}, W_{1k} = W_{2k}\}} W_{2K}^C \right\} \tag{4.3}$$

通过测试对应集合 W_{1n}, W_{2n} 的所有势,试图证明图同构不成立。在接下来的步骤中生成图中的节点子集时采用不同的标准,重复同样的过程。注意,新的子集合 W_{1i}, W_{2i} 有独立生成,如图4.2(c)所示。重复这一过程直到满足下列三个条件之一:

①子集划分的结果所有对应集合 W_{1i}, W_{2i} 中只包含一个元素,则同构成立,如图4.2(b)所示。

②至少一组对应子集的势不符合,则同构不成立,如图4.2(e)所示。

③前面两种情况都没有出现,但已经不能产生更多的子集。这种情况说明要么是节点集划分标准不足以建立一个同构,要么是可能存在一个以上的同构。出现这种情况时,一个可能的解决方法是对有多个对应的节点进行系统的随机分配,然后测试每个分配后子集的势,如图4.2(f)所示。

上述过程的最后部分,对有多个对应的节点进行系统的随机分配并测试每个分配后子集的势,这一部分可以基于回溯原理。注意,可以从同构测试一开始就采用回溯方法,但开始时尽量利用关于图匹配的启发式信息会使算法更高效。若可能的节点间对应不止一个,则可以采用回溯过程。

经典的子图同构方法是采用枚举过程进行深度优先的树搜索算法。在每一个树的节点被搜索后都有附加一个改进过程,这个过程减少了节点的后继数目,从而缩短了运行时间。双重子图同构问题可以通过结,即全连接子图的方法转换为子图同构的问题。如果一个结不包含于任何其他结,那么这个结就是最大结。通常一个图可能有多个最大结,但是重要的是找到包含最多元素的最大结。

4.1.2 图像的相似度

在实际应用中,往往无法区别两幅仅有少量差别的相似图像。因此,需要计算两幅图像的相似度。图像相似度计算的基本思想是:将图像中提取的特征组成一个向量,两个图像之间可以通过定义一个距离或者相似性的测量度来计算相似程度。检测两幅图的相似度的关键问题是如何量化相似性,常用的方法有:

1)距离度量方法

在图像相似性比较算法中,常用的距离度量法有:明氏(Minkkowsky)距离、马氏(Mahalanobis)距离、夹角余弦距离、豪斯多夫(Hausdorff)距离及卡方(Chi-square)距离等。设任意两个图像的特征向量表示为 $Q = \{q_1, q_2, \cdots, q_n\}$,$T = \{t_1, t_2, \cdots, t_n\}$,上述常用的距离公式分别为:

(1)Minkkowsky 距离

$$d(Q,T) = \left[\sum_{i=1}^{n} |q_i - t|^m \right]^{1/m} \quad m > 0 \tag{4.4}$$

当 $m = 1$ 时,式(4.4)为曼哈顿(Manhattan)距离;当 $m = 2$ 时,式(4.4)为欧氏(Euclidean)距离(实际中较多地被使用);当 $m = \infty$ 时,式(4.4)为切比雪夫(Chebyshev)距离。

(2)Mahalanobis 距离

$$d(Q,T) = (Q - T)^{-T} \sum\nolimits^{-1} (Q - T) \tag{4.5}$$

式(4.5)中,$\sum$ 为协方差矩阵,表示了特征向量间的依赖关系。

(3)夹角余弦距离

特征向量之间的相似性可用它们的角度相似系数(夹角余弦)来度量。两个向量的夹角余弦为:

$$\cos \theta = \frac{\sum\limits_{i=1}^{n} q_i t_i}{\sqrt{\sum\limits_{i=1}^{n} q_i^2 \sum\limits_{i=1}^{n} t_i^2}} \tag{4.6}$$

当 $\cos \theta = 1$ 时,表示两个特征向量精确匹配;当 $\cos \theta = 0$ 时,表示两向量完全不匹配。

(4)Hausdorff 距离

使用 Hausdorff 距离可比较两个不同大小的点集之间的相似性,Hausdorff 距离定义为:

$$d(Q,T) = \max\{h(Q,T), h(T,Q)\} \tag{4.7}$$

其中,和 $h\{T, Q\}$ 分别为前向和反向 Hausdorff 距离,$h(Q,T) = \max\limits_{q_i \in Q} \min\limits_{t_j \in T} \| q_i - t_j \|$,这里模 $\| \cdot \|$ 可以有不同的表示形式,如使用 Euclidean 距离等。

(5)Chi-square 距离

Chi-square 距离利用统计分析的方法得到一个卡方统计量来衡量两个点集间的差异,其定义为:

$$d(Q,T) = \sqrt{\sum_{i=1}^{n} \left(\frac{q_i - E(q_i)}{E(q_i)} \right)^2 + \sum_{i=1}^{n} \left(\frac{t_i - E(t_i)}{E(t_i)} \right)^2} \tag{4.8}$$

其中,$E(q_i)$ 和 $E(t_i)$ 分别是 q_i 和 t_i 的期望频数。

2)计算关系系数

对于图像中的二值型特征(如状态型特征等),通常利用关联系数计算的方法对其进行相似性比较。以其中最常用到的 Gower 方法为例(这里 x_i,y_i 分别为二值特征):

$$S_G = \frac{\sum_{i=1}^{n}\omega_i s_i}{\sum_{i=1}^{n}\omega_i} \tag{4.9}$$

其中,$s_i=x_i \oplus y_i$,表示如果 x_i,y_i 相匹配,则 $s_i = 1$,否则 $s_i = 0$。ω_i 是一个权重因子,如果是有效特征则置为 1,否则为 0。

图像的特征是一个多元化的特征,不仅可以有形状、颜色、纹理及其语义特征,还可能具有二值特征等。假设所有特征中有共 I 个非二值特征,其中第 i 个特征的相似度为 δ_i。所有特征中有共 J 个二值特征,其中第 j 个特征的相似度为 ρ_j,若匹配时 ρ_j 为 1,若不匹配时 ρ_j 为 0,则整个相似度为

$$\delta = \prod_{j=1}^{J}\rho_j(X,Y)\prod_{i=1}^{I}\lambda_i\delta_i(X,Y) \tag{4.10}$$

其中,$\lambda_i \geq 0$ 表示第 i 个特征的权重,通常由实验确定。可以看出,二值特征对整个结果具有决定性的作用:如果二值特征中有一个不匹配,则认为整个匹配失败。这种计算方法已用于人脸图像的检测中。实际上图像间的相似度计算和判定需要综合多方面的因素,上述计算方法与人眼视觉系统所具有的测量性能仍然存在很大差距,对图像相似度计算方法的研究仍然是一个难点。

4.2　场景与目标的关联性

图像中的目标识别通常将图像区域的表达与目标模型相匹配,匹配成功即为正确的目标类别,匹配错误则为背景区域。如果能够充分运用场景知识,首先得出对场景的判断,那么后续的目标识别过程在一定程度上就缩小了范围。实际上,总有一些目标与图像场景在空间位置上有些密切的关系,且以较高概率出现在特定的场景中。

4.2.1　相似的场景结构

整幅图像可以视为多个区域目标标记后的数据集队列元素集合,背景信息则作为负相关信息用来指导整个检测过程。从图像的整体分析入手,对给定的输入图像搜索有相似场景结构的图像。为了得到最佳匹配图像,可以将包含于目标标签中的语义知识转化为输入图像中的检测目标。同时,目标之间类似深度排序的关联信息也进行相应地转换。由于数据集中的图像是部分标记,因此可以将标记知识转化为查询图像,如图 4.3 所示。包含"显示器"和"鼠标"等语义知识的目标作为整体的场景查询图像,只要找出与之相似的场景图像,检测出"显示器"和"鼠标"等目标的可能性便会大大增加。此时,图像中目标识别问题就成为场景的对应关联问题。

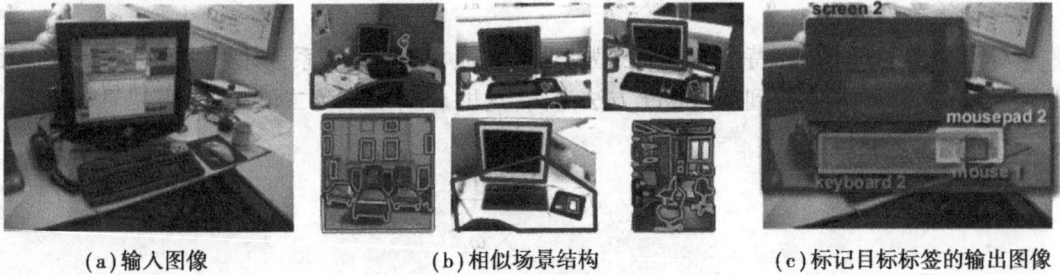

(a)输入图像　　　　　　　(b)相似场景结构　　　　(c)标记目标标签的输出图像

图4.3　场景对应关联分析

　　匹配过程中,采用 Gist 特征对包含目标的场景进行匹配。Gist 特征是图像区域的低维表示,应用于整幅图像时,在场景识别中获得了较好的效果。将一幅图像区域通过 Gabor 滤波器组,由 4 个尺度和 8 个方向组成。于是,图像区域分为 4×4 的非重叠网格,每个滤波器的输出能量在每个网格单元是平均分布的,最后得到一个 4×8×16 = 512 维向量。这种 Gist 特征保留了图像目标的空间结构信息,与图像区域的 SIFT 描述子相似。

　　检索一组图像,找出与输入图像的场景内容和几何布局最匹配的若干图像集合。图4.4 是利用 Gist 特征针对两幅典型输入图像的检索集,Gist 特征找到与输入图像场景类型匹配的图像。按照匹配程度由大到小排序,得到与待检测图像最匹配的前 30 幅图像。基于 L1 范式距离方法对图像匹配的鲁棒性较高,输入图像中出现的许多目标也在检索集中,较大近似目标(如汽车等)出现在图像的相同位置上,并且检索集内的许多图像具有相似的几何外形。

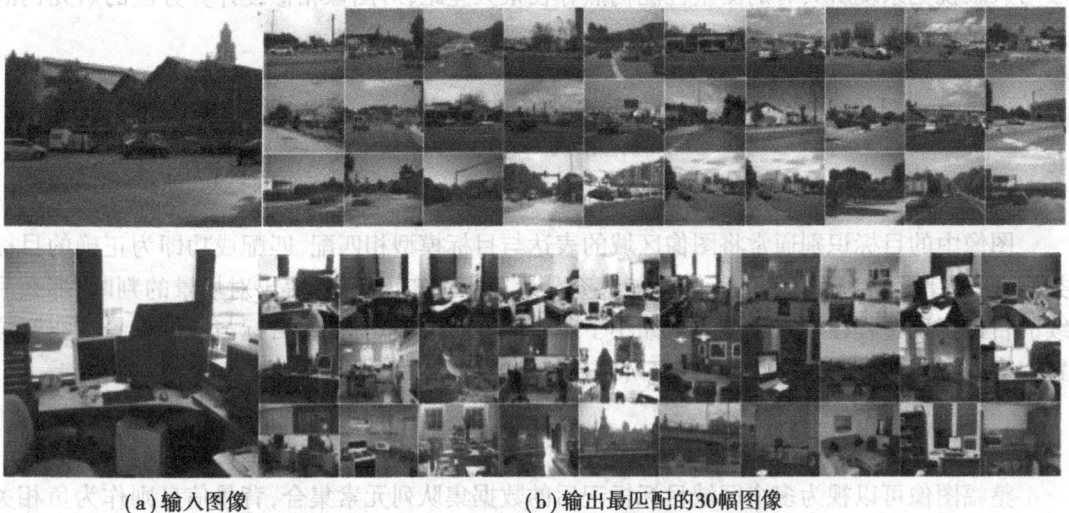

(a)输入图像　　　　　　(b)输出最匹配的30幅图像

图4.4　图像匹配检测结果

4.2.2　关联图结构模型

　　整合目标出现的局部外观信息和由目标标签得到的空间似然信息,用检索集进行目标检测,在目标类别 o、空间位置 x 和外观 g 之间建立关联。对一组 N 个图像,每幅图像有 M_i 个可能存在的目标,属于 L 个目标类别。假设联合模型分解如下:

$$p(o,x,g \mid \theta,\phi,\eta) = \prod_{i=1}^{N} \prod_{j=1}^{M_i} \sum_{h_{ij}=0}^{1} p(o_{ij} \mid h_{ij},\theta) p(x_{ij} \mid o_{ij},h_{ij},\phi) p(g_{ij} \mid o_{ij},h_{ij},\eta) \qquad (4.11)$$

式(4.11)中包含三项组合:第一项 $p(o_{ij}|h_{ij}=m,\theta_m)$,衡量哪些目标类别出现在图像中;第二项 $p(x_{ij}|o_{ij}=l,h_{ij}=m,\phi_{ml})$ 是图像中观察目标类别 l 的空间位置;第三项 $p(g_{ij}|o_{ij}=l,h_{ij}=m,\eta_{ml})$ 是目标类别 l 的外观似然概率。令 $h_{ij}=1$,表示目标类别 o_{ij} 出现在位置 x_{ij} 中,$h_{ij}=0$ 表示目标不出现。图 4.5 反映了上述结构的图模型。该模型包含了相应的目标信息,描述了目标可能出现在图像 o,外观 g 以及可能的空间位置 x 上。目标外观的参数 η 由每个目标类的正例和负例通过离线学习得到,目标存在与否的概率参数 θ 和空间位置参数 ϕ 通过对检索集的在线学习得到,对于输入图像所有可能的边界盒,推断 h,表明一个目标存在与否。

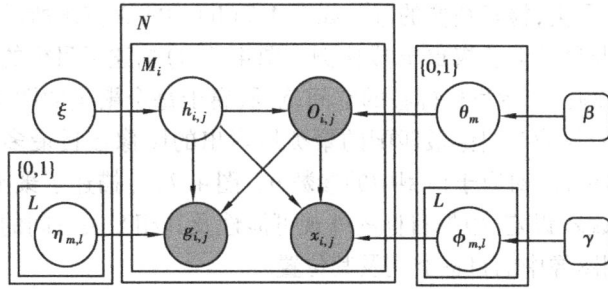

图 4.5 目标识别的关联图结构模型

在该模型中,目标的空间位置用边界盒 $x_{ij}=(c_{ij}^x,c_{ij}^y,c_{ij}^\omega,c_{ij}^h)$ 表示,其中 (c_{ij}^x,c_{ij}^y) 是质心,(c_{ij}^ω,c_{ij}^h) 是宽度和高等,边界盒由目标标签获取,并通过修剪多边形注释得到。x_{ij} 的每一个元素都进行归一化处理,假设 θ_m 是多项式的参数,$\phi_{ml}=(\mu_{ml},\Lambda_{ml})$ 是边界盒参数的高斯均值和协方差,g_{ij} 是采用 Gist 特性 $\widetilde{g}_{ij}$ 训练得到的 SVM 输出,用参数 η_{ml} 表示逻辑函数 $(1+\exp(-\eta_{ml}[\,\lg_{ij}\,]^T))^{-1}$。

参数 η_{ml} 由 SVM 方法离线学习初始样本得出,样本正例为标记目标类 l 的所有样本集,负例为非类别 l 的样本集,将逻辑函数拟合到每一类的正负例中,再用检索集中的目标标签在线学习参数 θ_m 和 ϕ_{ml},其学习过程就是计算目标类出现的高斯概率分布,并将高斯值拟合到对应于目标标签的边界盒中。

模型再利用学习好的参数 $\theta_m,\phi_{ml},\eta_{ml}$,其中 ϕ_{ml} 推断出密集取样的隐变量 h_{ij},决定了输入图像中所有可能的边界盒位置 x_{ij} 和目标类 o_{ij}。因此,需要计算后验概率分布 $p(h_{ij}=m|o_{ij}=l,x_{ij},g_{ij},\theta_m,\phi_{ml},\eta_{ml})$,与式(4.11)中的三项学习概率分布乘积成正比。

以上过程的目标检测在一般情况下大大地节约了计算量,如果没有找出与输入场景结构相匹配的相似图像,则需采用训练出的所有目标检测器对整幅图像进行目标实例搜索。如果具有匹配的相似图像,则模型能寻找出目标类别及其位置,即只需考虑在场景模型中概率相对较高的目标类别以及可能搜索的位置范围内的边界盒,缩小搜索范围,这些都可选取阈值从检索集中拟合参数。

为了得到较好的参数分布值,引入参数的超参先验分布形式,假设超参 β 和 $\gamma=(k,\varphi,\nu,\Delta)$ 分别服从 Dirichlet 和正态逆 Wishart 分布,其中 φ 是期望均值,k 是空间观测值上的计算,ν 是自由度,Δ 是样本协方差,那么在 θ_m 和 ϕ_{ml} 上的先验分布是变化的。同时,假设 h_{ij} 服从 Bernoulli 先验分布,参数 $\xi=0.5$,手动调节模型的其余参数,对于 $h_{ij}=0$,x_{ij} 的每一个元素及目标标签 o_{ij} 均不存在任何偏置分布信息,服从均匀分布。

检索集中的图像与输入图像场景结构和内容匹配时,会产生很多奇异情况。例如,在奇异图像中,大部分标记的目标不在输入图像或者正确匹配的检索图像集中,因此为了消去奇异点,可对检索集进行聚类,对应于不同的场景类别或视角,以提高目标检测效果。

扩展上述模型,给每幅图像确定一个聚类 s_i,根据混合权重 π 分布聚类,则扩展后的模型如图 4.6 所示,需用目标标签 o_{ij} 找出聚类以及检索集图像中的空间位置 x_{ij}。为了自动得到聚类数,在混合权重上使用 Dirichlet 过程先验分布 $\pi \sim Stick(\alpha)$,其中是 $Stick(\alpha)$ 是 stick-breaking 过程,聚焦参数为 α。检索图像的聚类过程如图 4.7 所示,图 4.7(a) 为输入图像,图 4.7(c)～图 4.7(f) 的列显示了最有可能的 5 个聚类,图 4.7(c) 表示最有可能的检索剪辑图,以最大概率赋予每个聚类,检索图像的总数如图 4.7(b) 中的直方图所示,分配检索图像给不同的聚类,图像个数与聚类混合权重 π 成比例。图 4.7(d) 描述了目标的标签,这些标签属于图 4.7(c) 中的图像,颜色表示目标标签的空间范围,属于每个聚类的图像和标签接近共享的目标类别和集合结构,与输入图像最匹配的聚类检索出的图像数目最多。图 4.7(e) 表示出现在聚类中的目标可能性,对应于模型中的参数 θ。图 4.7(f) 描述了聚类中目标质心的空间分布,空间分布由参数 ϕ 设定,根据目标的外观可能性及其相互关系间的空间分布,至少有一个聚类能较好地预测图像中的目标类别及其位置。

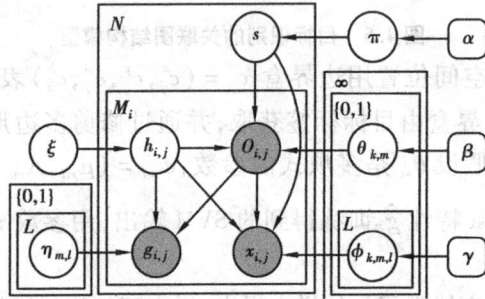

图 4.6　基于聚类混合分布的关联图结构模型

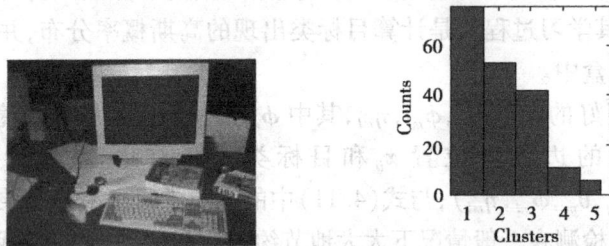

(a)输入图像　　　(b)分配给5个最高可能性聚类的图像个数的直方图

(c)分配到每个聚类的检索图像集的剪辑画面

(d)图像中的目标标签

(e) 目标类别出现在给定聚类中的可能性

(f) 列出(e)中目标的空间可能性（按由大到小排序）

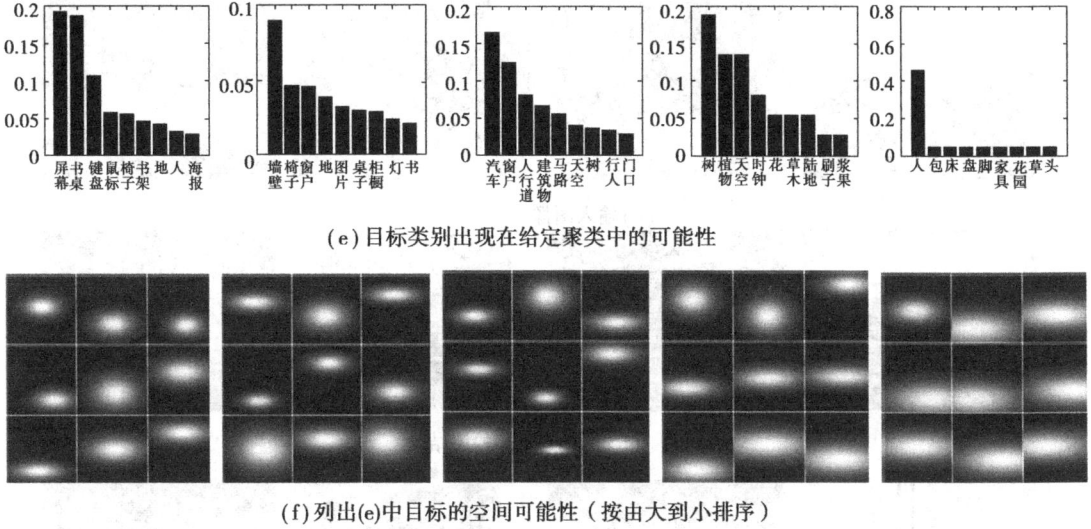

图 4.7　场景聚类匹配结果

为了学习 θ_k 和 ϕ_k，给定属于检索图像集的目标标签，曹勇 Rao-Blackwellized Gibbs 取样方法从 s_i 的后验分布中获取样本。根据经验，运行 Gibbs 取样 100 次可以观察到，算法相对较快地达到一个稳定值，也可以采用 Dirichlet 过程中的变分推理方法达到更好的性能。使用验证图像集手动调节超参数，集合参数 $\alpha = 100$，空间位置参数 $k = 0.1$，$\varphi = 0.5$，$\nu = 3$，在所有边界盒附近 $\Delta = 0.01$，但在垂直质心位置 $\Delta = 0.1$，表明目标的水平位置具有先验的不确定性，对所有的目标类别 l，采用对称的 Dirichlet 超参 $\beta_l = 0.1$。最终的目标检测用学习参数 π、θ 和 ϕ 推理 h_{ij}。由于 s_i 和 h_{ij} 是输入图像的隐变量，边缘化 h_{ij} 完成 EM 图例最佳聚类 s_i^*，再反过来固定 s_i^*，推理 h_{ij}，执行过程如前所述。

用 LableMe 数据集进行实验，除去没有标记的图像，将数据集分为训练集和测试集，训练集有 15 691 幅图像和 105 034 个注释，测试集有 560 幅图像和 3 571 个注释，测试集包含室外场景和室内场景的图像。为了避免训练过程中发生过拟合，训练集选择不同城市的街道场景图像，同时，用 WordNet 解决目标标签的同义词问题，对于目标检测任务，每幅图像提取 3 809 个边界盒。

实验结果如图 4.8 所示，可以看出，基于目标关联的图结构参数模型能在不同场景中找到许多不同的目标。图 4.8(c)显示了外观信息和线性核 SVM 方法的识别检测结果，此基准方法对每个目标类别图像产生的两个检测器阈值都有 0.5 的错误接受率。新方法较基准方法能拒绝那些不属于场景的目标，而当检测集不正确或输入图像在训练集之外时，容易产生错误标记。

(a) 输入图像

(b) 模型的目标检测结果

(c) 基于外观信息和SVM的目标检测结果

图 4.8   关联模型的目标识别结果

4.3   识别中的优化技术

考虑图像识别和理解问题,需要搜索最佳图像表示,要求图像和模型间的最佳匹配,目的是得到最佳图像理解。无论何时,只要希望得到"最佳",则一定会有某种刻画优良程度的目标函数,也就意味着可以采用某种优化技术,寻找目标函数的最大值,即寻找"最佳"。

函数优化问题的定义为:给定某个有限集合 D 和一个函数 $f:D\to R$,R 为实数集,在 D 中寻找 f 的最佳值。在 D 中寻找最佳值可以理解为寻找 $X\in D$,使得 f 取到最小值(函数最小化)或最大值(函数最大化):

$$f_{\min}(x) = \min_{x\in D} f(x)$$
$$f_{\max}(x) = \max_{x\in D} f(x) \qquad (4.12)$$

函数 f 被称为目标函数。在此,我们仅考虑目标函数的最大化,因为它是图像解释应用中的典型问题。但是搜索最大值和最小值的优化方法在逻辑上是等价的,无论要求目标函数最大化还是最小化,都可以同样地使用优化技术。若目标函数没有反应结果的优良程度,则任何优化算法都不能保证找到正确的解。因此,目标函数的设计是决定优化算法性能的关键因素。

微积分方法为典型的优化技术,例如爬山算法可以根据目标函数的梯度给出的最陡峭的攀爬方向求取最大值。这种方法最大的缺陷是容易陷入局部极值,而无法找到全局最大值。因此,需要改进算法来增加找到全局最大值的可能性,如可以从搜索空间中的几个点开始爬山,可以用枚举式搜索,包括动态规划、随机搜索等。最常用的优化技术是遗传算法和模拟退火。

4.3.1　遗传算法

遗传算法(Genetic Algorithm,GA)是一种模拟生物界优胜劣汰的进化规律的优化技术,其中染色体通常用一串编码表示,作为解空间的解数据的代码,依据一定的适应度函数及一系列遗传操作,构建一个迭代寻优过程。在此过程中,群体中个体基因经过遗传和变异,使新一代的染色体优于前一代,使群体的个体不断进化,直到满足优化准则,找到最佳个体。

GA 算法的基本流程如图 4.9 所示,从图中可以看出,GA 的运行过程为一个典型的迭代过程,使用 GA 完成工作的基本步骤如下:

①选择编码策略,由问题空间转换为编码空间;

②定义适应度函数;

③确定遗传策略,包括选择群体大小、选择算子、交叉算子、变异算子的确定以及遗传参数的确定;

④随机初始化生成群体;

⑤计算群体中个体为串解码后的适应值;

⑥按照遗传策略,将遗传算子作用于群体,完成下一代群体;

⑦判断群体性能是否满足要求,或已完成预定迭代次数,若不满足则返回步骤 6,或者修改遗传策略,再重新开始,若满足,则结束遗传操作。

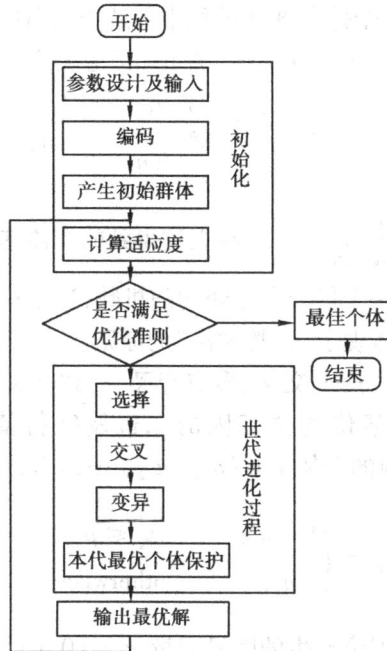

图 4.9　遗传算法流程

GA 与其他优化算法的主要区别为:

①GA 的作用对象是参数集合的编码,而不是参数本身。GA 要求将优化问题的自然参数集合编码为有限字符集上的有限常字符串。这就意味着任何优化问题表示都被转换成字符串表示,通常采用二值字符串,即字符集仅包含符号 0 和 1。将问题表示设计成字符串是 GA

的一种重要部分。

②GA 搜索一群点，而不是单个点。每一步中被处理的解的代规模很大，也就是说最优搜索是在搜索空间的许多位置同时进行的。这就增加了找到全局最优的可能性。

③GA 直接利用目标函数，无需进行其他演化，无需辅助知识。对新的更好的解的搜索只依赖于评价函数本身的值。评价函数又称为适合度函数，描述了特定字符串的优良程度。

④GA 采用概率方式的变换规则，而不是确定式的。由当前字符串代生成更优一代的变化规则是由较高适合度的串将获得更大的机会，而那些适合度较低的串将被淘汰。最好的字符串将在进化过程中以更高的概率存活下来，它就代表了最优解。

GA 应用于目标识别中，需要解决的主要问题是：编码方法、遗传算子设计、群体设定和终止迭代过程的设置等。

1）编码方式

由于二进制编码具有很多优点，因此编码采用二进制编码，将环境信息通过检测器编码成二进制字符串的消息，将其加入到消息队列中。

2）遗传算子设计

遗传算子首先采用传统的算子，然后针对传统算子进行改进，得到一个优化 GA，使识别结果有了很大改善。

算子可以选择采用按适应度比例的轮盘赌选择法，其中每一个体被选择的期望数与其适应值和群体平均适应值的比例有关。首先计算每一个体的适应值，然后计算出此适应值在群体适应值总和所占的比例，作为该个体在选择过程中被选中的概率。具体方法如下：对于群体规模为 n 的群体 $p = \{a_i | i = 1, 2, \cdots, n\}$，且 $a_i \in p$ 的个体适应度值为 $f(a_i)$，则 a_i 的选择概率为

$$p_i(a_i) = \frac{f(a_i)}{\sum_{i=1}^{n} f(a_i)} = \frac{f(a_i)}{n\bar{f}} \tag{4.13}$$

其中，群的适应度均值 $\bar{f} = \frac{1}{n}\sum_{i=1}^{n} f(a_i)$。将上述得到的个体选择概率按由高到低排序，然后计算他们的累积概率，并产生一个 $[0,1]$ 之间的随机数，当累积概率大于随机数时，就得到了被选择的个体，这种方法充分体现了"优势劣汰"的原则。

交叉算子包括一点交叉、两点交叉、多点交叉、一致交叉等形式。在 GA 中，变异算子常按变异概率 p_m 随机反转某位的位基因的二进制字符值来实现。对于给定的字符串 $s = (a_1, a_2, \cdots, a_L)$，生成新的个体 $s' = (a'_1, a'_2, \cdots, a'_L)$ 的操作如下：

$$M(p_m, x): a'_i = \begin{cases} 1 - a_i, & x_i \leq p_m \\ a_i, & \text{otherwise} \end{cases} \quad i \in \{1, 2, \cdots, L\} \tag{4.14}$$

其中，a_i 是对应于每一个基因位产生的随机变量，$x_i \in [0,1]$。

3）群体设定

根据模式定理，群体规模对 GA 的性能影响很大。若群体规模为 n，则遗传算子可以从这 n 个个体生成和检测 $O(n^3)$ 个模式，并在此基础上不断形成和优化建筑模块，直到找到问题的最优解。群体规模越大，群体中个体的多样性越高，算法陷入局部解的危险就越小；但随着群体规模的增大，计算量也显著增加；若群体规模太小，则 GA 的搜索空间受到限制，可能产生

未成熟收敛的现象。

4) 终止迭代过程的条件

GA 的终止迭代过程一般有 3 种方法：①设定最大代数：该方法简单易行，但是不准确，需要人工的多次试验修正；②根据群体的收敛程度来判断：通过计算种群中所有纂因位的相似性程度进行控制；③在采用精英保留选择策略的情况下，按每代最佳个体的适应值的变化情况确定。

4.3.2　模拟退火

模拟退火思想（Simulated Annealing, SA）最初由 Metropolis 等人于 20 世纪 80 年代初提出，其思想源于物理中固体物质退火过程与一般组合优化问题之间的相似性。SA 的基本思想是指将固体温度加温至充分高，再让其徐徐冷却。加温时，固体内部粒子随着温度升高变为无序状，内能增大，而徐徐冷却时粒子渐趋有序，在每个温度都达到平衡状态，最后在常温时达到基态，内能减为最小。

SA 算法是一种启发式的"健壮"的搜索算法，它的最终解不依赖于初始解的选取，只要降温过程足够慢，任取一初始解都会得到性能较好的最终解。与 GA 相同，SA 也对表示复杂系统好坏的目标函数（代价函数）进行最小值搜索。此处仅考虑最小值搜索问题，因为它简化了与自然界问题对应的有关能量的问题。SA 适用于 NP 完全的优化问题，它并不保证找到全局最优解，但通常可以得到近似最优解。

SA 综合了两个基本的优化原理，分而治之和迭代改进（爬山算法）。这样结合使用可以避免停止在局部最优上。统计力学和热力学之间的密切关系和多元组合优化是退火优化的基础。

在统计力学中，实验只观察到特定温度下系统热平衡时最可能的状态改变，每个状态都由系统的原子位置集合 $\{x_i\}$ 定义，并用 Boltzmann 常数概率因子赋给权值

$$\exp\left[-\frac{E(\{x_i\})}{k_B T}\right] \tag{4.15}$$

其中，$E(\{x_i\})$ 为状态的能量，k_B 是 Boltzmann 常数，T 是温度。

Boltzmann 概率密度的一个主要特点是在温度很高时，所有的状态几乎有同样的可能性成为下一个状态，但在温度较低时具有较低能量的状态更可能成为新的状态。

SA 由迭代的下山步骤和有控制的上山步骤组成，使得它有可能跳出局部极小点。这一过程的物理模型为，对物质加热直至熔化，然后将熔液在保持准热平衡的条件下慢慢冷却。冷却算法包括反复随机地替换物质中的原子（状态改变），及每次状态改变后计算能量的改变 ΔE。若 $\Delta E < 0$，则状态改变被接受，新状态作为下一轮步骤的起始状态。若 $\Delta E > 0$，则状态以下列概率被接受

$$P(\Delta E) = \exp\left[-\frac{\Delta E}{k_B T}\right] \tag{4.16}$$

为了将这个物流模型应用于优化问题，应该在优化过程中将温度参数 T 以可控制的方式降低。算法的随机部分可以通过生成在 $(0,1)$ 上满足平均分布的随机数实现，选择这样一个随机数并与 $P(\Delta E)$ 进行比较。模拟退火算法流程如图 4.10 所示。

温度序列和每个温度达到热平衡所需的迭代次数 n 称为退火进度。较大的迭代次数 n 和较小

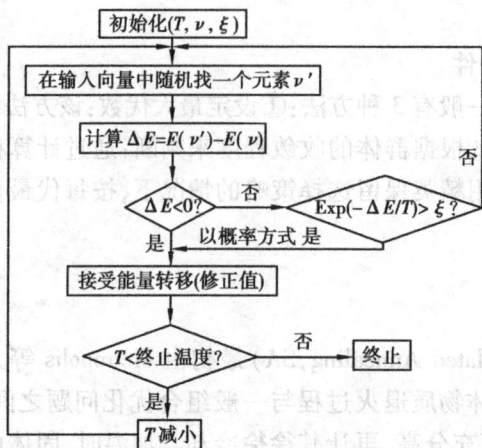

图 4.10 模拟退火算法流程

的温度 T 变化步长可以产生的最终优化函数值也更低,解更接近于全局最小,但需要较长的计算时间。较小的迭代次数 n 和较大的温度 T 变化步长可以更快结束,但结果也可能离全局最小比较远。因此需要仔细设置 T 和 n 的值,使得在可以接受的时间内得到比较接近全局最小的解。

4.4 Boosting 识别方法

一个单独的检测器很少能够完全或者足够好地解决一个问题:认识到这一点,把很多独立的检测器结合起来提高整体性能是很常见的。这些孤立的单个检测器通常可能很弱,循环地使用这个简单的规则,每次作用于训练样本的不同子集。这种算法称作 Boosting(提升)算法,借助弱学习机(分类器)在自组织学习的方式下设计各个弱分类器的权重,提升分类模型来解决复杂问题。在目标识别的过程中,Boosting 的自组织机制可以利用较简单的滤波器有效完成特征选择的过程,实现图像分析中的目标识别以及检测任务。

4.4.1 基本原理

Boosting 方法简单实用,操作性强,它作为集成学习方法的典型,代表了机器学习的发展方向。在复杂场景中对一般目标类别的识别可以看成是二值分类问题,也就是将目标类别和背景类别分开来。在兴趣点检测器返回的位置和尺度上提取局部窗口,并将这些窗口分类为目标或背景的一部分。由于训练图像通常数量较大,所以需要快速且错误率较低的分类器。

Boosting 方法在每次迭代时关注前次的错分样本,赋予它们较大的权重,目的是将一系列比随机猜测略好的弱分类器 $h_1(x),\cdots,h_t(x)$ 加权组合为强分类器 $H(x)$。算法思想概括如图4.11 所示。Boosting 摒弃了追寻精度和复杂度都很高的算法,这种特性受到了越来越多学者的重视,成为图像理解等领域的研究热点之一。

针对统计学中的回归问题,均值可以表示为 $E(y|x)=H(x)$。累加模型如式(4.17):

$$H(x) = \sum_{j=1}^{p} h_j(x_j) \tag{4.17}$$

124

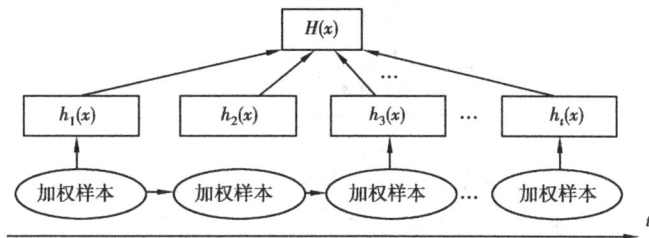

图 4.11 Boosting 算法原理

其中,对于 p 个输入变量 x_j 都有一个分离函数 $h_j(x_j)$。更一般的是,将累加模型看做是输入特征 x 的函数,$h(x)$ 用一组参数 γ 和乘子 β_t 表示,于是扩展累加模型为:

$$H_t(x) = \sum_{t=1}^{T} h_t(x) = \sum_{t=1}^{T} \beta_t b(x;\gamma_t) \qquad (4.18)$$

求解最优参数 $\{\beta_t, \gamma_t\}$ 满足 $E(y - H(x))^2$ 最小,如式(4.19)所示:

$$\{\beta_t, \gamma_t\} \leftarrow \arg\min_{\beta,\gamma} E[y - H_{t-1}(x) - \beta b(x;\gamma)]^2 \qquad (4.19)$$

即第 t 次迭代时修正后的输出 y_t 值依赖于前次迭代的值 y_{t-1} 和解 $h_{t-1}(x)$。因此,可以把这样一个过程看做是"Boost" $h(x) = \beta b(x;\gamma)$ 的过程。由此看出,Boosting 本质上就是建立一个上述累加模型的过程。

进一步将上述回归问题转化为分类问题,$y = j$ 的概率相当于它的指示函数期望,即 $E(1_{[y=j] \mid x}) = P(y = j \mid x)$,$1_{[y=j]}$ 是表示样本类别 j 的 0/1 指示变量,则对于两类问题,逻辑回归模型为:

$$\log \frac{P(y = 1 \mid x)}{P(y = 0 \mid x)} = \sum_{t=1}^{T} h_t(x) \in R \qquad (4.20)$$

因此,Boosting 的基本思想就是拟合累加逻辑回归模型。它最小化指数损失函数,每次迭代选择具有最小误差的弱分类器 $h_t(x)$,损失函数的表达式为

$$J = E[e^{-yH(x)}] \qquad (4.21)$$

其中,y 是样本标签,$y = +1$ 表示目标,$y = -1$ 表示背景。$yH(x)$ 是 Boosting 边界,边界越大出现目标的可能性越大。当满足式(4.22)时,损失函数最小:

$$H(x) = \frac{1}{2} \times \log \frac{P(y = 1 \mid x)}{P(y = -1 \mid x)} \qquad (4.22)$$

可以看出,使损失函数最小的 $H(x)$ 是 $P(y = 1 \mid x)$ 的对称逻辑变换。因此,样本为目标或背景的概率可以推导得出

$$P(y = 1 \mid x) = \frac{e^{H(x)}}{e^{-H(x)} + e^{H(x)}} \qquad (4.23)$$

$$P(y = -1 \mid x) = \frac{e^{-H(x)}}{e^{-H(x)} + e^{H(x)}} \qquad (4.24)$$

在 Boosting 中,每次对样本进行训练学习都会得到一个假设,我们称之为弱学习器,最后将所有经过训练学习所获得的弱学习器进行合并,得到最终的判别函数,即强分类器 $H(x)$。Boosting 算法的一般步骤如图 4.13 所示。

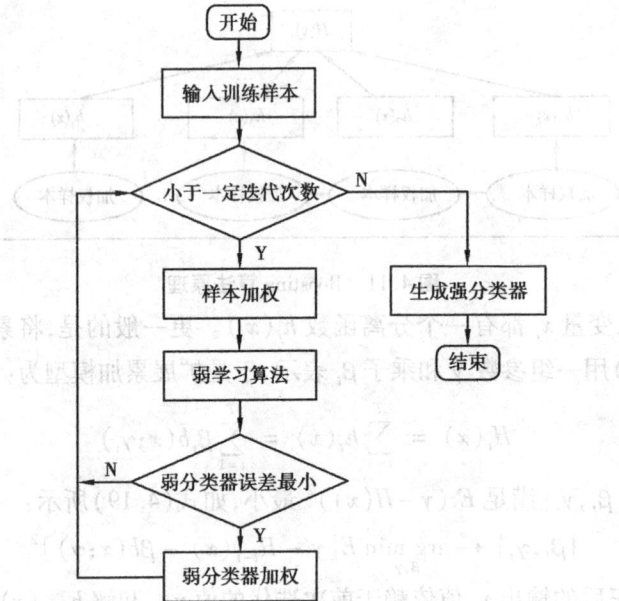

图 4.12 Boosting 算法的流程图

4.4.2 AdaBoost 算法

1997 年,Freund 和 Schapire 提出了一个实际可行的自适应 Boosting 算法——AdaBoost。Adaboost 是一种迭代算法,其核心思想是针对同一个训练集训练不同的分类器(弱分类器),然后把这些弱分类器集合起来,构成一个更强的最终分类器(强分类器)。其算法本身是通过改变数据分布来实现的,它根据每次训练集之中每个样本的分类是否正确,以及上次的总体分类的准确率,来确定每个样本的权值。将修改过权值的新数据集送给下层分类器进行训练,最后将每次训练得到的分类器全部融合起来,作为最终的决策分类器。使用 adaboost 分类器可以排除一些不必要的训练数据特征,并放在关键的训练数据上面。

图 4.13 为 AdaBoost 算法的结构示意图,最后的分类器 $Y_M(x)$ 是由多个弱分类器 $y_i(x)$ 组成,相当于最后弱分类器来投票决定分类,而且每个弱分类器的"话语权" α 不一样。在训练集上应用弱分类器正确分类单个样本的重要性逐步变化,在每一层中,样本的重要性用权重集合 $D_m(i)$ 反映,使其满足 $\sum_{m=1}^{M} D_m(i) = 1$。假设样本集合包含 n 个样本 $(x_1, y_1), \cdots, (x_n, y_n)$,进

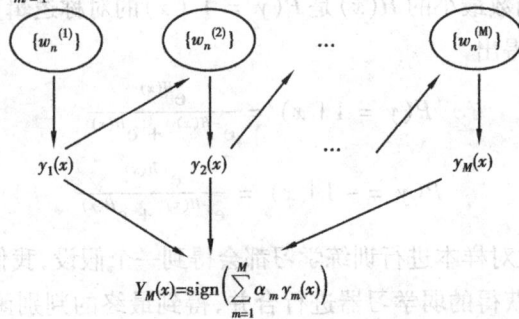

图 4.13 AdaBoost 算法结构示意图

行二分类识别，x_i 是特征向量，$y_i \in (-1, 1)$ 是类别标号。开始的时候，权重赋值相等，但是第 m 层分错的样本的权重会在第 $m+1$ 层中有一定程度的增加。因此，弱分类器着重区别那些在前一层中未被正确分类的样本。

表 4.1 AdaBoost 算法

Step 1：	初始化 M，确定使用的弱分类器的数目
Step 2：	令 $m = 1$，并初始化 $D_1(i) = 1/n$
Step 3：	在第 m 层，用训练样本和权重集合 $W_m(i)$ 训练得到弱分类器 $y_m(x)$。弱分类器 $y_m(x)$ 给每个样本特征向量 x_i 指定一个实数值
Step 4：	选择 $\alpha_m > 0$
Step 5：	更新权重：$D_{m+1}(i) = \dfrac{D_m(i)e^{-\alpha_m \omega_i W_m(x_i)}}{Z_m}$。其中，$Z_k$ 是归一化因子，使得 $\sum\limits_{m=1}^{M} D_m(i) = 1$
Step 6：	令 $m = m + 1$
Step 7：	如果 $m < M$，转至第 3 步
Step 8：	最终的强分类器定义为 $Y_M(x) = \mathrm{sign}\left(\sum\limits_{m=1}^{M} \alpha_m y_m(x)\right)$

表 4.1 给出了 Adaboost 算法的具体描述，该算法将弱学习算法转化为强学习算法的能力已经在理论上被证明。除了从样本中学习的能力以外，能够将原来没有见过的样本正确分类的推广能力具有重要意义。从理论角度考虑，Adaboost 似乎容易过学习，但实验结果表明，即使运行次数达到较大的值时，也不会出现过学习的现象。

Adaboost 算法在本质上是一个自适应的 Boosting 算法。Boosting 算法在设计过程中有两个至关重要的问题：①如何调整训练集，使得在训练集上训练的弱分类器得以进行；②如何将训练得到的各个弱分类器联合起来形成强分类器。针对这两个问题，Adaboost 算法进行了相应地调整：①使用加权后选取的训练数据代替随机选取的训练样本，这样将训练的焦点集中在比较难分的训练数据样本上；②将弱分类器联合起来，使用加权的投票机制代替平均投票机制，让分类效果好的弱分类器具有较大的权重，而分类效果差的分类器具有较小的权重。因此，Adaboost 算法是经过调整的 Boosting 算法，其能够对弱学习得到的弱分类器的错误进行适应性调整。Adaboost 算法不需要预先知道弱学习算法学习正确率的下限即弱分类器的误差，并且最后得到的强分类器的分类精度依赖于所有弱分类器的分类精度，这样 Adaboost 算法具有可以深入挖掘弱分类器算法的能力。

Adaboost 算法是一种迭代算法，迭代了多次主循环，每一次循环根据当前的权重分布，对这个分布下的样本使用弱学习算法得到一个弱分类器，而这个错误率的上限并不需要事先知道。实际上，每一次迭代，都要对权重进行更新，更新的规则是：减小弱分类器分类效果较好的数据的概率，增大弱分类器分类效果较差的数据的概率。最终的分类器是多个弱分类器的加权平均。它通过将一些弱分类器组合成一个分类精度较高的强分类器，从而提高学习算法的分类性能，避免去寻找一些难以获得的高精度算法。因此在目标识别中得到了广泛的应用。图 4.14 为采用 Adaboost 算法在不同的室外场景图像中进行目标识别的结果，实验结果表明算法的识别效果较为理想。

图 4.14　Adaboost 算法目标识别结果

第**5**章
基于语义特征的场景理解

图像语义分析是指通过计算机编程让计算机自动解释图像的内容,也就是实现计算机对图像场景的理解,这一直以来都是人工智能和计算机视觉领域面临的巨大挑战。最近这方面的研究进展催生了机器人感知、监控与环境监测、基于内容的图像搜索和社交媒体摘要中的诸多应用。图像内容主要包含视觉内容和高层语义。视觉内容是指图像的颜色、纹理、形状等底层特征,而高层语义指图像中包含的信息,如主题、目标、场景等信息,通常采用文字描述,传统的方法一般用半自动或手动输入的方式提取语义特征,但是人工标注的方法费时费力,在当前大数据时代已经很难适用。基于语义特征的场景理解是图像语义分析研究需要解决的核心问题,解决这个问题最重要的方法就是图像语义标注,这也是本章要介绍的主要内容。

图像场景的理解是层次化的,根据对图像理解层次的不同,可将场景大致分为低层、中层和高层三个层次。图5.1给出了图像场景理解的层次化模型。低层为底层特征层,包括图像

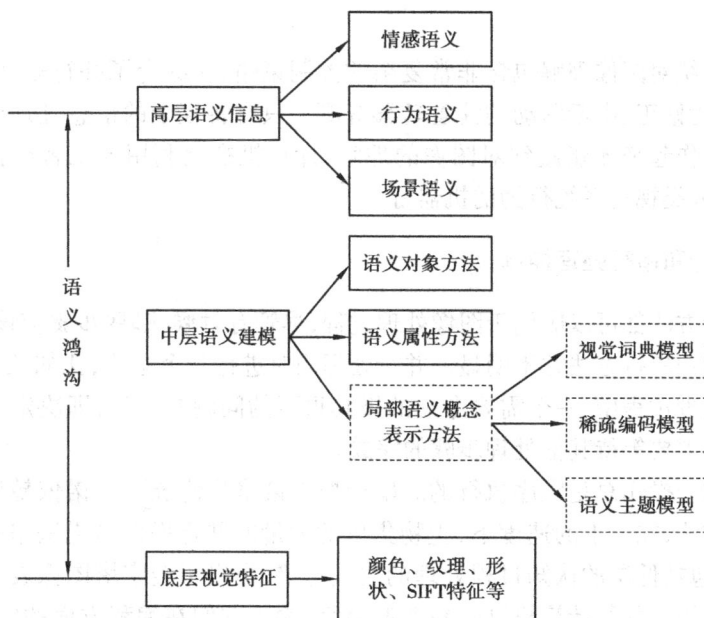

图5.1 图像场景的层次化模型

的颜色、纹理和形状等低级视觉特征,是传统的图像分类与检索技术中关注的内容,相关内容已经在第2章作了详细地介绍;中层是在底层特征提取的基础上通过建模推导得到的中间级语义特征,中层语义建模方法包括语义对象方法、语义属性方法和局部语义概念表示方法,其核心是通过图像分割方法和目标识别技术分割并识别出图像中具有实际含义的对象,相关方法和技术已分别在第3章和第4章做过介绍;高层是对图像进行更高层次的抽象得到的场景语义概念,这些场景语义概念建立在前两个层次之上。总之,在场景理解的三个层次中,上一层是以下一层为基础,并且上一层比下一层更抽象、更高级。因此,高层语义概念与低层特征密切相关,高层语义概念是由底层视觉特征经中层语义特征推导所得。

底层特征和高层语义之间的"语义鸿沟"是图像场景理解面临的根本障碍,其根本原因在于图像中目标本身所固有的多义性。例如,一幅图像中包含多个目标,不同的目标或目标组合可能承载了不同的语义。由于人们并不仅仅是通过图像的视觉特征来判读图像中蕴含的信息,人们还会通过一些语义概念描述来完成图像内容的理解,如对图像所描述的目标、事件以及表达的情感等含义。对不同的用户而言,即使具有相同目标及背景的同一幅图像,但是因其感兴趣而注意的内容不同,因而不同的用户对图像场景的语义理解也不经相同。这种图像的含义就是图像的高层语义特征,它包含了人对图像内容的理解,这种理解是无法直接从图像的视觉特征获取的,还需要根据人类的知识经验来识别。

图像语义分析是以图像为对象,知识为手段,研究图像中何处有何目标、目标场景之间的相互关系、图像是何场景以及如何应用场景。基于语义特征的图像场景理解就是要使计算机具有人类的智慧,用语义描述出图像场景所蕴含的内容。与人类观察图像时结合大量日常生活中积累的经验类似,计算机理解图像的过程就是一个利用先验知识推理图像语义的过程。

5.1 图像理解控制策略

人类视觉系统对图像理解包含非常复杂的控制策略,它综合了并行处理机制、动态感知子系统分配、行为修正、中断驱动的注意转移等等。只有将复杂的信息处理任务和对这些任务的合适控制协作起来才能做到对图像的理解,计算机视觉利用人工智能技术上可行的过程,取得类似于人类视觉系统行为的机器行为。

5.1.1 并行和串行处理控制

并行和串行方法都可以应用于图像处理过程,尽管有时候,哪些步骤应该采用并行方法,哪些步骤应该使用串行方法并不明显。并行处理同时进行几个运算,比如几个图像区域可以同时处理。在处理过程中,一个需要考虑的极其重要的问题是同步,即决定什么时候或者是否这个处理过程需要等待其他处理步骤的完成。

在串行处理中操作总是顺序执行的。串行控制策略是传统冯·诺依曼计算机体系结构的一种自然的方法,在要求的速度下,生物集体的大量的并行操作是无法串行完成的。出于对速度的要求,包括低层的认知过程处理的实现等等,提出了金字塔图像表示方法和相应的金字塔处理器结构。并行计算机已经被普遍使用,除了它们在编程方面的实际困难外,并行处理的选择现在是一个现实。图像处理中应用底层特征的相关算法和方法都可以并行实现。

然而,使用更高层抽象概念的高层处理实质上通常使用串行处理。相比于人类解决复杂感知问题的策略,即使前面的步骤是并行处理得到的,人在视觉的后期阶段总是集中于单个主题。

5.1.2 分层控制

在处理过程中,图像信息采用不同的表示方式存储。在处理的控制中,关键的问题之一是:处理过程应当由图像的数据信息控制还是由更高层的知识控制,这些不同方法描述如下:

(1)由图像数据控制(自底向上的控制):处理过程从光栅图像开始到分割的图像,再到区域(物体)描述,最后到它们的识别。

(2)基于模型的控制(自顶向下的控制):利用可用的知识,建立一组假设和期望的性质。按照自顶向下的方式,在不同的处理层次的图像表示中测试是否有满足这些性质的区域,一直到原始图像为止。图像理解就是验证其内部模型,该模型可能被证实并接受或被拒绝。两个基本的控制策略在采用的操作上并没有什么不同,它们的差别在于使用操作的次序,以及是对所有图像数据采用这种操作还是只对被选中的区域的图像数据做操作等。选择何种控制机制,这不仅仅是达到处理目的的路径不同,它还影响了整个控制策略。不管是自顶向下的控制策略,还是自底向上的控制策略,以它们的标准形式都无法解释视觉过程或解决复杂的视觉感知问题。尽管如此,适当地组合这两种策略,可以得到更加灵活和强大的视觉控制策略。

5.1.3 自底向上的控制

如表 5.1 描述的是一般的自底向上算法。显然,自底向上的控制策略是基于为后续处理步骤构建数据结构的方法。注意,算法的每个步骤可以包含若干子步骤,在子步骤中图像表示是保持不变的。如果可以找到一种与图像数据内容无关的同时又是简单而有效的处理方法,那么采用自底向上的控制策略是有利的。如果被处理的数据无歧义,并且处理过程为后面的处理步骤提供了可靠的精确的表示,那么自底向上的控制策略可以得到好的结果。在机器人应用方面,光照良好的物体识别就是采用自底向上的控制策略,使得处理过程快速且可靠。如果输入的图像数据质量比较差,那么只有当在每个处理步骤中数据的不可靠只带来有限的非实质性错误时,自底向上的控制策略才可以得到好的结果。这意味着在图像理解中,所采用的控制策略不仅仅是在自底向上的处理操作的连接中,而且还在使用内部模型目标指定、规划以及复杂的认知过程中,都扮演了主要的角色。

表 5.1 自底向上控制算法

1. 预处理:变换光栅图像数据(预处理图像),突出在进一步处理中可能有用的信息,对整幅图像采用适当的变换。
2. 分割:检测和分割与真实物体或真实物体的部分相对应的图像区域。
3. 理解:如果在第 2 步中没有使用区域描述,那么给分割的图像中找到的每个区域确定一个合适的描述。在解域中,使用模式识别技术比较检测得到的物体和真实物体。

经典的 Marr 图像理解方法也是自底向上的控制策略的实例。图像处理从二维的灰度开始,通过一系列中间图像表示,试图得到三维图像理解。Marr 的理解策略是基于单纯的自底向上的数据流,只使用关于待识别物体最一般的假设。

131

5.1.4　基于模型的控制

与上面自底向上的控制策略算法不同的是自顶向下的控制策略没有统一形式。自顶向下的控制策略,其主要思想在于内部模型的建立和模型的验证,这意味着它是一种面向目标的处理过程,更高处理层次的目标被划分为较低处理层次的子目标,它们还可以被划分成更细的子目标,以此类推,直到这些子目标可以直接判断接受或拒绝。举例说明,如果需要在停车场中寻找一辆白色大众甲壳虫轿车,第一级目标是找到停车场的位置,子目标可能是检测停车场中所有的白色轿车,并决定这些白色轿车中哪些是大众甲壳虫轿车,使用轿车、颜色以及甲壳虫的一般模型(普遍知识),所有给定的目标结果都可以检测得到。

如果上述所有的目标都得到解决,那么最后的目标是决定检测出来的白色大众甲壳虫轿车是否的确是所要寻找的轿车,而不是其他的汽车。为了达到这个目的,就需要所要寻找的白色大众甲壳虫轿车的特定信息,即这辆轿车与其他轿车不同地方。如果成功地测试了被检测出来的轿车符合提出的指定特点,那么这辆汽车就是要寻找的轿车,也就是说为那辆白色甲壳虫轿车所建立的模型是正确的,轿车的位置被确定,同时搜索过程结束。如果指定的特征检测失败,还需要继续在某些更高的层次中测试,比如,检测另一辆到目前为止还没有检测的白色大众甲壳虫。

自顶向下的控制策略的一般机制是建立假设并检测。在较低层次图像表示中,内部模型产生器预测模型特定部分的实际表现形式。图像理解处理由生成的一系列假设和假设的检验构成。在处理过程中,根据假设检验的结果,更新内部模型。假设检验依赖从较低的表示层次获得的相对较少数量的信息,并且处理的控制是基于如下的事实:只需要检验每个假设所必需的图像处理方法。基于模型的控制策略(自定向下、假设和检验)看上去是解决计算机视觉问题的方法,它避免了采用蛮力计算的处理方法;同时,支持了并行处理方式的应用。

5.2　高层语义特征

目前,已有许多学者对图像高层语义特征进行了广泛的研究。Sheikholeslami 等人提出一种 SemQuery 算法,使用不同性质的图像特征进行语义聚类,这些图像特征包含颜色、形状等各种底层特征,由底层特征子聚类分别构成每个语义聚类,组成自顶向下的图像语义层次聚类结构。Fung 等人提出了学习图像块语义的方法,将图像的语义分为两个层次:原始语义和场景语义。前者从图像块的视觉特征得到,后者则从原始语义推出,并将图像的语义类别看成一种"词语",从而可以使用文本检索算法实现图像相似性匹配。Vailaya 等人提出了一种能够有效进行检索的图像内容描述层次结构,其特点在于提出了由图像底层基本特征映射到高层语义分类特征的一种可行的数据描述方法,其实现过程采用了基于贝叶斯概率公式的方法。Lakdashti 等人提出利用 PCA 方法来消除用户在检索过程中提供的正反馈样本在各特征空间中的分布特性的噪声,实现了对特征空间的降维,最终达到在降低检索精度的前提下提高执行速度,降低存储复杂度。Iqbal 等人提出了"概念分组"的定义,并利用贝叶斯方法设计了图像检索系统 CIRES。该系统能检索"植物"、"天空"、"建筑"、"桥"等结构性图像语义,具有较好的检索效果。

场景中不同目标的出现往往是相互关联的,目标之间的语义关系包括了相邻目标的相对位置、尺度以及场景全局关系,充分理解这些关系可以进一步解释场景内容。如大海容易与天空混淆,白雪容易与云朵混淆,在没有高层语义关联的情况下识别这类单一块的纯景物是非常困难的,如果有场景的类别知识,那么就能对出现在场景中的景物类型及其出现的位置加以约束,从而提高识别的精度。

5.2.1　语义关联

场景中目标之间以及目标与周围场景之间存在插入、支持、概率、位置、相对大小等 5 类关系。插入关系是指目标受周围背景的影响;支持关系是指目标依赖于表面支持;概率关系是指目标倾向于在某些语境中出现,而在其他语境中不出现;位置关系是指目标很可能在一个场景中出现,并且其出现的位置通常都是固定的;相对大小关系是指目标相对于其他目标的大小有限性。这些关系从整体上描述场景中的语义关联。总的来说,语义关联分为空间关系和场景关系两种。

1)空间关系特征

图像内容实际上是由一些视觉对象构成的,当图像含有多目标时,目标间的空间关系成为比较图像间相似性的重要因素。空间关系的定义是图像中分割出来的多个目标之间的相互空间位置或相对方向关系,具体可分为连接或邻接关系、交叠或重叠关系、包含或包容关系等。空间关系是比时间特征更高一层的特征,它和形状特征组成了图像中目标的完整特征描述。

空间关系体现了位置关系类型。在一个场景中至少存在两种空间约束:一种是场景中目标之间的共生关系,如检测结果中汽车出现的概率较高,则意味着马路出现的可能性也较大;另一种是场景中目标间的空间位置关系,如天空出现图像的上方,海水出现在图像的下方等。

尽管相对场景约束而言,空间约束性较弱,空间关系特征的使用仍能加强图像内容描述的区分能力,在某些情况下足以减少冲突引起的景物检测间的歧义,并排除景物检测中不大可能出现的空间位置候选。但空间关系特征常对图像或目标的旋转、反转、尺度等变化比较敏感。实际应用中,仅仅利用空间信息往往是不够的,不能准确地描述场景信息。除了使用空间特征外,还需要其他特征来配合。

目前,提取图像空间关系特征主要有两种方法。第一种方法:首先对图像进行自动分割,划分出图像中所包含的目标或颜色区域;然后根据这些区域提取图像特征,建立索引。第二种方法:将图像按照某个划分规则均匀的分割为大小相等的若干子块,其中九宫格是一种最典型的划分规则,然后对每个图像子块提取特征,建立索引。

2)场景关系特征

场景关系体现了插入、支持、概率和相对大小等关系。深度是场景关系中的重要信息,场景中的各种目标与深度密切相关,这些目标作为深度的提示可以分为平面、运动遮挡和立体等三大类。

平面图像深度信息从 2D 图像中获取,包含相对大小、到地平线的距离、焦点、遮挡、阴影、相对亮度、大气影响和颜色等,其中相对大小、到地平线的距离和遮挡属于远景信息,能有效地计算深度信息。寻找场景中目标之间的深度排序关系是图像中目标关系的研究重点,尤其对目标识别等基本特别重要。

5.2.2　高层语义描述

图像语义分析的直观任务是通过计算机对输入场景图像进行计算、分析和推理而达到图像理解的目的,输出场景中相应目标和区域的语义化描述,通常也称为语义标注。图像语义作为图像的标识符,不仅要体现图像的基本信息,而且还应包含这些信息之间的相互关系。

虽然语义是图像理解中的最重要的高层知识,但至今还没有形成一套有效的研究方法和研究思路。图像理解中层次间相互衔接的关键问题是如何描述图像数据信息与知识语义信息间的对应关系。

图像语义的高层包括三个语义层次:场景语义、行为语义和情感语义。场景语义表示图像的场景类别标签,用于基于内容的图像检索与场景分类;行为语义表示通过对场景图像中发生的动作或行为进行建模,进而解释场景图像中包含的更为抽象的事件信息比如体育比赛等;情感语义表示通过对场景图像进行情感特征分析,从而感知图像传递给人们的情感信息,如开心、激动、生气等。场景语义和行为语义是与人类认知直接相关的语义特征,而情感语义中加入了人的主观判断因素,需要结合心理学研究图像对人类情绪的影响作用。

图像语义的表示本质上是一种知识的表示,但与一般的知识表示有所不同。图像包含了大量的存在复杂关系的语义信息,并且人力对图像的理解具有一定的主观性。因此,图像语义的表示方法需要有强大的表达能力。目前,图像语义表示方法主要分为文本表示法和知识表示法两大类。

1) 文本表示法

语义是最基本的知识表达方式,以单词为基本单元进行描述。语义标注是指给一幅图像赋以与其相关的语义的过程,而文本语义标注是语义常用的表示方法,是最原始的建立高层概念和图像关系的方式。文本标注选用文本作为图像标注的标识符,通过分析图像的颜色、纹理等底层特征将图像和文本建立起联系,文本语义之间通过"词典"进行联系。通过文本语义,将图像检索变为文本检索,但是当对象之间存在复杂关系时,使用文本语义就不能得到理想的检索结果。

2) 知识表示法

由于人工智能中传统的知识表示,如语义网络等方法,具有表达一定复杂关系的能力,这一性能正好可以解决文本表示中无法解决复杂关系的弱点。

5.2.3　图像语义标注

图像语义标注方法根据标注的完成方式分为 3 种:人工标注、自动标注和半自动标注。

1) 人工标注图像语义

许多图像数据库系统进行图像语义标注最常用的方式是人工标注方法,用户在上传、注册或者浏览图像的过程中,对图像的内容或图像的分类通过关键字进行描述。人工标注图像语义的优点是标注精度高,语义描述准确,但其工作量大、描述结果因人而异、规则建立复杂,这些缺点决定了人工标注不适用于海量图像数据库。

2) 自动标注图像语义

自动图像标注又称为图像的自动注释,通过确立底层视觉特征与高层语义的相关性自动实现图像主要内容的语义注释,该过程涉及机器学习、图像处理、人工智能和信息检索等多个领域的内容,具有重要的研究意义和商业应用价值。随着多媒体技术和互联网技术的飞速发展,图像、视频等信息呈爆炸式增长,自动标注适用于超大规模的图像数据库管理,是目前图像语义分析与理解的研究热点。其核心思想是利用已标注的图像集自动学习语义概念与视觉特征空间的潜在关联或者映射关系,来预测未知的图像标注,本质上是根据图像本身的信息对其进行分类,具体包括图像特征提取、组建标注图像训练集、建立语义标注模型、利用标注模型实现自动标注等过程。自动标注方法的主要步骤是:首先,构成一个用简单的特征关键词标注的训练图像集,用非结构化的文本描述图像的内容;然后,应用图像分析技术从一个待标注图像中提取相同的特征信息,比较标注模型中的每个关键字,计算该图像蕴含每个关键字的概率;最后,确定标注结果。

图像自动标注的关键技术是如何建立标注模型以实现分配视觉感知、准确描述图像内容。随着机器学习理论的不断发展,包括相关模型、分类器模型等不同的学习模型已经被广泛地应用于图像自动标注研究领域。现有的图像自动标注算法根据特征提取和表示方式的不同,可以划分为基于全局特征和基于分割区域的自动图像标注方法。在基于分割区域的自动图像标注算法中,按照学习算法的不同又细分为基于分类的标注算法、基于概率关联模型的标注算法和基于图模型的标注算法。

解决图像语义自动标注问题可以描述为:设定一个已标注图像集合 S,每幅图像都有一组关键词作为图像标注的标识符,表示图像内容;给出一个待标注图像 I,找出最符合图像 I 语义的 n 个关键词。图 5.2 是图像语义自动标注的结果,其关键词个数设为 5。

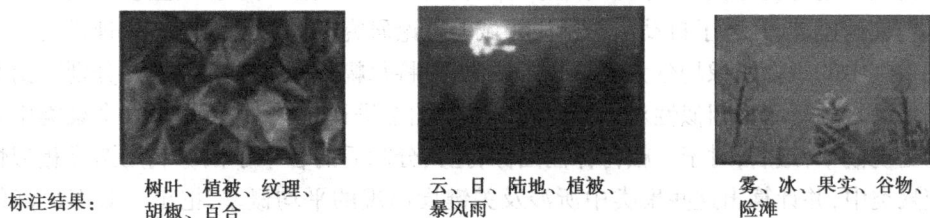

标注结果:　树叶、植被、纹理、胡椒、百合　　　云、日、陆地、植被、暴风雨　　　雾、冰、果实、谷物、险滩

图 5.2　图像语义自动标注的实例

根据使用的方法和技术的不同,图像语义自动标注模型可以分为统计方法和机器学习两大类。根据计算关键词概率方式的不同,统计方法又分为生成式和判别式,其中翻译模型、潜在语义分析模型、隐狄利克雷分配模型和相关模型属于生成模型,而支持向量机、贝叶斯和高斯混合模型属于判别式模型。机器学习方法主要包含属于归纳的聚类、关联和示例模型、属于示教的相关反馈模型和属于类比的网络建设模型。比较经典的图像语义自动标注模型及其特点如表 5.2 所示。

表 5.2　图像语义自动标注模型

标注模型	类别	模型特点
共现模型	统计方法	通过对带有关键词的图像集合进行统计来计算图像与文本之间的共生关系
翻译模型	统计方法	对分割后的图像区域特征进行聚类,将连续特征变成离散视觉关键词汇表,图像的标注问题可以看作从图像视觉关键词到语义关键词的翻译过程

续表

标注模型	类别	模型特点
交叉媒体相关模型	统计方法	把图像作为整体进行标注。CMRM 在给定训练集的基础上,采用相关模型学习图像子块集合和关键字之间的联合概率分布
相关潜在狄利克雷分配模型	统计方法	一个 3 层结构的贝叶斯模型,在该模型中,任意一组包含语义的数据都可以看成为底层语义组的某种有限组合,而通过一组包含了语义的训练数据(图像)可以获得这些底层的语义组
连续空间相关模型	统计方法	克服了 CMRM 的缺点,使用非参数高斯核进行特征生成概率的连续估计,与离散模型相比,其标注性能有显著提高
基于图模型的自动图像标注	机器学习	标注性能还有待提高,并且计算的时间和空间复杂度较高
有指导的多类标签	机器学习	把每个标注词视为一个类,通过多示例学习为每个类生成条件密度函数,但其性能对低频词汇非常敏感,很难从图像中区分出背景密度和概念密度

(1)共现模型(Co-occurrence Model)

1999 年,Mori 等人提出了共现模型,通过对图像集合中出现在相同类别中图像子块与语义概念的频率进行统计,经计算得到图像与关键词之间的共生关系。共生模型是自动图像标注的基本理论模型,开辟了自动图像标注领域的理论研究。该模型的基本原理是:首先,将已标注图像集中的每幅图像均分为若干个子图像,并将每幅图像的全部关键词分别赋给其每个子图像;然后,利用图像相似性对图像集的所有子图像进行聚类,并计算出每个聚类中各个关键词的出现概率;最后,对于一幅待标注图像,把其分割后的各个子图像利用图像相似性分配到相应聚类中,并计算出这些聚类中所涉及关键词出现的平均概率,把出现概率最高的关键词赋给该幅待标注图像。计算某一个关键词标注给图像的概率公式为:

$$P(w_i \mid c_j) = \frac{P(c_j \mid w_i)P(w_i)}{\sum_{k=1}^{w} P(c_j \mid w_k)P(w_k)} = \frac{(m_{ji}/n_i)(n_i/N)}{\sum_{k=1}^{w}(m_{jk}/n_k)(n_k/N)} = \frac{m_{ji}}{\sum_{k=1}^{w}m_{jk}} = \frac{m_{ji}}{M_j} \quad (5.1)$$

其中,m_{ji} 是单词 w_i 在聚类中心 c_j 的总数量;M_j 表示所有单词在聚类中心 c_j 的总数量;n_i 是单词 c_j 在所有数据中的总数量;N 表示所有单词重复计算的总数量。

(2)翻译模型(Translation Model,TM)

Duygulu 等人提出了翻译模型标注方法,将翻译模型看成一个词典,利用机器翻译将某一种语言翻译成另一种语言,即在图像标注中把分割后的图像块看成一种语言的文字,通过机器翻译成要标注的文本文字。该方法首先采用 Ncuts 算法将图像分割成若干个区域,利用各个区域的特征,将这些区域进行聚类,形成各种区域类型。在这些区域类型和关键字之间建立一种映射关系,然后进行学习,并对测试图像进行标注。在机器模型中,对于那些不好标注的关键字个体,也进行了聚类,然后再进行标注,使得标注的结果有了明显的改善。虽然与共现模型相比,机器翻译模型具有更高的查全率与查准率。图像中的区域可以用一个视觉词元(blobs)集来描述,这些视觉词元是通过对图像特征进行聚类产生的。但是由于视觉词元即区域类型与关键字的一一对应关系也很严格,必须将连续的视觉特征向量量化为离散的视觉词汇表,致使标注性能受到视觉特征的量化粒度影响。另外,由于标注针对的是整幅图像,而寻找标注与区域的对应关系为标注工作增加了额外的负担。

虽然共现模型与机器翻译模型的标注结果并没有达到令人满意的程度,但是由于它们具有较为稳定的性能,目前已成为各种新方法的性能提升与否的衡量标准。许多研究学者对这两种方法存在的缺点进行了改进,提出了许多的方法。

(3)交叉媒体相关模型(Cross Media Relevance Model,CMRM)

2003 年,Jeon 提出了一种基于内容的交叉媒体相关模型(CMRM),用于自动图像标注与检索。该模型假设图像中的区域可以用一个小的视觉词元集来描述,这些视觉词元是通过对图像特征进行聚类产生的。用已标注的训练图像集,获得视觉词元与关键词之间的联合分布。需要强调的是,视觉词元与关键字之间并不是只存在一对一的映射关系,也就是说,一个视觉词元可能与多个关键字相关,一个关键字也可能与多个视觉词元的出现有联系。设描述待标注图像 I 的视觉词元集为 $\{b_1,\cdots,b_m\}$,则的标注可以表示为:

$$W^* = \operatorname*{argmax}_{w \subset V} \sum_{J \subset T} P(J) P(W \mid J) \prod_{i=1}^{m} P(b_i \mid J) \tag{5.2}$$

其中,T 表示训练图像集,V 表示图像即所对应的文本标注词库。CMRM 模型无需在视觉词元与关键字之间寻找对应关系,从而提高了图像的标注性能,是图像标注中影像最大的标注方法之一。

(4)相关潜在狄利克雷分配模型(Correlation Latent Dirichlet Allocation,CLDA)

潜在狄利克雷分配模型(Latent Dirichlet Allocation,LDA)是一个集合概率模型,主要用于处理离散的数据集合,目前主要用在数据挖掘中的文本挖掘和自然语言处理中,完成降低维度的作用。Blei 等人扩展了 LDA 模型,提出了一种 3 层结构的贝叶斯模型 LDA 用于联系词与图像。假设狄利克雷分布可以用于生成一种潜在因素的组合,然后利用这个组合生成词和区域,最后利用期望最大化算法进行估计。该模型中,任意一组包含的数据可以看成是底层语义组的某种有限的组合,反之,通过一组包含了语义的训练数据(图像)可以获得这些底层的语义组。并且任意一个语义都可以用一组语义概念的无限组合来表示。该模型能有效地降低离散数据的维度。

虽然离散特征模型考虑了对象和区域的语义含义,但是这种方法的成功源于每个区域需要对应一个清晰语义对象的假设。然而现在图像分割技术还远远不能达到这种效果。因此,该方法的有效性受到限制。此外,这种对视觉特征的离散处理方法会造成视觉特征内容的损失,由于事先很难确定一个理想的聚类粒度,标注结果受离散化效果影响较大。

(5)连续空间相关模型(Continuous Relevance Model,CRM)

Labrenko 等人对 CMRM 进行改进,对连续特征向量建模,提出连续空间相关模型(CRM)。该模型基于贝叶斯理论,利用高斯核函数进行特征向量间距离计算。CRM 与 CM-RM 相似,也是利用一组词汇与一组图像区域的联合概率将两者联系起来,但是两者之间有两点重要的区别:首先,CMRM 是一种离散模型,不能利用连续的特征值,而 CRM 直接对连续特征向量建模。其次,CMRM 中要将特征向量聚类成视觉词元,因此它的标注质量对聚类错误非常敏感,很大程度上取决于聚类粒度,而 CRM 不依赖于聚类,因此不会遇到粒度问题。然而,CRM 对图像各个区域在生成概率估计中所起作用的复杂性考虑不足。该模型中,区域与图像的相似性定义为区域图像各个区域相似性度量的平均值,然而一幅图像的不同区域对该相似性度量的贡献程度不同,如图像中的"对象"区域较"背景"区域贡献大;另一方面,常用的图像分割方法容易产生许多语义不明确的区域,由于这些区域的弱语义特性,使得这类区域经常与代表多种不同语义对象的区域都具有较高的特征相似性,影响图像特征生成概率估计的准确性。

(6)多重伯努利相关模型(Multiple Bernoulli Relevance Models,MBRM)

为了获得更好的标注性能,Feng 等人利用多重伯努利模型对 CRM 模型进行改进,提出多重伯努利相关模型(MBRM)用于图像与视频的自动标注。该模型假设给定带有关键字标注的训练图像集,其中每幅图像有多个关键字,但每个关键字与每幅图像的特殊关系没有给出。每幅图像被划分为一组矩形区域的集合,对这些区域提取特征向量。MBRM 是标注关键字与图像区域特征向量的联合概率分布,利用训练集进行计算。关键字的概率利用多重伯努利模型进行估计,图像特征概率利用核密度估计。然后将该模型用于测试集,对测试图像进行自动标注。

(7)基于图模型的自动图像标注方法(Graph-based Automatic Caption,GCap)

Pan 首先提出了基于图模型的自动图像标注方法(GCap)。该模型把所有图像、标注词和图像区域表示为三种不同类型的图节点,根据节点之间的相关性把这三种结点连接为一个图。该模型的区域特征是连续空间向量,文本标注词是离散数据,因此,很难对同一图中不同模态节点赋予相应权重,而且 GCap 模型中没有考虑标注词之间的关系。继而 Liu 对 GCap 进行了改进,提出了自适应基于图模型的图像标注方法(Adaptive Graph-based Annotation method,AGAnn),该方法基于流形排序学习,较好地整合了视觉与文本信息。为了提高流形排序效率,AGAnn 设计了自适应相似图,为了充分挖掘标注词之间信息,通过 WordNet 考虑标注词之间的语义相关性,通过计算两两标注词共存情况考虑标注词之间的概率相关性。与 GCap 标注性能相比较而言,AGAnn 及后续的方法有了一定提升,但其标注性能仍低于当前基于分类和基于概率方法的主流模型。此外,较高的时间和空间复杂度也限制了基于图模型的推广应用。

(8)有指导的多类标签方法(Supervised Multiclass Labeling,SML)

Carneiro 提出了有指导的多类标签方法(SML),该方法把每个标注词视为一个类,通过多示例学习为每个类生成条件密度函数,而图像则视为其关联标注词的条件密度函数的高斯混合模型。SML 标注取得了极大的成功,被视为最好的标注模型之一。但其性能对低频词汇非常敏感,因为低频词所对应的图像数目有限,通过机器学习方法很难从图像中区分出背景密度和概念密度。而且,当概念表观(appearance)变化较大的时候,这种问题会更加严重。此外,SML 的性能还依赖于一些参数,如图块尺寸、高斯混合模型中高斯分量的个数等。

3)半自动标注图像语义

半自动标注图像语义通常采用人机交互的方式进行图像语义标注,由于在标注过程中添加了人工标注的反馈内容,增加了标注的精准性,同时还具有自动标注的高效性,适合于大规模的复杂图像标注。这种标注方法主要包含图像预处理和反馈学习两个方面,其基本思想是将用户主观感受加入到图像的标注中,通过用户的反馈进行图像的已有标注的改善,以提高标注准确率。

5.3　基于分类器的图像标注

分类方法是机器学习、模式识别和数据挖掘等研究的核心问题,分类器的实质是建立数学模型,通过学习自动将数据分到已知类别,并且使每一类样本的表达误差最小或者不同类别样本的分类误差最小。目标和场景分类器是图像分析与理解的核心研究内容,利用设计好的分类器可以识别出图像中的多个目标,分析得到图像蕴含的内容信息,通过对图像进行关键词标注以实现计算机对场景的自动注释。

分类器分为 3 种类型:基于相似度(距离度量)的分类器、基于概率密度的分类器和基于决策边界的分类器。基于相似度(距离度量)的分类器性能取决于相似度或距离度量,同时也取决于原型的学习。原型学习有多种方法,如近邻法、K-近邻法、聚类、学习矢量量化、经验风险最小化等。学习矢量量化和风险最小化可以看作是决策边界调整的学习方法,而聚类的作用类似概率密度估计。基于概率密度估计的分类器又称为生成模型(Generative Model),基本思想是在已知样本无穷或尽可能大的前提下,建立样本的概率密度模型,再利用模型进行推理预测。基于决策边界的分类器实质上是在描述待识别对象特征所组成的特征空间,将其划分为若干个决策域,待识别的特征向量落在哪个决策域,该样本就被判为哪一类。因此,这类分类器又称为基于特征空间划分的分类器,或称为判别模型(Discriminative Model)。这种方法是在有限样本的前提下,利用正负例和分类标签尽力关注边缘分布的判别函数,其代表性理论为统计学习理论。本节着重介绍贝叶斯分类器、支持向量机分类器、神经网络分类器等常见分类器及其在图像标注中的实际应用。

5.3.1　贝叶斯分类器

20 世纪 50 年起,贝叶斯学派形成,贝叶斯公式成为概率论中最重要的公式之一,它是一种建立在概率和统计理论基础上的数据分析和辅助决策工具,以其坚实的理论基础、自然的表示方式、灵活的推理能力和方便的决策机制受到越来越多研究学者的重视。80 年代,贝叶斯网络成功地应用于专家系统,成为表示不确定性知识和推理的一种流行方法。90 年代以来,贝叶斯学习一直是机器学习研究的重要方向,已经广泛应用在医学、信息传递、生产决策等多个方面。

贝叶斯分类器是用于分类的贝叶斯网络,而贝叶斯网络是一个带有概率注释的有向无环图。图中的每个节点均表示一个随机变量,两节点间若存在一条边,则表示这两个节点相对应的随机变量是概率依赖的,否则说明这两随机变量是条件独立的。贝叶斯分类器的基本原理是:在已知某对象的先验概率条件下,利用贝叶斯公式计算出该对象属于某一类的后验概率,选择具有最大后验概率的类作为该对象所属的类别。贝叶斯分类器的特点为:①并不是把一个实例绝对指派给某一类,而是通过计算得出属于某一类的概率,具有最大概率的类是该实例所属的类;②一般情况下,在分类中所有属性都直接或间接地发挥作用,所有属性都参与分类,而不是一个或几个属性决定分类;③实例的属性可以是离散的、连续的,甚至可以是离散与连续相混合的。因此,贝叶斯分类器是一种最基本的统计分类方法。

贝叶斯分类器以贝叶斯定理为基础,通过训练大量样本来估算后验概率。采用贝叶斯分类器必须要满足两个条件:其一,要决策分类的类别数量是一定的;其二,各个类别总体的概率分布是已知的。为了满足这两个条件,提出的假设为:条件一,假设要研究的分类问题有 n 个模式类,分别用 $\omega_i(i=1,2,\cdots,n)$ 表示。条件二,假设待识别目标的特征向量 X 所对应的状态后验概率 $P(\omega_i|X)$ 是已知的,或者对应于各个类别 ω_i 出现的先验概率 $P(\omega_i)$ 和类条件概率密度函数 $P(X|\omega_i)$ 是已知的。

1) 贝叶斯定理

假设 A 和 B 为两个随机事件,贝叶斯定理也称贝叶斯推理,是关于随机事件 A 和 B 的条件概率(或边缘概率)的一则定理,其计算公式为

$$P(A\mid B) = \frac{P(B\mid A)P(A)}{P(B)} \tag{5.3}$$

式(5.3)中 $P(A)$ 是 A 的先验概率或边缘概率,之所以称为"先验"是因为它不考虑任何 B 方面的因素;$P(A|B)$ 表示在 B 发生的情况下 A 发生的可能性,称作 A 的后验概率;$P(B|A)$ 是已知 A 发生后 B 的条件概率,称作 B 的后验概率;$P(B)$ 是 B 的先验概率或边缘概率,也称作标准化常量。因此,式(5.3)描述的贝叶斯定理也可以表述为

$$\text{后验概率} = (\text{相似度} \times \text{先验概率}) / \text{标准化常量} \tag{5.4}$$

式(5.4)表明后验概率与先验概率和相似度的乘积成正比。有时,$P(B|A)/P(B)$ 比例被称作标准相似度,贝叶斯定理又可以表述为

$$\text{后验概率} = \text{标准相似度} \times \text{先验概率} \tag{5.5}$$

贝叶斯公式应用到分类时,可以假设 A 表示类标签未知的特征属性集样本,B 表示类别集,分类就是在已知属性集 A 的情况下,确定 B 成立的概率 $P(B|A)$,计算 B 的后验概率。$P(B)$ 是 B 的先验概率,可以通过训练集中属于每个类的训练样本所占的比例来估计。在比较不同的 B 值的后验概率时,$P(A)$ 总是常数,因而可以忽略。

贝叶斯公式可以推广应用到两个以上的随机事件的情况下。设试验 E 的样本空间为 S,$A_1,A_2,\cdots,A_m$ 为样本空间 S 的一个划分,且 $P(A_i)>0(i=1,2,\cdots,n)$,则对任意事件 B,根据全概率公式有:

$$P(B) = \sum_{i=1}^{n} P(A_i)P(B\mid A_i) \tag{5.6}$$

那么可以得到任意 A_j 的后验概率:

$$P(A_j\mid B) = \frac{P(A_j)P(B\mid A_j)}{\sum_{i=1}^{n} P(A_i)P(B\mid A_i)} \tag{5.7}$$

贝叶斯分类器的实际工作框架如图5.3所示,在特征属性已经确定的条件下,样本数据所属类别的后验概率的估计方式分为朴素贝叶斯和贝叶斯信念网络,分别构成相应的分类器。

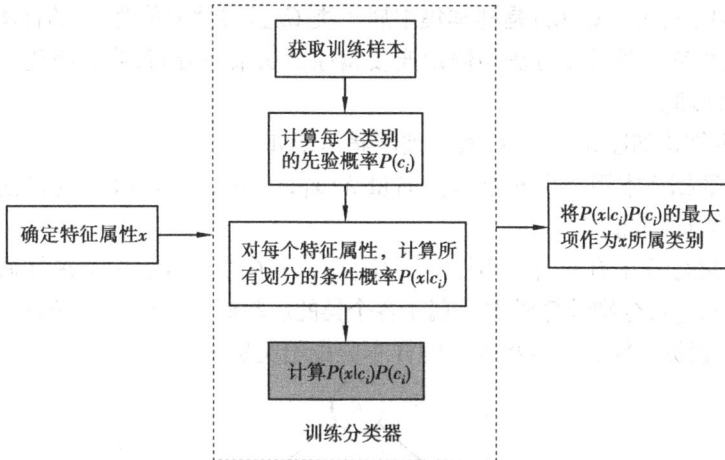

图 5.3　贝叶斯分类器的工作框架

2) 朴素贝叶斯分类器

1973 年,Duda 和 Hartl 提出了朴素贝叶斯分类器(Naive Bayes Classifier,NBC)。NBC 源于古典数学理论,是一种有监督的学习方法。基于给定目标值时属性之间相互独立假设的贝叶斯定理,NBC 假定一个属性的值对确定的类别的影响与其他属性对类别的影响无关,其限制条件较强。由于具有所需估计参数很少,对缺失数据不太敏感以及算法比较简单等因素,NBC 表现出高精度和高效率,具有最小的误分类率,耗时开销小等特征。该分类器是一种应用广泛的简单概率分类器之一。

假设 $A_1, A_2, \cdots, A_n$ 是数据集的 n 个特征(属性),独立类别变量 $C = \{C_1, C_2, \cdots, C_m\}$ 共 m 个类。理论上,概率模型分类器可用一个条件概率模型来表示。给定一个具体的实例 X,其属性为 $\{x_1, x_2, \cdots, x_n\}$,这里 x_i 是属性 A_i 的具体取值,根据贝叶斯定理,该实例属于某个类 C_i 的后验概率是

$$P(C_i \mid X) = \frac{P(X \mid C_i)P(C_i)}{P(X)} \tag{5.8}$$

$P(X)$ 代表属性集合 $\{A_1, A_2, \cdots, A_n\}$ 取值为 $\{x_1, x_2, \cdots, x_n\}$ 的联合概率,其值为常数。所以最大化 $P(C_i|X)$ 实现分类时,可以忽略 $P(X)$,只需对 $P(X|C_i)P(C_i)$ 最大化即可。因此,贝叶斯分类器分类所得的类标签 $C(X)$ 表示为

$$C(X) = \underset{C_i \in C}{\mathrm{argmax}}\, P(X \mid C_i)P(C_i) \tag{5.9}$$

式(5.9)表示预测实例 X 属于属性给定条件下后验概率最大的类别时,预测的正确率最大。其中,$P(C_i) = N_i/N$,N_i 表示类 C_i 中训练样本的个数,N 表示训练样本总数。由于式(5.9)中后验概率 $P(C_i|X)$ 难以计算,为降低计算的开销,贝叶斯分类器引入"朴素贝叶斯假设",即在确定类别 C_i 的条件,所有的属性相互独立。

$$P(A_i \mid C_i, A_j) = P(A_i \mid C_i), \forall A_i, A_j, P(C_i) > 0 \tag{5.10}$$

由此可得,

$$P(X \mid C_i) = \prod_{k=1}^{n} P(x_k \mid C_i) \tag{5.11}$$

如果属性 A_i 是离散值,则 $P(x_k|C_i) = N(A_k = x_k, C_i)/N(C_i)$,其中 $N(C_i)$ 是样本集中属于

类 C_i 的样本个数，$N(A_k = x_k, C_i)$ 是样本集中属于类 C_i 且属性取值为 x_k 的样本个数。如果属性 A_i 是连续值，概率计算常用方法为假设连续属性服从某一分布，或者将连续属性离散化之后，按照离散值处理。

NBC 的基本结构如图 5.4 所示，其分类步骤总结如下：

（1）每一个数据样本用一个 n 维特征向量 $X(x_1, x_2, \cdots, x_n)$ 表示，分别描述 n 个属性 $A_1, A_2, \cdots, A_n$ 样本的具体取值。

（2）假设类集合 C 中有 m 个类别，$C = \{C_1, C_2, \cdots, C_m\}$。给定一个未知属性类别的数据样本 $X(x_1, x_2, \cdots, x_n)$，分别计算样本 X 属于各个类的后验概率，当且仅当 $P(C_i | X) < P(C_j | X)$，$1 \leq j \leq m, j \neq i$，朴素贝叶斯分类器将未知的样本分配给类别 C_i。

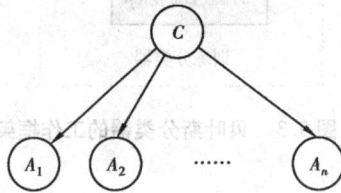

图 5.4　朴素贝叶斯分类器的基本结构

NBC 依靠精确的自然概率模型，在有监督学习的样本集中能获得非常好的分类效果，其优点是：①算法逻辑简单，基于实现；②分类过程中时间、空间开销小；③算法性能稳定，对于不同的数据特点其分类性能差别不大。但是如果特征数量较大或者每个特征取值较大时，其计算复杂度明显增大，在许多实际应用中，使用最大似然估计法对 NBC 模型的参数进行估计。

3) 贝叶斯网络分类器

尽管 NBC 是一种非常实用的学习技术，但是其工作必须有一个前提假设，就是特征属性之间的关系必须是独立的，只有在这个假设前提下，NBC 才能工作得比较好。由于这个假设条件具有较强的限制性，在现实世界中，这种假设通常情况下并不成立。为解决现实中的不确定性和不完整性问题，1988 年 Pearl 提出贝叶斯网络（Bayesian Network），它是一种新的基于统计理论的方法，其采用简洁易懂的图解方式表达概率分布。贝叶斯网络又称为信度网络，这种基于概率推理的图形化概率网络，是贝叶斯方法的扩展，成为不确定知识表达和推理理论领域最有效的理论模型之一。

贝叶斯网络是一个带有概率注释的有向无环图，由代表变量节点及连接这些节点的有向边构成。图中的每一个节点代表着一个随机变量（可以理解为样本的特征属性），节点间的有向边代表节点间的相互关系，由父节点指向子节点。每个节点都有一个条件概率表（Conditional Probability Table，CPT），定量描述所有父节点对于该节点的作用效果，没有父节点的用先验概率表达信息。贝叶斯网络适用于表达和分析不确定性和概率性的事件，应用于有条件地依赖多种控制因素的决策，可以从不完全、不精确或不确定的知识或信息中做出推理。

贝叶斯网络的结构及其各节点的 CPT 定义了网络中各变量的概率分布。假设该网络中包含类节点 C，其中 C 的取值来自类集合 $(c_1, c_2, \cdots, c_m)$，还包含一组节点 $X = (X_1, X_2, \cdots, X_n)$，表示用于分类的特征。对于贝叶斯网络分类器来说，若某一待分类的样本 D，其分类特征值为 $x = (x_1, x_2, \cdots, x_n)$，则样本 D 属于类别 c_i 的概率应满足：

$$P(C = c_i | X_1 = x_1, \cdots, X_n = x_n) = P(C = c_i | X = x)$$

$$= \max\{P(C = c_1 \mid X = x_1), \cdots, P(C = c_n \mid X = x_n)\} \tag{5.12}$$

根据贝叶斯公式(5.7)计算得

$$P(C = c_i \mid X = x) = \frac{P(X = x \mid C = c_i)P(C = c_i)}{P(X = x)} \tag{5.13}$$

其中，$P(C = c_i)$可由领域专家的经验得到，$P(X = x_i \mid C = c_i)$和$P(X = x)$的计算则比较困难。应用贝叶斯网络进行分类主要包含两个步骤：第一步是贝叶斯网络分类器的学习，从样本数据构造分类器，包括结构学习和 CPT 学习；第二步是贝叶斯网络分类器的推理，及计算类节点的条件概率，对分类数据进行分类。这两个节点的时间复杂性取决于特征值间的依赖程度，甚至可以是 NP 完全问题。因而在实际应用中，需要对贝叶斯网络分类器进行简化，根据对特征值间不同关联程度，可以得出各种不同的贝叶斯分类器。

朴素贝叶斯分类器具有较强的限定(属性变量之间是条件独立的)，我们应该广义地理解这种独立性，即属性变量之间的条件独立性是指：属性变量之间的依赖相对于属性变量与类变量之间的依赖是可以忽略的，这正是朴素贝叶斯分类器应用最优范围比想象的要大得多的主要原因。TAN 分类器是朴素贝叶斯分类器进行有效改进的分类器，它即有朴素贝叶斯分类器的简单性，又有比朴素贝叶斯分类器更好的分类性能。当然，还可以对 TAN 分类器进行有效的改进。贝叶斯网络分类器在理论上是最优分类器，但准确地建立贝叶斯网络分类器结构非常困难，给出有效实用的贝叶斯网络分类器结构学习方法与算法是进一步研究的目标。

4)基于 Bayes 的图像标注

假设图像集为人工标注图像的集合 $I = \{I_1, I_2, \cdots, I_N\}$，则 I 可作为语义标注系统训练图像样本集，N 为训练图像样本个数。描述图像内容的视觉特征用 $F = \{F_1, F_2, \cdots, F_N\}$ 表示，用于标注图像的语义关键词 w_i 构成语义词汇表 $W = \{w_1, w_2, \cdots, w_n\}$。那么，给定一幅未标注的图像 I'，其图像语义自动标注的目标就是抽取最佳关键字集合 W^* 来描述图像的内容。假设待标注图像 I' 的视觉特征向量为 X，利用贝叶斯规则，图像标注可以表示为

$$P(w_i \mid X) = \frac{P(X \mid w_i)P(w_i)}{P(X)} \tag{5.14}$$

其中，$P(w_i)$ 是第 i 个标注词的先验概率，可以看作是均匀分布的；$P(X|w_i)$ 是 i 个语义类的条件概率密度，在大多数情况下，可用多维变量的正态密度函数来模拟。此时，正态分布的贝叶斯分类器判别函数可表示为

$$h_i(X) = P(X \mid w_i)P(w_i)$$

$$= \frac{1}{(2\pi)^{n/2}|S_i|^{1/2}}\exp\left[-\frac{1}{2}(X - \overline{X^{(w_i)}})S_i^{-1}(X - \overline{X^{(w_i)}})\right]P(w_i) \tag{5.15}$$

其中，$\overline{X^{(w_i)}}$ 为 w_i 类的均值向量。如果将每个语义概念都看作是相互独立的，那么对于测试图像 I' 来说，最佳标注为

$$w_i^* = \arg\max_i P(w_i \mid X) = \arg\max_i h_i(X) \tag{5.16}$$

一幅图片的语义关键词可能不止一个，因此，可通过 $P(w_i|X)$ 或 $h_i(X)$ 的排序来选择多个标注词。选取 Corel 图像数据库中的 10 类 500 幅图像进行实验，每类有 50 幅图像。选择每类中的 40 幅图像作为训练样本，共 400 个训练样本，每幅图像手工标注 1-5 个关键词，用英文表示。对已标注的训练样本提取 HSV 颜色特征，获得 72 维颜色特征向量；同时进行 Daubechies4 小波变换，提取一层分解的 4 个频带小波系数的均值和方差，获得 8 维纹理特征向

量,采用颜色与纹理特征加权特征用于图像标注。基于 Bayes 的图像自动标注结果如表 5.3 所示。

表5.3　基于 Bayes 的图像自动标注结果

测试图像				
自动标注结果	大象、草地、石头	建筑物、天空	滩、大海、天空	公交车、天空、道路

5.3.2　支持向量机分类器

1995 年,Cortes 等人提出支持向量机(Supprot Vector Machine,SVM)分类方法,该方法是一种基于核的新技术,适用于解决小样本非线性的高维特征向量分类,被广泛的应用于文本分类、首先字符识别、图像场景分类、生物信息学等研究领域。

SVM 是一种基于分类边界的方法,其主要思想是:对于二维数据来说,训练数据分布在二维平面上的点,使其按照分类聚集在不同的区域。此时分类算法的目标是通过训练找到这些分类之间的边界。如果分类边界为直线,则这种分类称为线性划分;如果分类边界为曲线,则这种分类称为非线性划分。对于多维数据(如 N 维)来说,可以将它们视为 N 维空间中的点,而分类边界就是 N 维空间中的面,称为超面(超面比 N 维空间少一维)。线性分类器使用超平面类型的边界,非线性分类器使用超曲面。

线性划分是数据分类最简单的方式,如图 5.5 所示。可以根据新的数据相对于分类边界的位置来判断其分类。我们首先讨论二分类问题,然后再拓展到多分类问题。SVM 分类器是基于线性划分的。但是实际应用中,并非所有数据都可以线性划分,例如二维空间中的两个类别的点可能需要一条曲线来划分它们的边界。SVM 分类器的基本原理是将低维空间中的点映射到高维空间中,使它们成为线性可分,再使用线性划分的原理来判断分类边界。在高维空间中,它是一种线性划分,而在原有的数据空间中,它是一种非线性划分。

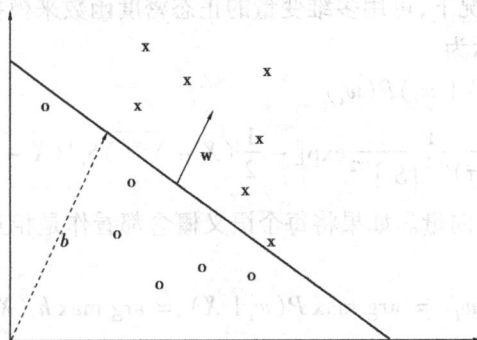

图 5.5　二分类线性划分

1) 最优化问题

我们解决一个决策分类问题时,如果将该问题表示为一个函数 $f(x)$,最优化问题就是求该函数的极值。通过高等数学知识可以知道,如果该函数连续可导,就可以通过求导计算导数为零的点,得出其极值。但现实问题中,通常 $f(x)$ 不是连续可导的,不能使用这种方法求取极值。

求最优解的问题可以分为两种形式:①无约束最优问题,其算法表达式为 $\min_x f(x)$,优化方法可以采用数值计算方法中的牛顿法、最速梯度下降法等,通过多次循环,求得近似的最优解;②有约束最优问题,是在无约束最优算法表达式中增加了约束条件,限定了最优解的必要条件。

2) 线性可分的二分类问题

线性可分的二分类问题是指原数据可以用一条直线(二维数据)或一个超平面(多维数据)划分成两个类别,主要包含三种基本划分方法:

(1)平分最近点法:用两个类别中最近的两点连线的平分线作为分类线(面)。设分类问题的训练集为 $T = \{(x_i, y_i), x_i \in R^n, y_i \in R, i = 1, \cdots, l\}$,平分最近点算法的步骤:

Step 1:构造并求解最优化问题,最优化问题表达为

$$\min_\alpha \frac{1}{2} \left\| \sum_{y_i=1} \alpha_i x_i - \sum_{y_i=-1} \alpha_i x_i \right\|^2 \tag{5.17}$$

$$s.t. \quad \sum_{y_i=1} \alpha_i = 1, \sum_{y_i=-1} \alpha_i = 1, 0 \leq \alpha_i \leq 1, i = 1, \cdots, l$$

计算得其最优解 $\hat{\boldsymbol{\alpha}} = (\hat{\alpha}_1, \cdots, \hat{\alpha}_l)$;

Step 2:计算两个最近点 $c = \sum_{y_i=1} \hat{\alpha}_i x_i$ 和 $d = \sum_{y_i=-1} \hat{\alpha}_i x_i$;

Step 3:构造划分超平面 $(\hat{\omega} \cdot x) + \delta = 0$,其中,$\omega = c - d = \sum_{i=1}^l y_i \hat{\alpha}_i x_i, \delta = -\frac{1}{2}((c-d) \cdot (c+d))$;由此求得决策分类函数 $f(x) = \text{sgn}((\hat{\omega} \cdot x) + \delta)$。

(2)最大间隔法:求分类面,使分类边界的间隔最大。分类边界是指从分类面分别向两个类的点平移,直到遇到第一个数据点。两个类的分类边界的距离就是分类间隔。最大间隔法的基本思想是首先通过非线性变换将输入空间变换到一个高维空间,然后在高维空间中求取最优线性分类面,其具有最大分类间隔,又被称为最优超平面。超平面的数学表示形式为

$$(w \cdot x) + b = 0 \tag{5.18}$$

其中,x 是超平面上的点,根据几何知识可知,w 向量垂直于分类超平面,线性判别函数记为 $g(x) = wx + b$。二元线性分类中分类标签只有 1 和 -1。因此,一个样本点到某个超平面的间隔可以表示为

$$\delta_i = y_i [wx_i + b] = |g(x_i)| \tag{5.19}$$

如果某个样本属于该类别,则 $wx + b > 0, y_i > 0$;如果不属于该类别,则 $wx + b < 0, y_i < 0$。由此可得,式(5.19)中样本点到超平面的间隔 δ_i 总是大于 0,并且它的值就等于 $|g(x)|$。

令 w 和 b 分别除以 $\|w\|$,对 w 和 b 进行归一化,那么几何间隔为

$$\delta_{i-几何} = \frac{1}{\|w\|} |g(x_i)| \tag{5.20}$$

其中,$\|w\|$ 为向量 w 的范数,是对向量长度的一种度量,常用的向量长度是 2-范数,这种归一化的间隔称为几何间隔。几何间隔所表示的正是点到超平面的欧式距离,根据式(5.19)和式(5.20)可得

$$\delta_i = \|w\| \delta_{i-几何} \tag{5.21}$$

观察式(5.21)发现,几何间隔和 $\|w\|$ 成反比,最大化几何间隔和最小化 $\|w\|$ 成等价关

系。因此求取最大分类间隔等价于求解最小 $\parallel w \parallel$。由于样本确定了 w，权向量 w 的训练向量的线性组合可以表示为

$$w = \alpha_1 y_1 x_1 + \alpha_2 y_2 x_2 + \cdots + \alpha_n y_2 x_2 \tag{5.22}$$

其中，$\alpha_i \geq 0$ 为拉格朗日乘子，式(5.22)可以用求和符号简写为

$$w = \sum_{i=1}^{n} \alpha_i y_i x_i \tag{5.23}$$

式(5.23)中，只有少数的 α_i 取值大于 0，相对应的 x_i 就是支持向量，$g(x)$ 表达式可以写为

$$g(x) = <w, x> + b = <\sum_{i=1}^{n} (\alpha_i y_i x_i), x> + b \tag{5.24}$$

SVM 中分类间隔的倒数为 $\frac{1}{2} \parallel w \parallel^2$。所以求解最小 $\parallel w \parallel$ 的优化问题可以表达为

$$\min_{w,b} \quad \frac{1}{2} \parallel w \parallel^2,$$
$$s.t. \quad y_i [(w \cdot x_i) + b] \geq 1, i = 1, \cdots, n \tag{5.25}$$

其中，$y_i [(w \cdot x_i) + b] \geq 1 (i = 1, \cdots, n)$ 为约束条件，要求各数据点 (x_i, y_i) 到分类面的距离不小于 1，保证分类面对所有样本正确分类。此时，两类分类问题转化为一个带约束的最小值优化问题。

(3)线性支持向量分类机:在 SVM 的两类分类问题中，式(5.19)中目标函数是自变量 w 的二次函数，所有的约束条件都是 w 的线性函数，这就是一个二次规划(Quadratic Programming,QP)问题，由于它的可行域是一个凸集，因此它又是一个二次规划，其优势在于不仅有解，并且都是全局最优解。

最大间隔分类法将寻找最佳超平面的问题转化成在式(5.25)约束条件下最小化 $\parallel w \parallel^2$，即二次规划最优化中的问题。$\parallel w \parallel^2$ 与 $\parallel w \parallel$ 成正比，当 $\parallel w \parallel^2$ 达到最小时，$\parallel w \parallel$ 也达到最小，采用拉格朗日函数合并优化问题和约束，再使用对偶理论，变换后的形式会使求解过程更简洁。

在特征数特别大的情况下，把原型的分类规则式(5.25)写作对偶形式，可以看到分类器其实是一个关于支持向量，即那些在间隔区边缘的训练样本点的函数，可以将二次规划问题转化成其对偶问题，令 $\parallel w \parallel^2 = <w, w>$，将其代入式(5.24)中，得到支持向量的对偶型

$$g(x) = \sum_{i=1}^{n} \alpha_i y_i <x_i, x> + b \tag{5.26}$$

其中，满足 $\alpha_i \geq 0$ 且 $\sum_{i=1}^{n} \alpha_i y_i = 0$，$<x_i, x_i>$ 表示内积，可用选定的核函数来计算。从式(5.26)中求出的 α_i 和选定的核函数的组合，就得到了分类器。可以用拉格朗日乘子法优化式(5.25)，优化后的拉格朗日目标函数为

$$L(w, b, \alpha) = \frac{1}{2} \parallel w \parallel^2 - \sum_{i=1}^{n} \alpha_i y_i [(w^T x_i + b) - 1] \tag{5.27}$$

求解式(5.27)需要用拉格朗日对偶性的相关知识。首先让 L 关于 w、b 最小化，分别令 L 关于 w, b 的偏导数为 0，得到表达式

$$\frac{\partial L}{\partial w} = 0 \Rightarrow w = \sum_{i=1}^{n} \alpha_i y_i x_i$$

$$\frac{\partial L}{\partial \boldsymbol{b}} = 0 \Rightarrow \sum_{i=1}^{n} \alpha_i y_i = 0 \tag{5.28}$$

将式(5.28)代入式(5.27),对偶问题的表达式为

$$L(\boldsymbol{w}, \boldsymbol{b}, \boldsymbol{\alpha}) = \frac{1}{2}\sum_{i=1}^{n}\alpha_i - \frac{1}{2}\sum_{i=1}^{n}\sum_{j=1}^{n}\alpha_i\alpha_j y_i y_j x_i^T x_j \tag{5.29}$$

采用拉格朗日函数和对偶理论,最优化问题的表达式最终转换为

$$\min_{\alpha} \quad \frac{1}{2}\sum_{i=1}^{n}\sum_{j=1}^{n}\alpha_i\alpha_j y_i y_j x_i^T x_j - \sum_{i=1}^{n}\alpha_i,$$

$$s.t. \quad \sum_{i=1}^{n}y_i\alpha_i = 0$$

$$\alpha_i \geqslant 0, i = 1, \cdots, n \tag{5.30}$$

线性支持向量机是以最大间隔法为的基础的另一种方法,需要注意的是,该问题仍然是一个有约束的最优化问题。

核函数在支持向量机中起着重要的作用,通过引入核函数可以将输入空间映射到高维特征空间,然后在特征空间中寻求最优超平面,它是解决非线性问题以及克服维数灾难问题的关键。核函数的选择需要一定的先验知识,没有一般性的结论。目前常用的核函数有:多项式核函数、高斯径向基核函数等。研究 SVM 分类器时,其关键问题不是如何定义低维到高维空间的映射算法,通常映射算法隐含在其"核函数"中,而是解决最优化问题,即寻找某个目标的最优解。

3)线性不可分问题

(1)线性软间隔分类器

由于实际噪声的存在,分类器总是会或多或少地产生训练误差,而整个分类器可能会受制于极个别数据点;另外,数据在特征空间中,如果使用核函数向高维空间映射后,问题仍然是线性不可分的情况下,最大间隔分类器中的可行域是空的,而对偶问题是无界的目标函数,这使得优化问题得不到解决,原来对间隔的要求不能达到,于是提出软间隔优化。

引入松弛变量 ξ_i,使约束条件弱化为:$y_i[(\boldsymbol{w} \cdot x_i) + \boldsymbol{b}] \geqslant 1 - \xi_i$。但是,我们仍然希望该松弛变量 ξ_i 最小化(如果 $\xi_i = 0$,则就是原线性硬间隔分类器)。于是,在优化目标函数中使用惩罚参数 C 来引入对 ξ_i 最小化的目标。这样,该分类器的模型为:

$$\min_{w,b} \quad \frac{1}{2}\|w\|^2 + C\sum_{i=1}^{n}\xi_i,$$

$$s.t. \quad y_i[(\boldsymbol{w} \cdot x_i) + \boldsymbol{b}] \geqslant 1 - \xi_i, i = 1, \cdots, n \tag{5.31}$$

以式(5.31)为原问题,其对偶问题为:

$$\min_{\alpha} \quad \frac{1}{2}\sum_{i=1}^{n}\sum_{j=1}^{n}\alpha_i\alpha_j y_i y_j <x_i, x_j> - \sum_{i=1}^{n}\alpha_i,$$

$$s.t. \quad \sum_{i=1}^{n}y_i\alpha_i = 0$$

$$0 \leqslant \alpha_i \leqslant C, i = 1, \cdots, n \tag{5.32}$$

求得最优解 $\boldsymbol{\alpha}^*$ 后,$\boldsymbol{w}^*$ 和 $\boldsymbol{b}^*$ 的最优解为

$$\boldsymbol{w}^* = \sum_{i=1}^{l}y_i a_i^* x_i, \quad \boldsymbol{b}^* = y_j - \sum_{i=1}^{l}y_i\alpha_i(x_i \cdot x_j) \tag{5.33}$$

（2）非线性软间隔分类器

非线性硬间隔分类器虽然将训练数据映射到高维空间中,但核函数的选择只有几种,它们并不能保证在任何情况下都可以将训练数据映射到足够高的维度,以使它们成为线性可分的。因此,有理由在此基础上引入线性软间隔分类器中的松弛变量 ξ_i 而放松约束;另一方面,向非线性硬间隔分类器那样,引入变量的映射变换 $x' = \phi(x)$,则训练集 $T = \{(x_1, y_1), \cdots (x_n, y_n)\}$ 映射为

$$\tilde{T} = \{(\tilde{x}_1, y_1), \cdots (\tilde{x}_l, y_l)\}, \quad \text{其中:} \quad \tilde{x}_i = \phi(x_i) \tag{5.34}$$

选取适当的核函数 $K(x, x')$ 和适当的参数 C,构造并求解最优化问题

$$\min_{\alpha} \quad \frac{1}{2} \sum_{i=1}^{n} \sum_{j=1}^{n} \alpha_i \alpha_j y_i y_j K(x_i, x_j) - \sum_{i=1}^{n} \alpha_i,$$

$$s.t. \quad \sum_{i=1}^{n} y_i \alpha_i = 0$$

$$0 \leqslant \alpha_i \leqslant C, i = 1, \cdots, n \tag{5.35}$$

得到最优解 $\boldsymbol{\alpha}^*$,选取 $\boldsymbol{\alpha}^*$ 的一个正分量 $0 < \alpha_i^* < C$,并据此计算阈值

$$b^* = y_i - \sum_{i=1}^{n} y_i \alpha_i^* K(x_i, x_j) \tag{5.36}$$

根据式(5.36)构造决策函数

$$f(x) = \text{sgn}\left(\sum_{i}^{n} \alpha_i^* y_i K(x, x_i) + b^*\right) \tag{5.37}$$

非线性软件间隔分类器又称为 C-支持向量机分类器,是最常用的一种支持向量机方法。

4）基于多核函数 SVM 的图像标注

多核方法是通过多个核函数的不同线性组合得到的,其结构示意图如图5.6所示。

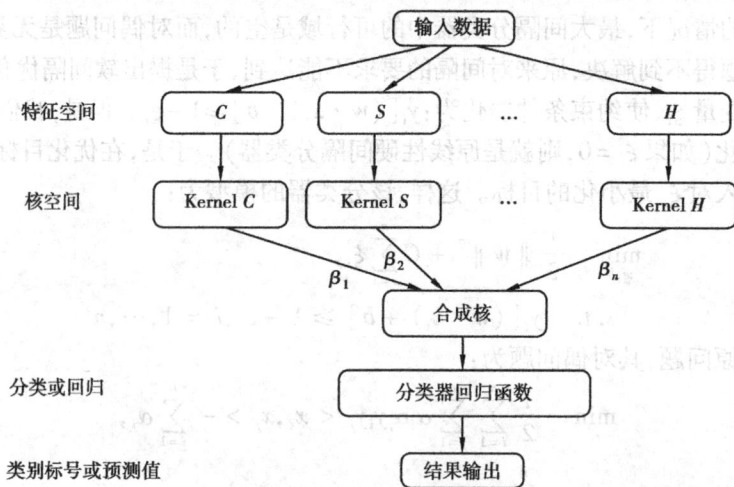

图5.6 多核函数线性组合示意图

基于多核函数 SVM 图像自动标注方法的基本思想是:对于每一幅训练图像,依照给定的视觉相似度量方法来找到它的视觉相似邻域。使用经过训练的多核 SVM 分类器对待标注图像的预选标注词进行分类以得到超平面,从而在特征空间当中区别各个不同主题。进而对待

标注图像进行分类,找到那个与相应训练图像视觉相似时所对应的潜在语义含义,从而对待标注图像进行标注。具体算法描述如表 5.4 所示。

表 5.4　基于多核函数 SVM 图像自动标注算法

输入:训练样本 X_{train};待标注图像 I;待测样本 X_{test};学习算法 L;集成大小 N;待测样本的初始邻域大小 K;交叉验证技术使用的随机种子 S;交叉验证的折数 M;多分类器行为相似度阈值
输出:待标注图像 I 的语义标注
步骤:
Step1:利用随机子空间方法获取 N 个特征子集,把每个基分类器对应的初始权值都设为 0
Step2:根据输入样本特征,利用 M 折交叉验证技术来动态地确定分类器对应的权值
Step3:计算待测样本的有效邻域
Step4:计算各个特征子空间对应的权值 γ_0、C,并对权值进行规范化
Step5:训练生成基分类器: ①利用所有训练样本 X_{train} 进行非线性核主成分分析,通过非线性映射函数将每个向量 x 从输入空间 R^n 映射到一个高维特征空间 F; ② 在特征空间中输入向量 $x \rightarrow \varphi(x)$,即 $X(F)_{train} = (\varphi(x_1), \cdots, \varphi(x_j))$,$X(F)_{test} = (\varphi(x_1), \cdots, \varphi(x_i))$; ③在特征空间中进行线性分析,使所求出的特征向量相对于输入空间为非线性特征向量
Step6:利用基分类器及其权值对待测样本进行分类,得出候选标注词
Step7:输出标注结果

实验选用图像标注中常用的 UCI 数据作为数据集,因为这个数据集没有划分训练集和测试集,所以为了验证这个算法的分类效果,把所选的数据集按照 6∶1 的比例随机分为训练集和测试集,基本核函数选择 $k(x,z) = \alpha \hat{k}_1^p(x,z) + (1-\alpha) \hat{k}_2^q(x,z)$,运行参数 γ_0 以精度为准则用 5 阶交叉验证法获得。经过实验分析,为了核函数能够有更好的分类性能,高斯核的半径一般取 0.1~1 的数值。另外,多项式核函数的 q 一般取 2 或 3。α 值则根据预先训练分类的性能来确定,如果全局核函数的分类正确率比较好,那么应该加大全局核函数的权重,如 $\alpha = 0.9$;反之,如果局部核函数的分类性能较高,则应该把局部核函数的权重加大,比如 $\alpha = 0.1$。

通过实验得出多核函数 SVM、单个局部核函数(高斯核函数)、单个全局核函数(多项式核函数)方法的分类性能如表 5.5、表 5.6 所示,其中 G-means、Accuracy、precision、recall、F_1 计算公式分别如下所示:

$$\text{G} - \text{means} = \sqrt{TP_{\text{rate}} \times TN_{\text{rate}}} \tag{5.38}$$

$$\text{Accuracy} = \frac{TP + TN}{TP + FP + TN + FN} \tag{5.39}$$

$$\text{precision} = \frac{TP}{TP + FP} \tag{5.40}$$

$$\text{recall} = TP_{\text{rate}} = \frac{TP}{TP + FN} \tag{5.41}$$

$$F_1 = \frac{2 \times \text{precision} \times \text{recall}}{\text{precision} + \text{recall}} \tag{5.42}$$

从表5.5中可以看出多核SVM的方法分类效果要优于其他两种分类方法。相对于单个高斯核函数SVM在计算复杂度完全相同的情况下,分类准确率提高了近3%。可以看出在样本数量较多的情况下,多核SVM较单核SVM更适合在需要快速分类和预测的场合使用。

表5.5　不同SVM分类器的分类效果比较

	多项式核	高斯核	多核SVM
G-means	0.834	0.899	0.923
Accuracy	0.862	0.890	0.961

从表5.6中可以观察到多核SVM图像标注的精确度比多项式和RBF核SVM都要好,且多核SVM的F_1值比多项式核SVM高出很多,而比高斯核SVM提高了4%左右。

表5.6　基于不同核函数的图像标注效果比较

	多项式核	高斯核	多核SVM
precision	0.497	0.527	0.856
recall	0.043	0.356	0.301
F_1	0.079	0.424	0.445

5.3.3　神经网络分类器

人工神经网络(Artificial Neural Networks,ANNs)即是一种基本的人工智能研究途径,也是一种非常重要的机器学习方法。人工神经网络是指模拟人脑神经系统的结构和功能,运用大量的处理部件,由人工方式建立起来的网络系统。其本质是一种类似大脑神经突触联接结构的信息处理数学模型,常简称为神经网络(NN)。设计合理的神经网络通过对系统输入输出样本进行自动学习,能够以任意精度逼近任意复杂的非线性映射,可以作为多维非线性函数的通用数学模型。神经网络对外界输入样本具有很强的识别和分类能力,可以很好的解决对非线性曲面的逼近,因此比传统的分类器具有更好的分类与识别能力。

神经网络是一种能根据外界信息改变内部结构的自适应运算模型,其由大量的节点(或称神经元)相互连接构成,每个节点代表一种待定的输出函数,称为激励函数(Activation Function)。每两个节点间的连接都代表一个对于通过该连接信息的加权值,称之为权重(Weight),相当于人工神经网络的记忆。神经网络的输出按照网络的连接方式、权重值和激励函数的不同而不同。而神经网络自身通常都是对自然界某种算法或者函数的逼近,也可能是对一种逻辑策略的表达。

因为神经网络解决多类分类问题的功能非常强大,一个多输入多输出的神经网络能够有效地解决多类分类任务。因此,采用神经网络分类器可以进行图像标注的研究。

1)基于NN的图像标注模型

基于NN的图像标注模型包含一个分类网络和一个相关网络,分类网络由许多分类器和一个集成分类器组成,集成分类器输出的结果是对前面输出结果的组装集成。基于神经网络的图像标注流程如图 5.7 所示,图中右边的划线框表示一个完整的图像标注模型。采用 NN 图像标注模型对给定图像标注的具体步骤为:首先,把图像分割成若干个区域并提取每个分割区域的视觉特征,将提取的各个分割区域的视觉特征分别导入到分类网络的各个分类器中,其中一个分类器只处理一个分割区域;然后,分类器的输出结果被组装在集成层,以产生一个分类结果;最后,利用相关网络根据关键词的相关性对分类结果进行提炼,得到待标注图像的最终标注结果。

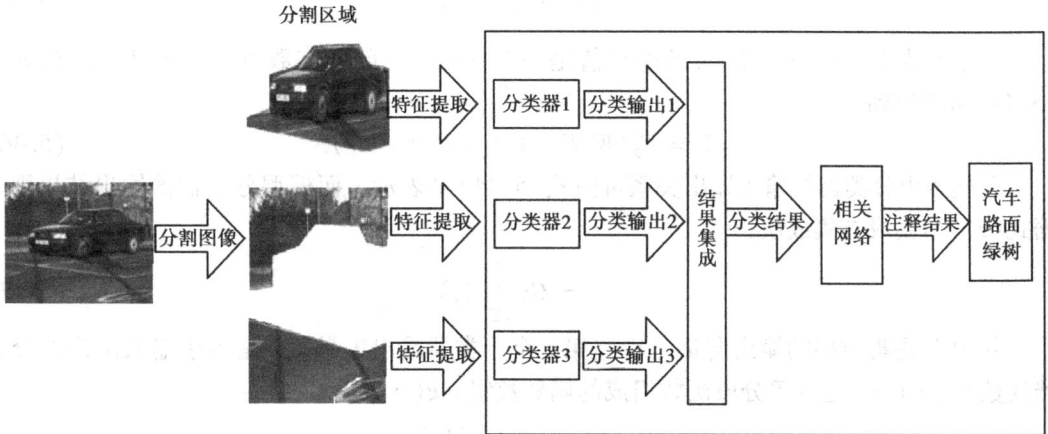

图 5.7　基于神经网络的图像标注流程

分类网络由若干个分类器和一个集成层构成,其中只有一个分类器需要接受培训。分类器采用神经网络设计中最简单的前馈神经网络,网络中具有三个层,即输入层、隐藏层和输出层,如图 5.8 所示。在这种网络中,信息只会沿一个方向向前流动,从输入单元通过隐藏单元,然后到达输出单元。

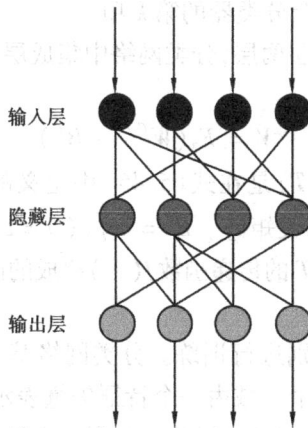

图 5.8　前馈神经网络的拓扑结构

一个具有 M 个输入节点、N 个隐藏节点和 T 个输出节点的三层神经网络分类器在数学上可以用式(5.43)和式(5.44)表示

$$H = F_1(W^i X + B^H) \tag{5.43}$$

$$Y = F_2(W^0 X + B^0) \tag{5.44}$$

其中 $X = \{x_i\}$ ($i=1, 2, \cdots, M$) 是一个输入矢量,$Y = \{y_k\}$ ($k=1, 2, \cdots, T$) 是一个输出矢

量。$H = \{h_j\}$ ($j=1, 2, \cdots, N$)是隐藏层的输出。$W^I = \{w_{ji}^I\}$ ($i=1, 2, \cdots, M; j=1, 2, \cdots, N$) 和 $W^0 = \{w_{ki}^0\}$ ($j=1, 2, \cdots, N; k=1, 2, \cdots, T$)分别是输入权重矩阵和输出权重矩阵。$B^H = \{b_j^H\}$ ($j=1, 2, \cdots, N$)是隐藏层的偏移向量。$B^0 = \{b_k^0\}$ ($k=1, 2, \cdots, T$)是输出层的偏置矢量。阵列功能 $F_1(\cdot)$ 和 $F_2(\cdot)$ 分别是由 N 和 T 组成的传递函数 $F(\cdot)$。其中 $f(\cdot)$ 通常是 S 型函数(Sigmoid 函数)

$$f(x) = \frac{1}{1 + e^{-\beta x}} \tag{5.45}$$

其中 β 为平滑参数。$f(\cdot)$ 的输出值是一个 0 和 1 之间的实数值。把式(5.43)代入式(5.44)可以得到

$$Y = F_2(W^0 F_1(W^I X + B^H) + B^0) \tag{5.46}$$

此模型中分类器的输入输出关系可由式(5.44)来表示。而模型分类器的输出结果则根据式(5.47)集成在集成层:

$$U = G(\sum_{r=1}^{R} Y_r) \tag{5.47}$$

其中 U 是集成层的输出向量。Y_r 是第 r 个分类器输出矢量。R 是用于输入图像的分类器的数目。$G(\cdot)$ 是由 T 分段函数组成的函数数组。$g(\cdot)$ 定义如下:

$$g(x) = \begin{cases} 1, & \text{if } x > 1 \\ x, & \text{if } 0 \leqslant x \leqslant 1 \\ 0, & \text{if } x < 0 \end{cases} \tag{5.48}$$

可以用元素形式展开式(5.47)得到

$$u_k = g(\sum_{r=1}^{R} y_{kr}) \tag{5.49}$$

其中 u_k 是 U 的第 k 项,y_{kr} 是第 r 个分类器的第 k 项。

相关网络包括输入层和输出层两层,分类网络中集成层的集成结果的输出是相关网络的输入。相关网络的数学表达式为

$$V = F_3(W^C U + B^C) \tag{5.50}$$

其中 $U = \{u_k\}$ ($k=1, 2, \cdots, T$)是在式(5.45)中定义的输入向量。$W^C = \{w_{lk}^C\}$ ($k=1, 2, \cdots, T; l=1, 2, \cdots, T$)是一个相关矩阵。$B^C = \{b_l^C\}$ ($l=1, 2, \cdots, T$)是输出层的偏置矢量。$F_3(\cdot)$ 是在式(5.45)中定义的由 T 的传递函数 $f(\cdot)$ 组成的函数数组。$V = v_k$ ($k=1, 2, \cdots, T$)是相关网络的输出向量。

分类网络和相关网络需要分别进行训练。分类网络基于分割区域进行训练。训练图像首先要被分割成多个区域。每一个区域由一个特征矢量表示,并与一个二进制 0/1 表示的关键词向量相关联,其中值 1 表示注释的关键词。如果一个区域不明确,用任何关键词去标明,它的关键词向量只有值 0。对该区域的功能进行注释然后将其传送到分类器,其中该区域的特征值是分类器的输入,而区域的注解是目标输出。而相关网络的训练是基于整幅图像的。给定一个训练图像与关键词矢量 K 相关联,K 既被用作分类网络的输入,也被用作相关网络的目标输出,即 $U = V = K$。

在训练标注模型时,训练阶段要首先将训练集中的每一幅图像分割成若干个区域,分割后的区域要求具有大致相同的视觉特征,可以用一组描述颜色、纹理等底层特征值的向量来

表示。图像的自动标注其实就是寻找最佳的预定义关键词来描述这组特征值,再映射到特定的区域。因此,这种方法中所选择的图像分割算法的性能对图像标注结果的有效性起着至关重要的作用。

2) 基于 BP 神经网络的图像标注

Rumelhart 和 Meclelland 于 1985 年提出了反向传播(Back Propagation,BP)神经网络学习算法,实现了明斯基的多层网络设想。BP 神经网络不仅含有输入节点和输出节点,而且含有一层或多层隐节点,其网络拓扑结构如图 5.9 所示。BP 算法的实质是把一组样本输入输出问题转化为一个非线性优化问题,并通过梯度算法利用迭代运算求解权值问题的一种学习算法。

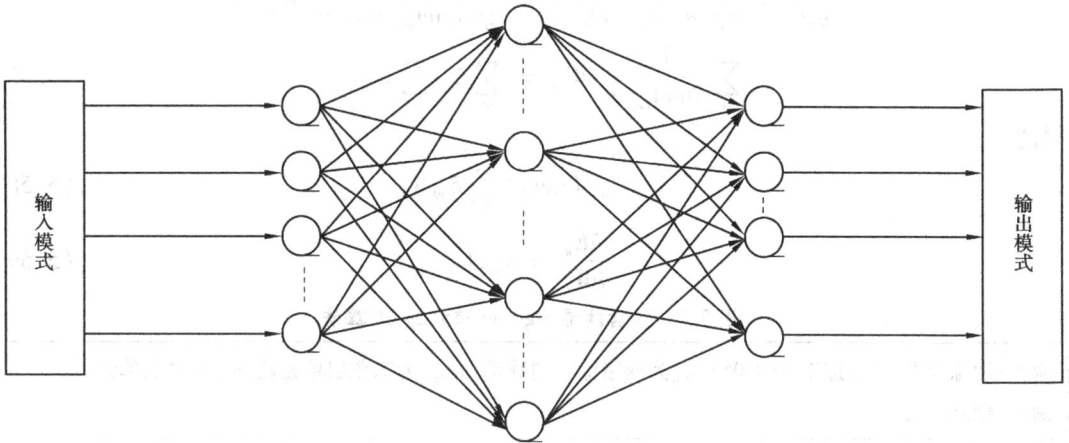

图 5.9　BP 神经网络的拓扑结构

BP 算法又称为误差反向传播算法,学习过程由正向传播和反向传播组成。在正向传播过程中计算误差,输入信息从输入层经隐单元层逐层处理后,传至输出层。每一层神经元的状态只影响下一层神经元的状态。如果在输出层得不到期望输出,那么就转为反向传播,把误差信号沿原连接路径返回,并通过修改各层神经元的权值,使误差信号最小。节点的作用的激励函数通常选取 S 型函数

$$f(x) = \frac{1}{1 + e^{-x/Q}} \tag{5.51}$$

其中 Q 为调整激励函数形式的 Sigmoid 函数。设含有 n 个节点的任意网络,各节点的特性为 Sigmoid 型。为简单起见,指定网络只有一个输出 y,任一节点 i 的输出为 O_i,并设有 N 个样本 $(x_k, y_k)(k=1,2,\cdots,N)$,对某一输入 x_k,网络输出为 y_k,节点 i 的输出为 O_{ik},节点 j 的输入为

$$\text{net}_{jk} = \sum_i W_{ij} O_{ik} \tag{5.52}$$

并将误差函数定义为

$$E = \frac{1}{2} \sum_{k=1}^{N} (y_k - \hat{y}_k)^2 \tag{5.53}$$

其中,$\hat{y}_k$ 为网络实际输出,定义 $E_k = (y_k - \hat{y}_k)^2$,$\delta_{jk} = \frac{\partial E_k}{\partial \text{net}_{jk}}$,$O_{jk} = f(\text{net}_{jk})$,于是

$$\frac{\partial E_k}{\partial W_{ij}} = \frac{\partial E_k}{\partial \text{net}_{jk}} \cdot \frac{\partial \text{net}_{jk}}{\partial W_{ij}} = \frac{\partial E_k}{\partial \text{net}_{jk}} \cdot O_{ik} = \delta_{jk} O_{ik} \tag{5.54}$$

当 j 为输出节点时, $O_{jk} = \hat{y}_k$

$$\delta_{jk} = \frac{\partial E_k}{\partial \hat{y}_k} \cdot \frac{\partial \hat{y}_k}{\partial \text{net}_{jk}} = -(y_k - \hat{y}_k)f'(\text{net}_{jk}) \tag{5.55}$$

若 j 不为输出节点, 则有

$$\delta_{jk} = \frac{\partial E_k}{\partial \text{net}_{jk}} = \frac{\partial E_k}{\partial O_{jk}} \cdot \frac{\partial O_{jk}}{\partial \text{net}_{jk}} = \frac{\partial E_k}{\partial O_{jk}} \cdot f'(\text{net}_{jk}) \tag{5.56}$$

$$\frac{\partial E_k}{\partial O_{jk}} = \sum_m \frac{\partial E_k}{\partial \text{net}_{mk}} \frac{\partial \text{net}_{mk}}{\partial O_{jk}} = \sum_m \frac{\partial E_k}{\partial \text{net}_{mk}} \frac{\partial}{\partial O_{jk}} \sum_l W_{ml} O_{ik}$$

$$= \sum_m \frac{\partial E_k}{\partial \text{net}_{mk}} \sum_l W_{ml} = \sum_m \delta_{mk} \sum_l W_{ml} \tag{5.57}$$

因此

$$\delta_{jk} = f'(\text{net}_{jk}) \sum_m \delta_{mk} W_{mj} \tag{5.58}$$

$$\frac{\partial E_k}{\partial W_{ij}} = \delta_{mk} O_{ik} \tag{5.59}$$

表 5.7　包含两层 Sigmoid 单元的 BP 算法

输入:训练样本,学习速率 $\eta(0.05)$, n_{in} 为网络输入的数量, n_{hidden} 为隐藏层单元数, n_{out} 为输出单元数。

输出:预测结果。

Step 1:创建具有 n_{in} 个输入单元, n_{hidden} 个隐藏单元, n_{out} 个输出单元的网络;

Step2:初始化所有的网络权值为小的随机值($-0.05-0.05$);

Step3:在遇到终止条件前(达到迭代次数或者训练精度小于指定阈值),对每个训练样本做以下计算:

　①输入沿网络前向传播:把实例 $\vec{x}$ 输入网络,并计算网络中的每个单元 u 的输出 o 。

　②误差沿网络反向传播:

　　对于网络的每个输出单元 k ,计算它的误差项 δ_k : $\delta_k \leftarrow o_k(1 - o_k)(t_k - o_k)$;

　　对于网络的每个隐藏单元 h ,计算它的误差项 δ_h : $\delta_h \leftarrow o_h(1 - o_h) \sum_{k \in \text{outputs}} w_{kh}\delta_k$ 。

　③更新每个网络权值 w_{ji} , $w_{ji} \leftarrow w_{ji} + \triangle w_{ji}$

　④利用已训练的网络进行预测。

由于采用梯度下降算法进行优化有时会遇到陷入局部极小值的问题,针对此问题提出了在权值更新部分,采用增加一个冲量项 α 来调整权值的改进方法,这样就可以起到加快网络收敛和避免局部极小值的作用。因此,网络权值更新公式中增加了冲量项

$$\triangle w_{ji}(n) = \eta \delta_j x_{ji} + \alpha \triangle w_{ji}(n-1) \tag{5.60}$$

$\triangle w_{ji}(n)$ 是算法主循环中的第 n 次迭代进行的权值更新,并且 $0 \leqslant \alpha \leqslant 1$ 是一个称为冲量(momentum)的常数。右边的第二项是新的,被称为冲量项。为了理解这个冲量项的作用,设想梯度下降的搜索轨迹就好像一个(无冲量的)球沿误差曲面滚下。 α 的作用是增加冲量,使这个球从一次迭代到下一次迭代是以同样的方向滚动。冲量有时会使这个球滚过误差曲面的局部极小值或使其滚过误差曲面上的平坦区域。如果没有冲量,这个球有可能在这个区域

停止。它也具有在梯度不变的区域逐渐增大搜索步长的效果,从而可以加快收敛。

确定 BP 反向传播神经网络的训练模型参数,假设输入层神经元数为 74,隐层单元数为 30,输出层单元数(目标类)为 5。根据多次反复实验得出的结果,冲量因子 α 取值设为 0.000 1。冲量因子与误差收敛之间的关系如图 5.10 所示:

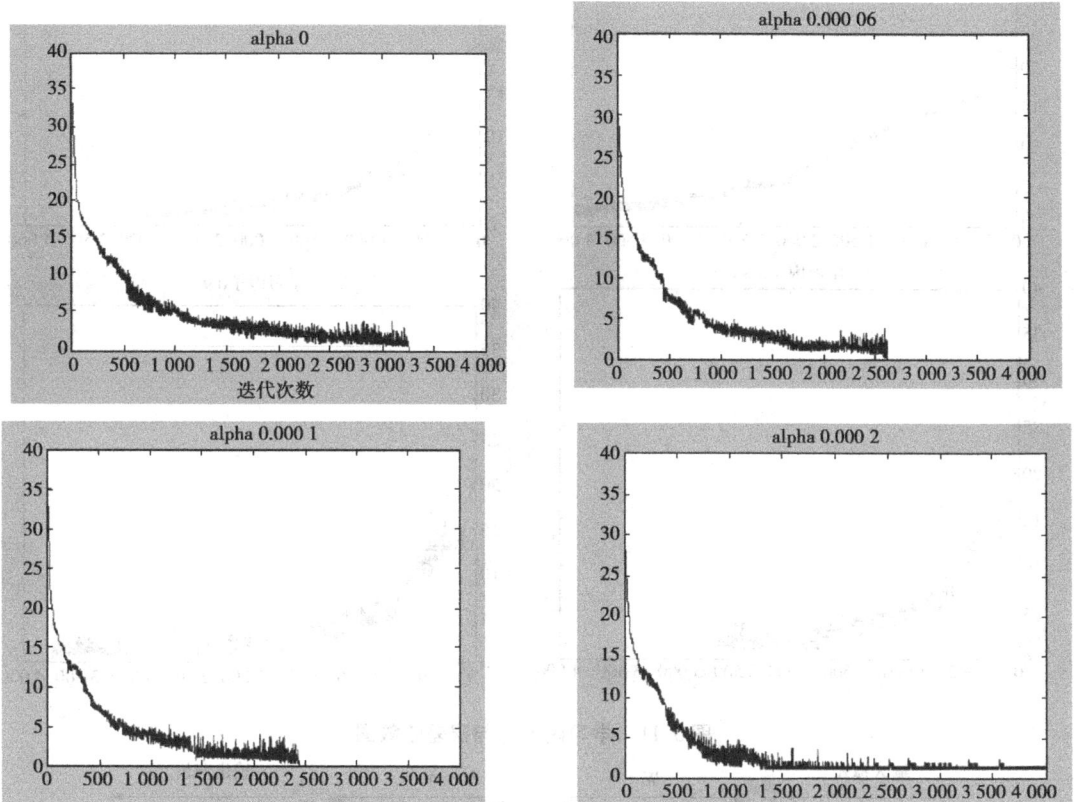

图 5.10　冲量因子 α 与误差收敛图

学习因子与误差收敛的关系如图 5.11 所示,从实验结果可得知,学习因子 η 取值为 0.8 时,误差的收敛速度最快。

3)基于 CPN 的图像标注

对向传播神经网络(Counter Propagation network,CPN)也称为反传播网,其网络拓扑结构与反向传播神经网络类似,都由三层神经网络组成,这里的三层是指输入层、竞争层和输出层,各层神经元之间全互连接,输入层与竞争层构成特征映射网络,竞争层与输出层构成基本竞争网络。但与反向传播神经网络不同的是,对向传播神经网络是一个异构网,每层神经网络执行不同的训练算法,网络的异构性更接近于对人脑功能的模拟。对向传播神经网络将 Kohonen 特征映射网络与 Grossberg 基本竞争型网络相结合,充分发挥了它们各自的特长:无导师训练解决网络隐含层的理想输出未知问题,有导师训练解决输出层按系统要求给出指定输出结果的问题。经过反复学习,CPN 可以将任意输入模式映射为输出模式。图 5.12 为 CPN 神经网络的拓扑结构。

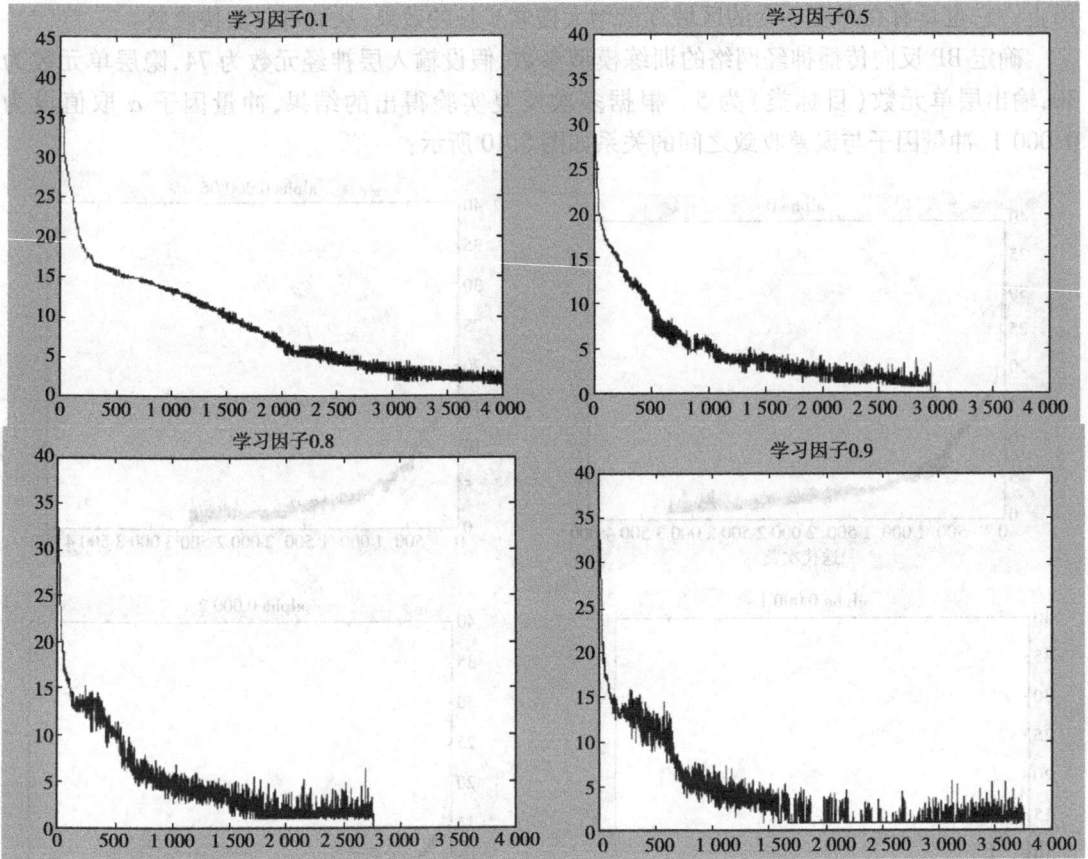

图 5.11　学习因子 η 与误差收敛图

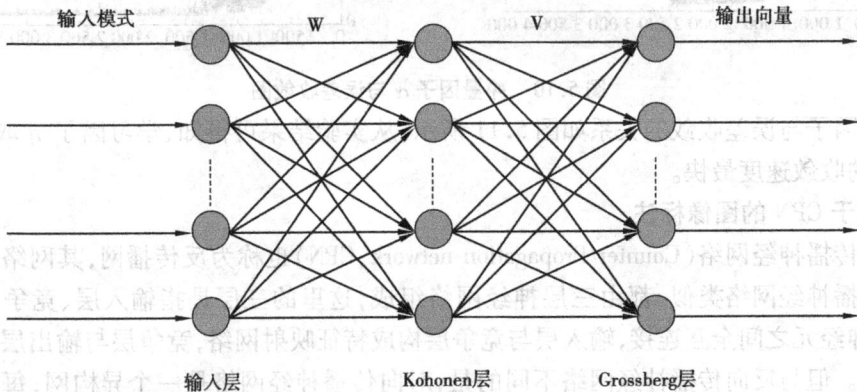

图 5.12　CPN 神经网络的拓扑结构

（1）Kohonen 层

1981 年芬兰 Helsink 大学的 T. Kohonen 教授提出一种自组织特征映射（Self-organization map，SOM），简称 SOM 网，又称 Kohonen 网。Kohonen 认为一个神经网络接受外界输入模式时，将会分为不同的对应区域，各区域对输入模式具有不同的响应特征，而且这个过程是自动完成的。自组织特征映射正是根据这一看法提出来的，其特点与人脑的自组织特性相类似。

该层执行网络自组织学习(self-organized learning),以"强者占先,弱者退出"的竞争学习规则(Winner-Take-All)方式工作,产生竞争层的获胜神经元,并按这一规则调整相应的 Kohonen 层的连接权值 W。Winner-Take-All 的具体实现步骤如下:

①向量归一化:首先将当前输入模式向量 X 和竞争层中各神经元对应的权值向量 W_j 全部利用公式进行归一化处理;$(j=1,2,\cdots,m)$

$$\hat{X} = \frac{X}{\|X\|} = \left[\frac{x_1}{\sqrt{\sum\limits_{j=1}^{2} x_j^2}} \cdots \frac{x_n}{\sqrt{\sum\limits_{j=1}^{2} x_j^2}} \right] \tag{5.61}$$

②寻找获胜神经元:将输入模式向量与竞争层的所有神经元对应的权值向量进行比较,把最相似(欧氏距离最小,或者点积最大)的权值向量判为竞争获胜神经元。

$$\hat{W}_j^T \cdot \hat{X} = \max(\hat{W}_j^T \hat{X}) \tag{5.62}$$

③网络输出与权值调整:

$$o_j(t+1) = \begin{cases} 1 & j = j^* \\ 0 & j \neq j^* \end{cases} \tag{5.63}$$

$$\begin{cases} W_{j*}(t+1) = \hat{W}_{j*}(t) + \Delta W_{j*} = \hat{W}_{j*}(t) + \mu(t)(\hat{X} - \hat{W}_{j*}) & j = j^* \\ \hat{W}_j(t+1) = \hat{W}_j(t) & j \neq j^* \end{cases} \tag{5.64}$$

④返回第 4 步继续训练,直到学习率衰减到 0。

SOM 网共有两层,输入层模拟感知外界输入信息的视网膜,输出层模拟做出响应的大脑皮层。SOM 网的获胜神经元对其邻近神经元的影响是由近及远,由兴奋逐渐转变为抑制,因此其学习算法中不仅获胜神经元本身要调整权向量,它周围的神经元在其影响下也要不同程度地调整权向量。这种调整可以通过设定优胜邻域来进行。优胜邻域是指以获胜神经元为中心、以设定的某个长度为半径所圈定的范围内的区域。在 SOM 网学习算法中,优胜邻域内的所有神经元均按其离开获胜神经元的距离远近来调整权值。优胜邻域开始定得很大,但其大小会随着训练次数的增加而不断收缩,最终收缩到半径为零。

(2)Grossberg 层

神经网络的竞争学习模型在 20 世纪 70 年代早期由 Malsburg 和 Grossberg 提出,此后得到了很大的发展。这种学习是指网络中的某一组神经元相互竞争对外界刺激模式响应的权力,竞争获胜的神经元的连接权发生某种变化,使得它在下一次对该刺激模式进行竞争时更为有利。

Grossberg 层执行有导师训练,按照基本竞争型网络学习规则,得到各输出神经元的实际输出,并按照有导师型的误差校正方法,修正 Grossberg 层的连接权值 V,以实现类的表示功能。

$$V_{li}(t+1) = V_{li}(t) + \beta b_j(c_l - c_l') \tag{5.65}$$

其中,$0 < \beta < 1$,也为学习率。

表 5.8　CPN 神经网络算法

输入:训练样本,网络的输入值向量 X,目标输出值向量 T,Kohonen 层学习速率 α,Grossberg 层学习速率 β,n_{in} 为网络输入的数量,n_{comp} 为竞争层单元数,n_{out} 为输出单元数。

输出:网络权值和误差。

Step 1:数据预处理:将输入量 T 进行归一化处理;

Step2:对 CPN 网络进行训练:

　①Kohonen 层训练:对 Kohonen 层的连接权 w_{ij} 初始化,将连接权赋予 $[0,1]$ 内的随机值;然后,计算 Kohonen 层神经元的输入,获得最大输入的神经元输出为 1,其余竞争层神经元的输出为 0,并按照如下公式调整连接权向量:

$$w_{gi}(t+1) = w_{gi}(t) + \alpha(x_{ik} - w_{gi}(t)) \tag{5.66}$$

　其中:$w_{gi}(t)$ 为第 t 次训练 Kohonen 层输入的权值;α 为学习率,$0 < \alpha < 1$。

　②Grossberg 层训练:对 Grossberg 层的连接权值 V 初始化,将连接权向量赋予 $[0,1]$ 内的随机值;修正竞争层到输出层的连接权值 V_l 为:

$$V_{li}(t+1) = V_{li}(t) + \beta b_j(t_l - o_l) \tag{5.67}$$

　其中:$0 < \beta < 1$,也为学习率。t_l 为对应的目标值,o_l 为实际输出值。

　③求输出层各神经元的加权输入,并将其作为输出神经元的实际输出值。

Step3:重复以上两步,然后,进行下一个输入模式训练,直到达到最大训练次数或者网络误差 E 小于预定误差为止;

$$E = \sum_{i=1}^{m} \sum_{j=1}^{n} (y_{ij} - t_{ij})^2 / 2 \tag{5.68}$$

Step4:利用已训练的网络进行预测。

为了避免获胜的神经元过于集中导致记录信息混乱的情况,可以人为地干预获胜神经元,使之分散开来,对于提高 CP 网络的训练效果是有益的。在实际应用中,通过设置神经元获胜的最大次数 N 来迫使网络对于不同类别的模式分配不同的竞争优胜单元,这样有效地克服了 CP 网络竞争层的不稳定性,避免了网络在训练过程中出现的局部最小点,使得竞争层各单元的连接权能够比较精确地表示各类模式向量的空间分布情况。

对向传播网络 CPN 中参数变化与查准率的关系如图 5.13 所示,选取 20 个作为竞争层单元个数,选取 50 000 次迭代作为训练终止条件的迭代次数,邻域半径值为 3 时可以达到最佳效果。

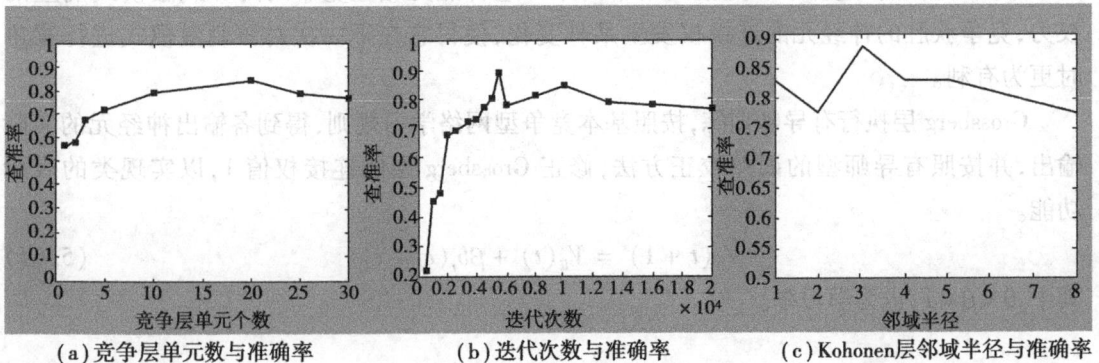

(a)竞争层单元数与准确率　　　　(b)迭代次数与准确率　　　　(c)Kohonen层邻域半径与准确率

图 5.13　CPN 的参数与准确率的关系

　　以微软亚洲研究院视觉计算组的图像集 MSRC_ObjCategImageDatabase 建立标注图像库，挑选包含动物、草地、树、天空和建筑物等对象的 100 幅图像为训练集，另选 20 幅图像作为测试集，标注关键词设为 5 个：animal，rassland，trees，sky and building。根据表 5.7 和表 5.8 中给出的算法，采用训练好的神经网络标注模型对测试图像进行标注，表 5.9 给出了实验结果的查全率、查准率和 F_1。使用 CPN 神经网络分类器对图像进行标注和手工标注结果对比实例如表 5.10 所示。

表 5.9　查全率、查准率和 F_1 对比

	查全率	查准率	F_1
BP 神经网络	89.2	90.4	89.8
CPN 神经网络	89.8	90.8	90.3

表 5.10　CPN 神经网络分类器对图像进行标注和手工标注结果对比

图　像	分割区域	手工标注	系统标注	
			各区域分类	合　并
		sky； building； grassland； trees	区域 1：sky； 区域 2：building； 区域 3：trees； 区域 4：grassland； 区域 5：grassland	sky； building； grassland； trees
		sky； grassland； animal	区域 1：sky； 区域 2：grassland； 区域 3：animal； 区域 4：animal； 区域 5：grassland	sky； grassland； animal

5.3.4　稀疏表示分类器

　　近几年来，随着压缩感知在理论上的重大突破，有关稀疏表示的研究进入一个全新发展的时期，稀疏表示理论已经广泛应用到图像处理的很多领域，如人脸识别、图像去噪、图像分割、图像压缩等。也有部分工作讨论用稀疏表示方法对场景进行分类和识别。当前大多数工作基本都是围绕如何对整幅图像所属类别进行判别，对图像中部分有意义的区域进行语义标注的研究仍然是研究的难点。但是稀疏表示适用于图像标注，主要原因是：

　　第一，许多高维的自然信号，像人脸图像和自然图像，通常可以被映射到一个非常低维的空间中，使得它们是稀疏的。比如，在人脸识别问题中，一幅测试的人脸图像可以被一小部分来自同一类的训练图像精确且稀疏的重建。在图像标注领域中，测试图像的部件可以通过相近图像的相似部件来稀疏的重建。在图像压缩问题中，更稀疏的表示往往能够得到更高的压缩比。由此可见，稀疏性是稀疏表示成功应用的基础。

　　第二，由于传感器缺陷、不良光照或者通信错误，噪声通常存在于图像中，而稀疏表示可

以自动选择相关的基来重构图像,同时可以通过控制重建误差来处理噪声,输入的信号可以由过完备基进行重构,得到其对应的稀疏表示。

1) 稀疏表示分类器

设有满足内奎斯特抽样率的 N 维离散信号 x,将其视为由一组 N 维列向量 $\psi = [\psi_1, \psi_2, \cdots, \psi_L]$ 张成的线性子空间中的元素,即存在信号的线性表示:

$$x = \psi \alpha \tag{5.69}$$

其中 α 为 L 维列向量。若 α 的非零元素个数为 $K, K \ll L$,即 α 是 K-稀疏性的稀疏信号,则称信号 x 是具有 K-稀疏性的可压缩信号,即 x 在某个正交变换域内是 K-稀疏的,ψ 也通常称为字典。ψ 可取理论分析上较为简单的正交字典,如小波字典、余弦字典等,此时存在 $L = N$。在正交字典约束下,式(5.69)中的 α 不一定是稀疏的,可通过将 ψ 扩展为冗余字典(列冗余矩阵)来寻找信号 x 的稀疏表示 α,如合成字典等,此时 $L > N$,式(5.69)对应一个欠定系统。当信号已知,字典已知,α 为未知待求向量时,式(5.69)成为一个线性方程组或者线性系统。

设 $A = [A_1, A_2, \cdots, A_n]$ 为一组训练样本集,样本总数为 n,其中 $A_i = [v_{i1}, v_{i2}, \cdots, v_{in}] \in R^{m \times n_i}$ 为第 i 类训练样本集,为第 i 类的一个测试样本,则 y 可由 A_i 线性表示为

$$y = A_i x_0 = \alpha_{i1} v_{i1} + \alpha_{i2} v_{i2} + \cdots + \alpha_{in} v_{in} \tag{5.70}$$

但现实中测试样本的类别往往是未知的,因此式(5.70)可改写为

$$y = A_i x_0, x_0 = [0, \cdots, 0, \alpha_{i1}, \alpha_{i2}, \cdots, \alpha_{in}, 0, \cdots, 0]^T \in R^n \tag{5.71}$$

当 $m > n$ 时,式(5.70)有唯一解;但是在大多数应用中 $m \ll n$,这使得式(5.70)有无穷个解。为了使测试样本尽可能的用测试样本所在类的训练样本进行线性表示,所求得系统向量包含的非零向量 x_0 应该尽可能少。那么对式(5.71)的求解可转换为式(5.72)对进行求解。

$$\hat{x}_0 = \arg \min \|x\|_0$$
$$\text{subject to } Ax = y \tag{5.72}$$

其中 $\|x\|_0$ 表示 l^0 范数,其表示计算相邻中非零元素的个数。然而式(5.72)是一个 NP 问题。压缩感知理论给出解释:当所求稀疏足够稀疏时,最小化 l^0 范数的 NP 难题可以转化为最小 l^1 范数问题来进行求解。为此可以将式(5.72)改写为

$$\hat{x}_1 = \arg \min \|x\|_1$$
$$\text{subject to } Ax = y \tag{5.73}$$

由于所获取的数据经常包含噪声,y 很难准确由 A 线性表示,为此将式(5.73)改写为

$$\hat{x}_1 = \arg \min \|x\|_1$$
$$\text{subject to } \|Ax = y\|_2 \leq \varepsilon \tag{5.74}$$

式(5.74)可以通过式(5.75)来求解

$$\hat{x}_1 = \arg \min \|x\|_1 + \lambda \|Ax = y\|_2^2 \tag{5.75}$$

上述算法可以归纳如下:

①对训练样本集 A 中的每一个列向量进行归一化。

②用式(5.74)和式(5.75)来求解最小化 l^1 范数问题。

③计算残差 $r_i(y) = \|y - A\delta_i(\hat{x}_0)\|_2$,其中 $x_0 = [0, \cdots, 0, \alpha_{i1}, \alpha_{i2}, \cdots, \alpha_{in}, 0, \cdots, 0]^T \in R^n$。

④$l(y) = \arg \min r_i(y)$,$l(y)$ 表示 y 的标记。

2) 基于稀疏表示的图像标注

记 Y 为图像块提取的 K 种特征所排列成的矩阵，$Y = [y^1 y^2 \cdots y^k]$。假设每种特征都有一个相应的字典 D^k。如果字典的容量够大，那么 y^k 可以用 D^k 中少量元素的线性组合很好地近似。记 ω^k 为 y^k 的编码系数，其中 $\omega^k \in R^N$，N 为字典容量。记 $W = [\omega^1 \omega^2 \cdots \omega^k]$，为 W 的第 i 行。定义 W 的 $l_{1,2}$ 混合范数为 W 逐行求 l_2 范数后求 l_1 范数。

$$\| W \|_{1,2} = \sum_{i=1}^{N} \sqrt{\sum_{k=1}^{K} W_{ik}^2} \tag{5.76}$$

压缩感知理论证明 l_1 范数是 l_0 范数很好的松弛，即 l_1 范数将诱导向量的稀疏性，因此 W 的 $l_{1,2}$ 范数将使得 W 有行稀疏的特性，即 $\| W \|_{1,2}$ 将诱导多特征间的相似稀疏模式。由此稀疏表示的图像标注模型可以转化为式(5.77)所示的最优化问题：

$$\min \frac{1}{2} \sum_{k=1}^{K} \| y^k - D^k \omega^k \|_2^2 + \lambda \| W \|_{1,2} \tag{5.77}$$

其中，λ 为控制着 W 稀疏性的非负参数，λ 值越大，W 越稀疏。式(5.77)中的目标函数相对于 W 可导，因此可用加速近似梯度方法进行求解。

稀疏编码中基本的字典学习方法可以用式(5.78)所示最优化问题表示。

$$\{D, X\} = \arg \min_{D,X} \frac{1}{2} \| S - DX \|_F^2 + \| \mathrm{vec}(X) \|_1 \tag{5.78}$$

其中，S 为待编码的数据，D 为学习的字典，X 为编码稀疏矩阵，$\mathrm{vec}(\cdot)$ 表示将矩阵按列拉伸为长向量。采用的优化方法为：首先固定 D 而更新 X，然后固定 X 而更新 D，如此反复直到收敛。在更新字典 D 时，有解析解：

$$\begin{aligned} D_{(t)} &= \arg \min_{P} \frac{1}{2} \| S - DX_{(t)} \|_F^2 \\ &= SX_{(t)}^T (X_{(t)} X_{(t)}^T)^{-1} = SP \end{aligned} \tag{5.79}$$

其中，下标 (t) 表示第 t 次迭代。字典更新可以转化为变换矩阵 P 的求解过程为

$$P_{(t+1)} = \arg \min_{P} \frac{1}{2} \| S - SPX_{(t)} \|_F^2 \tag{5.80}$$

如果对所有特征，限定使用相同的 P，那么多特征之间的关联将得以保存。字典学习模型为式(5.81)所示。

$$\begin{aligned} \{P_j, X_j^k\}_{\substack{j=1,\cdots,J \\ k=1,\cdots,K}} = \arg \min_{\{P_j\}, \{X_j^k\}} &\frac{1}{2} \sum_{k=1}^{K} \sum_{j=1}^{J} \| S_j^k - S_j^k P_j X_j^k \|_F^2 + \alpha \sum_{k=1}^{K} \sum_{j=1}^{J} \sum_{i=1, i \neq j}^{J} \| (S_i^k P_i)^T - (S_j^k P_j) \|_F^2 + \\ &\beta \sum_{j=1}^{J} \| \mathrm{vec}(X_j^1) \mathrm{vec}(X_j^2) \cdots \mathrm{vec}(X_j^K) \|_{1,2} \end{aligned} \tag{5.81}$$

其中，α, β 为非负实数，α 控制着不同类型字典间的不一致程度，β 控制着编码稀疏的稀疏程度。计算多特征矩阵 Y 在第 j 个类型对应的字典 $\{D_j^K\}_{k=1}^{K}$ 中编码误差为

$$r(j) = \frac{1}{K} \sum_{k=1}^{K} \| y^k - D_j^k \omega_j^k \|_2 \tag{5.82}$$

选用 3 幅遥感影像测试基于稀疏表示的图像标注方法性能，这 3 幅影像都是 0.6 m 分辨率的全色影像，影像的大小为 6 000 × 6 000。首先将影像划分为 100 × 100 小块，然后自动为所有的图像块打上标签，标签类型为：居民区(Residential Area，RA)、公共区(Public Area，PA)、水域(Water Area，WA)和绿地(Green Area，GA)。

(a)遥感影像

（ ■居民区　■公共区　■水域　■绿地 ）

(b)标注结果

图 5.14　基于稀疏表示的图像标注

第 6 章
基于上下文信息的语义分析

语义是描述事物及事物间关系，或描述事件含义的，常可以用语言表述。语义可以描述客观事物（如图像、系统等），还可以描述主观感受（如漂亮、清晰等）以及更抽象的概念（如广泛、富有等）。考虑到图像语义的模糊性、复杂性、抽象性，一般建立的图像语义分析模型都是分层次的，与第 5 章介绍的图像场景理解的层次结构基本相同。此处针对三个层次包含的具体内容做详细介绍，各层次的语义含义为：

①特征语义（如颜色、纹理、结构、形状、运动等），与视觉感知直接相连；

②目标对象语义（如人、物）和空间关系语义（如人在房前，球在草地上等），这需要进行一定的逻辑推理并识别出图像中目标的类别；

③场景语义（如海滨、旷野、室内等）、行为语义（如进行图像检索、表演节目等）和情感语义（如赏心悦目的图像、使人振奋的视频等），由于涉及图像的抽象属性，需要对所描述的目标和场景的语义进行高层推理。

图像语义分析的层次结构如图 6.1 所示，图像的目标对象语义及其空间关系是联系底层特征和高层语义的桥梁，是克服"语义鸿沟"的一个重要途径。特别是目标的空间关系反映了

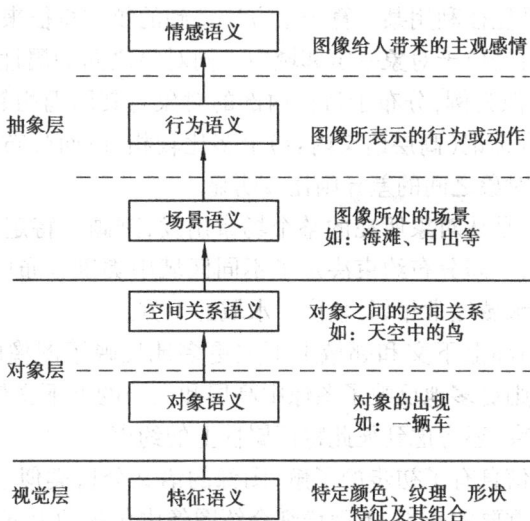

图 6.1 图像语义分析的层次结构

图像的中的上下文信息,已受到越来越多的关注,引入图像的上下文信息可以显著提高图像分析系统的性能。本章主要介绍上下文信息的基本概念、上下文模型以及其在语义分析中的应用实例。

6.1 上下文信息

6.1.1 基本关系

图像中最常见的上下文为基本单元的空间邻接关系。由于考虑的基本单元的不同,上下文表现出多种形式。常见的如像元与像元、线段与线段以及区域与区域之间等上下文信息。图 6.2 给出了组成目标的结构基本单元之间的上下文关系。

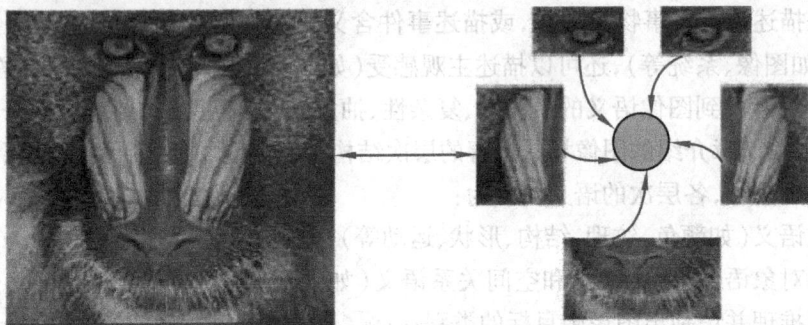

图 6.2　基本单元之间的上下文关系

如图 6.2 所示的上下文信息刻画方式,我们以分割得到的"对象"为基本的描述单元,按照刻画上下文信息所涉及图像范围的不同,将图像中的上下文信息进一步划分为如下三个层次:对象的内部上下文、对象的邻域上下文和对象的场景上下文。

- 对象的内部上下文:是位于对象自身区域中不同像素之间的属性约束关系,而在实际应用中,这些约束关系往往利用某一算子或方法得到的纹理特征来表示。
- 对象的邻域上下文:是位于对象一定邻域中不同对象之间的属性约束或者共现关系。以一个过分割后的图像为例,分布于目标内部的对象与其周围相邻的对象在直观属性(底层视觉特征)和类别标记(高层语义内容)上多比较相近;而分布于目标与目标交界处的对象与其周围相邻对象之间的差异则比较明显。
- 对象的场景上下文:是从对象所在的整个场景出发,刻画了特定场景中不同对象间的空间分布约束。其中,空间分布约束决定了不同区域中类别分布的相对一致性。例如,在海滨场景中天空和水域经常相邻,且位于水域的上方。

总的来说,对象的内部上下文和邻域上下文更多地反映了图像的底层和局部上下文信息。对象的场景上下文则更多地反映了图像中高层和全局的上下文信息,它不仅考虑对象与对象之间的空间位置约束,还考虑到彼此特征属性上的约束。

我们已经对上下文信息有了初步的了解,图像的语义分析类似于文本分析,上下文信息对于图像分析起着非常重要的作用,下面详细介绍图像中包含的上下文信息。

6.1.2　视觉上下文

图像中视觉上下文信息包括目标内外两种关系信息。目标内部关系信息主要描述目标本身各个部分的关系,用于组织目标各部分并形成目标本身的视觉结构。作为最基本的关联关系描述信息,其包含了两方面内容:底层图像基元之间的连接关系以及目标部分之间的连接处和交叉点关系。目标外部关系信息是用来描述目标之间相关性,反映场景中目标之间的相互作用。总之,视觉上下文信息是描述图像场景中目标的视觉特征之间的相互关系,可以分为形状上下文和外观上下文两种。

1)形状上下文

一般情况下,形状是从形状轮廓中按某种方式采样得到的点集,典型的形状信息是从边缘检测器的输出中取样一定数量的像素位置信息,这些像素点并不需要明显的标志或曲率极值等。此时,目标之间的形状相似性可以使用图像的轮廓边界表示,由于轮廓不包含空洞或内部标志,所以边界可以用单一闭合曲线表示,该曲线可由弧长参数化表示。

如果仅采用轮廓作为一般目标的形状信息,则会造成忽略内部轮廓的缺陷,而且难以从真实图像中提取。一种改进的方法是将图像中的一些点集作为形状信息,既包括目标外部轮廓,同时也包括目标内部轮廓。此时,两种形状的匹配过程就是找出一个形状与另一个形状上每个取样点最相似的形状上下文,即两个相似形状的对应点应具有相似的形状上下文。形状上下文信息作为一种描述符,在很大程度上可以改进边缘点集的配准精度和形状匹配识别的结果。

2)外观上下文

外观包括亮度、边缘响应、颜色直方图、纹理等一些用于目标检测的普通特征模式。但是属于相同类别的目标,它们的外观会随着位置、尺度、光照、遮挡的变化而变化。不同的目标有时具有相同的形状上下文信息,这种情况会造成目标类别的不明确,而外观上下文可以视作对形状上下文的补充。例如,一个皮球和一轮满月具有相似的形状上下文,但二者的外观上下文不同,在目标识别中将外观上下与形状上下结合,可以改善识别效果。

通常,目标的形状和外观在自然场景中的变化很大,并且当周围场景对目标形成遮挡时,增大了目标识别的难度,那么仅仅利用局部特征是无法准确区分目标的类别,如图 6.3 所示。因此,有效结合目标之间的形状和外观这两种底层的视觉上下文信息,能够提高图像分析的能力。

图 6.3　目标的形状与外观有较大的变化

6.1.3　语义上下文

语义上下文信息描述图像目标的高层关联关系,其融合了先验知识信息。目标类别的出现往往是相关的,目标实体间的语义关系包括周围目标的相对位置、尺度以及全景关系,充分理解这些关系可以进一步增加或减少目标在场景中出现的置信度。例如,有汽车存在的场景是街道的可能性极大;如果有船,那么场景可能为大海,如图6.4所示。因此,掌握这些关系可以有效地指导图像分析的过程。例如蓝天容易和大海混淆,在没有高层语义关联的情况下,孤立的识别这类单一块的纯景物是非常困难的。如果有场景的类别知识,那么就能对出现在场景中的景物类型及其出现的位置加以约束。语义上下文信息可以细分为空间上下文和场景上下文。

(a)汽车、街道　　　　　　　　　　(b)船、大海

图6.4　目标与场景

1)空间上下文

空间上下文体现了位置关系类型。场景中至少存在两种空间约束:第一种为场景中目标之间的共生关系,如检测结果中沙滩出现的概率较高,意味着草地出现的可能性较低;第二种为场景中目标间的空间位置关系,如太阳出现在天空中等。这两种空间约束都能为图像分析提供有效的先验知识和线索,提高图像理解的准确度。空间约束较场景约束较弱一些,它不需要知道确定的场景类型,但是它对减少目标判别的歧义性还是有一定帮助的,可以排除目标出现的可能性较小的空间位置。

2)场景上下文

图像是三维场景在成像平面的几何投影,从图像中获取场景的实际结构信息,对于人眼而言是一件很容易实现的任务,但是计算机识别场景结构仍然是一项极富挑战性的工作。场景的上下文信息对于帮助计算机完成场景识别任务,实现图像分析与理解有着实际的意义。

场景上下文体现了插入关系、支持关系、概率关系和相对大小关系。深度是场景上下文的重要信息,场景中的各种信息源与深度密切相关,这些信息源作为深度的提示可以分为平面、运动遮挡和立体三类。平面图像深度从二维图像中获取,包含诸如相对大小、到地平线的距离、焦点、遮挡、阴影、相对亮度、大气影响和颜色等,其中远景信息包含指相对大小、遮挡和到地平线的距离,它可以有效地计算深度信息。寻找场景中目标之间的深度排序关系是图像实体关系研究的重点,对目标识别等基本任务特别重要。例如,可以利用一些遮挡信息获得场景区域间深度排序的前后关系。

总而言之,理想的目标实体之间的关系与具体的识别检测任务有关,也就是说高层先验知识在图像分析中起着至关重要的作用,而底层视觉信息具有一定的启发作用。充分利用图像中的各类上下文信息,可以提供图像分析与理解的准确性。

6.2 上下文关系模型

图像语义分析的目的是通过获取图像的高层语义进行场景的理解和解释。图像的底层特征和高层语义之间存在"语义鸿沟"的限制,如何将底层视觉特征映射到高层语义是跨越语义鸿沟的一个重要方法,例如图像中的目标对象及其空间关系就是联系底层特征和高层语义的桥梁。通过在图像分析策略中加入语义和上下文信息,可以提高计算机的图像理解智能化。但是如支持向量机、相关向量机、神经网络等图像特征分析方法,是将一些已知的先验上下文通过启发式的规则引入到场景理解体系中,直接对图像中不同成分之间的相互关系进行建模。因此,这些方法存在一些缺点:①多特征和上下文是单独利用,没有考虑多特征和某些上下文之间可能存在的相关性;②上下文通常是以某种先验的形式加以利用,不能利用其他隐性的上下文,如多特征之间存在的上下文等;③上下文对目标类别判断的分类过程不起作用。

为了将不同的上下文信息用于实际的分类与识别任务中,我们还需对它们进行有效表示,才能转化为分类器所能使用的数据形式。在实际中通常有三种方式描述各种上下文信息:

①特征描述上下文:通过提取一些局部或全局的观察图像特征或标记图像特征分别包含观察图像或标记图像中的上下文。

②各种规则描述上下文:对一些先验的上下文通过启发式的方式表示为一些上下文规则。

③模型描述上下文:通过模型自身的结构实现对上下文的建模。

第一种方式需要分类器能够利用这些上下文特征,而许多分类器只能利用独立的特征。第二种方式的上下文通常独立于分类器,并且是针对具体的应用背景,因此其推广性不强。第三种方式的好坏主要取决于模型的设计,好的模型不仅可以利用第一种方式提取的上下文特征,通过自身的结构还可以对第二种方式中的先验上下文建模,结合训练算法甚至可以学习到一些隐性的上下文。

图像中目标之间的交互关系依赖于场景的结构,目标的种类以及目标进行的活动,可以说是非常复杂的。如此复杂的交互作用显然通过先验的一些上下文规则是很难建模的,而最好的方法就是利用概率模型来建模。概率图模型即是一种可以建模邻域变量间相互关系,并进行不确定性推理的有效工具。本节主要介绍典型的上下文关系的概率图模型:贝叶斯网络、马尔科夫随机场、条件随机场。

6.2.1 贝叶斯网络

1)建立模型

基于贝叶斯网络的上下文模型可以挖掘出高层抽象语义和中层对象语义之间的潜在关系,并且可以加入场景的空间上下文信息。网络结构如图 6.5 所示,网络参数将通过训练样本学习获得。

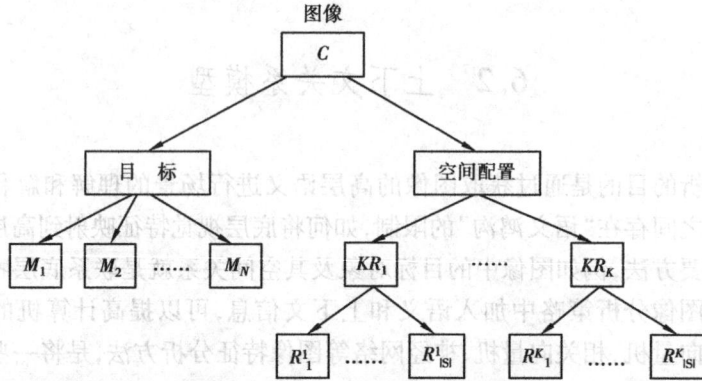

图6.5 基于贝叶斯的上下文模型

假设考虑的局部语义对象集合由 $\{M_1, M_2, \cdots, M_N\}$ 表示，则作为语义对象的特征节点 M_i 的取值为每种语义对象在场景中的出现比例 F_i：

$$F_i = \sum_{\substack{M(R_j) = M_i \\ R_j \in I}} \frac{|R_j|}{|I|} \tag{6.1}$$

其中，$M(R_j)$ 表示区域 R_j 的语义标记，$|\cdot|$ 为区域的面积函数。

对图像的语义分析描述采用场景配置概念，而场景配置包含两部分内容：一部分为图像中出现的局部语义对象，另一部分为语义区域之间的空间关系。根据所提的场景配置概念，可以建立场景类别分析问题的概率表述。$C = \{C_i\}$ 表示考虑的场景类别集合，$E = \{E_O, E_G\}$ 表示基于场景配置的图像表述，其中 E_O 表示局部语义对象特征，可以为各语义对象在图像中出现的位置、比例等；E_G 表示图像的空间结构信息，可以由语义区域的空间关系表示。

根据最大后验准则，场景类别分析问题可以表示为：

$$C^* = \arg \max P(C_i \mid E)$$
$$= \arg \max P(C_i)P(E \mid C_i) = \arg \max P(E_M, E_G \mid C_i) \tag{6.2}$$

其中，$P(C_i)$ 表示场景类别的先验概率，$P(E_M, E_G \mid C_i)$ 表示贝叶斯网络建模进行场景表示和类别分析。

2）特点

贝叶斯网络是用来表示变量集合连接概率的图模型，它提供了一种表示因果信息的方法。贝叶斯网络综合考虑先验信息和样本数据，充分利用专家知识和经验，可以进行定性分析和定量分析。将变量之间潜在的关联性用简洁的图解模型表达出来，表达的语义直观、清晰、推理的结果和结论可信度强，便于解释和易于理解。综合来说，贝叶斯网络主要有以下特点：

①坚实的理论基础。贝叶斯网络建立在经典概率统计理论之上，具备了坚实的理论基础。与贝叶斯统计相结合能够充分利用邻域知识和样本数据的信息，将先验信息和样本信息有机结合起来；

②灵活的学习机制。贝叶斯网络将有向无环图和概率论有机结合起来，表达了各个节点之间的因果联系，通过贝叶斯网络的学习，可以发现潜在有用的模式或关系，实现对数据实例的分类、聚类和预测；

③强大的知识表达和推理能力。采用系统变量间的关联描述替代联合概率分布，减少了

系统描述的信息量,利用条件独立性,有效降低了学习和推理中的学习复杂度;贝叶斯网络用于因果推理和不确定性知识表达,能够处理不完全的数据。学习变量间的因果关系,有利于加深对问题的理解,可以根据因果关系推断事件的发生概率;

④开放的决策体系。贝叶斯网络利用邻域的知识可以提高建模的效率和模型预测准确率。其次,贝叶斯方法将静态和动态结合起来,充分利用前人的知识和经验,这符合认识的一般规律。在进行决策时,先验概率是相对静态的经验知识,样本信息反映动态的变化情况,得到的后验概率则是两者结合的产物。

总之,贝叶斯网络的图结构可以很好地表达多特征数据之间的关系,不同的节点表示不同的变量,节点间的连线则表示变量的关系,因而对图像数据之间的关系提供了一种自然的表示方法。更重要的是,综合贝叶斯网络的训练和学习算法可以发现数据间的潜在关系,也就是说可以学习到一些隐性的上下文信息。因此,贝叶斯网络具有很好的上下文表示和学习能力。

6.2.2　马尔科夫随机场

马尔科夫随机场(Markov Random Field,MRF)是概率论的一个重要分支,它用来描述各种物理现象的空间相关性。由于 MRF 能够有效建立上下文相关的先验模型,因此被广泛应用于图像上下文信息的模型建立。

1) 基本原理

假设随机场 $X = \{X_1, X_2, \cdots, X_n\}$ 是定义在二维位置集 $S = \{1, 2, \cdots, n\}$ 上的一族随机变量,其相空间为 $L = \{1, 2, \cdots, k\}$,通常称之为图像标记,n 为图像中像素的个数。假设邻域系统定义在位置集合 S 上,即

$$N = \{N_i \mid i \in S\} \tag{6.3}$$

其中 N_i 为位置 i 的邻域,邻域具有以下属性:

(1) $i \notin N_i$;

(2) $i \in N_i \Leftrightarrow j \in N_i$。

对于规则的空间位置集合 S,可将 i 的邻域定义为与 i 的距离小于半径 r 的集合:

$$N_i = \{i' \in S \mid [\text{dist}(i', i)]^2 \leqslant r^2, i' \neq i\} \tag{6.4}$$

其中 $\text{dist}(A, B)$ 为欧氏距离,r 取整数。在二维格网位置集合中,邻域系统中最为典型的是二阶邻域系统,即每个位置的邻域是其周围的八个位置。若一个位置的集合 c 中的每一位置两两相邻,则称为 c 是一个基团。定义在格网位置集合 S 上的马尔科夫随机场的联合分布满足以下条件:

(1) $P(x) = P(X_1 = x_1, X_2 = x_2, \cdots, X_n = x_n) > 0$;

(2) $P(x_i \mid x_{S \setminus \{i\}}) = P(x_i \mid N_i)$。

其中,$x_{S \setminus \{i\}}$ 表示在位置集合 $S \setminus \{i\} = \{j \in S, j \neq i\}$ 上随机场的一个现实。第一个条件为非负性,第二个条件为马尔科夫性。马尔科夫场的联合概率是需要计算的一个量,若从马尔科夫场局部概率求导出联合概率十分困难。Hammersley and Clifford 定理表明马尔科夫随机场联合概率服从 Gibbs 分布,即

$$P(x) = Z^{-1} \exp(-U(x)) \tag{6.5}$$

其中 U 是能量函数,

$$U(x) = \sum_c V_c(x) \tag{6.6}$$

此处能量函数为一系列定义在势团 c 上的势函数 $V_c(x)$ 的总和。若势函数 $V_c(x)$ 独立于其势团 c，则称 Gibbs 随机场是齐次的；若 $V_c(x)$ 与其势团 c 所包含的像素的相对位置无关，则称 Gibbs 随机场是各向同性的。Z 为归一化常数，又被称为拆分函数，

$$Z = \sum_{f \in F} \exp(-U(x)) \tag{6.7}$$

拆分函数的计算非常复杂，因为它的计算涉及到随机场的所有现实。可采用伪似然乘积的形式对式(6.5)的进行近似计算，

$$PL(x) = \prod_{i \in S} P(x_i \mid x_{N(i)}) \tag{6.8}$$

式(6.8)中的每项可写为：

$$P(x_i \mid x_{N(i)}) = \frac{\exp(-\sum_c V_c(x_c))}{\sum_{x_c} \exp(-\sum_c V_c(x_c))} \tag{6.9}$$

只有当随机场中所有变量之间的关系都为相互独立时，式(6.8)才是真实的概率分布。因此，这是个伪似然分布。

2) 常用 MRF 模型

Gibbs 分布常常被用来描述像素空间邻域的作用关系，局部概率的不同定义会形成不同的 MRF 模型，常用的马尔科夫随机场模型有：Ising 模型、Potts 模型、MLL 模型等。

(1) Ising 模型

Ising 模型采用的是一阶邻域系统，即 4-邻域。其状态空间 $L = \{-1,1\}$ 为二值，相应能量函数可表示为：

$$U(x) = \alpha \sum_{i \in S} x_i + \beta \sum_{i \in S} \sum_{j \in N_i} x_i x_j \tag{6.10}$$

该模型的局部概率为：

$$P(x_i \mid x_{N_i}) = \frac{\exp(-\alpha x_i - \beta \sum_{j \in N_i} x_i x_j)}{\sum_{x_i \in L} \exp(-\alpha x_i - \beta \sum_{j \in N_i} x_i x_j)} \tag{6.11}$$

(2) Potts 模型

Potts 模型是对 Ising 模型的改进，其状态空间不限制在二值上，可取多个值。Potts 模型只考虑二元势函数，可定义为：

$$V_2(x_i, x_j) = \begin{cases} 0, & x_i = x_j \\ \beta, & x_i \neq x_j \end{cases} \tag{6.12}$$

β 为对应的基团参数，Potts 模型局部概率为

$$P(x_i \mid x_{N_i}) = \frac{\exp(-\beta n_i(x_i))}{\sum_{x_i \in L} \exp(-\beta n_i(x_i))} \tag{6.13}$$

其中，$n_i(x_i)$ 是位置 i 邻域中相不等于 x_i 的相的邻域位置个数。

(3) MLL 模型

MLL 模型考虑的为一元势函数以及二元势函数,其中 $|L| > 2$。常用的 MLL 模型考虑的是各向同性马尔科夫随机场,其势函数的定义为:

$$V_1(x_i = l) = \alpha_l, \qquad l \in L \tag{6.14}$$

$$V_2(x_i, x_j) = \begin{cases} \beta_c, & x_i = x_j \\ \beta_c, & x_i \neq x_j \end{cases} \tag{6.15}$$

此时,MLL 模型的局部概率为:

$$P(x_i \mid x_{N_i}) = \frac{\exp(-\alpha_l - \beta n_i(x_i))}{\sum\limits_{x_i \in L} \exp(-\alpha_l - \beta n_i(x_i))} \tag{6.16}$$

其中,$n_i(x_i)$ 是位置 i 邻域中等于 x_i 的相的邻域位置个数。

3) 在语义分析中的应用

MRF 模型以均值场(Mean Field)理论为基础,图中节点变量集合通常呈 4-邻域网格状分布,节点之间边可以体现隐性关联,由势函数表示,一般具有含参数的近高斯指数分布形式,每个隐节点一般对应一个观察变量节点,由势函数表示。观察节点可对应图像的像素点,也可对应图像中的某个区域或目标语义化特征描述,隐变量则对应语义"标记"或"标签"l。

MRF 模型具有丰富的结构场信息,节点间具有上下文关联性。通过利用 MRF 模型分析像素标记能够解决图像的分割问题。近年来,其特定的约束关系(如桌子和椅子经常关联出现)也被用于图像区域化语义分析中,隐节点集的语义标签对应不同的语义化特征和势函数取值,最大化随机场的能量函数可以为区域复制语义标记,得到最终的图像抽象语义分析结果。

6.2.3 条件随机场

2001 年,Lafferty 等人提出条件随机场(Conditional Radom Field, CRF),它是一种判别式概率模型(Discriminative Probability Model)。CRF 最早应用于自然语言处理中的序列标记、数据分割、组块分析等问题,在分词、词性标注和命名实体识别等序列标注任务中取得了很好的效果。CRF 结合了最大熵模型(Maximum Entropy Markov Models, MEMM)和隐马尔科夫模型(Hidden Markov Models, HMM)的优点。与 HMM 相比,CRF 放松了 HMM 的两个独立性假设(输出独立性假设和马尔科夫性假设);而与最大熵马尔科夫模型和其他马尔科夫判别式概率模型相比,CRF 具有表达长距离依赖性和交叠性特征的能力,能够较好地解决标记偏置(bias)问题的优点,而且所有特征可以进行全局归一化,能够求得全局最优解。

与 MRF 相同,CRF 具有无向概率图结构,图中的顶点代表随机变量,顶点间的连线代表随机变量间的依赖关系。若 MRF 中每个随机变量下面还有观察值,则确定给定观察集合下的 MRF 概率分布就成为了 CRF。CRF 的模型如图 6.6 所示,$y = (y_1, y_2, \cdots, y_n)$ 为标记变量,随机变量 x 为给定的观察值,则 CRF 本质上是给定了观测集合 x 下的马尔科夫随机场,它的条件分布形式类似于 MRF,仅多了一个观察集合 x,即

$$P(y_1, \ldots, y_n \mid x) = \frac{1}{Z(x)} \exp\left\{-\frac{1}{T}\Phi(y_1, \ldots, y_n, x)\right\} \tag{6.17}$$

其中,T 表示温度,一般取 1;Z 是归一化因子,即对所有标签变量 $y_1, \cdots, y_n$ 求和计算得到;$\Phi(y_1, \cdots, y_n, x)$ 表示所有团(Cliques)的势函数之和,而每一个团对应一个势函数。因此 CRF 可以看作是 MRF 的扩展。

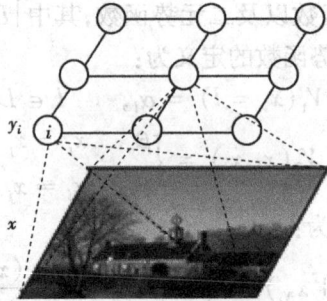

图 6.6　CRF 模型

图 6.6 中 x 是观察数据,即待语义分析的图像,y_i 是像素的类别标号随机变量。显而易见,该模型不仅允许观察数据之间存在任意复杂的联系,而且可以从图像中任意形状和大小的区域乃至整幅图像中提取特征。因此,物体的内部结构和不同物体间的相对位置关系等上下文信息都得以保留在提取的特征中,物体特性也得以更加准确地描述。

6.3　图像语义分析

语义分析是图像理解中高层认知的关键环节,通过研究图像中包含的目标所在位置、目标场景间的关联性、场景类别识别等对图像进行语义解释,计算机将完整的图像内容转换成直观的类文本语言表达。语义分析在图像理解中有着非常重要的作用,但是传统的图像分析方法大都回避了语义问题,仅仅针对纯粹的图像数据进行分析。其主要原因是:①图像的视觉表达和语义之间很难建立合理关联,描述实体间产生巨大的语义鸿沟;②语义本身具有表达的多义性和不确定性。目前,语义分析的研究热点集中于通过有效模型和方法来实现图像的语义表达。本节首先介绍语义提取方法和语义分析模型的实现流程,然后具体介绍采用两种不同的模型进行语义分析的实例,并且在模型中都融合了上下文信息以提高语义分析的准确度。

6.3.1　语义提取方法

语义提取方法是语义分析中的核心技术,已经成为解决图像底层视觉特征与人类高级语义之间"语义鸿沟"的关键技术。目前,研究者利用统计方法和机器学习技术设计出各种不同的图像语义分析模型,下面对语义提取方法做简要介绍。

1) 统计方法

基于统计的语义提取方法主要分为两种类型:生成方式和判别方式。

(1) 生成方式:通过学习已标注语义概念的训练集,获得该类图像的视觉特征和语义概念之间的联合概率,实现对待分析图像进行语义概念分配。

(2) 判别方式:将每个语义概念视作一个独立的类,并为每个类学习相应的判别函数,利用已标注语义概念的图像确定判别函数中的参数,将该函数作为图像语义分析的判别依据。

在实际的图像语义分析中,这两种方法常常混合使用。

2) 机器学习方法

学习是人类智能的根本特征,人类通过学习不断提高和改进自己的能力。学习能够让系统在执行同一任务或同类的另一任务时比前一次执行得更好。机器学习是一个有特定目的的知识获取过程,通过获取知识、积累经验、发现规律,使系统性能得到改进、实现自我完善、自适应环境。因此,基于机器学习的语义提取方法是实现计算机视觉智能化的一个重要方法,主要包括归纳、示教、类比三种方式。

(1)归纳方式:从给定的实例环境中获取若干与某个语义概念有关的例子,建立图像视觉特征与语义关键词之间的关联关系,经过归纳推理得出该语义概念的一般性描述。

(2)示教方式:由外部环境向系统提供一般性的指导或建议,使系统不断完善。最典型的示教学习方式就是相关反馈,通过询问用户的意见完善语义分析的效果。

(3)类比方式:通过对相似事物比较进行创造性的学习,在已标注语义概念的图像集中寻找与待分析图像的底层特征相似的图像,利用其语义标注词实现图像的语义分析。

为解决语义分析的"瓶颈"问题,在通常情况下,语义分析模型中采用统计方法和机器学习技术相结合的语义提取方法,提高图像语义分析的精度和效率。

6.3.2 语义分析模型

图像语义分析的典型实现流程如图6.7所示。具体步骤为:首先,根据应用背景进行模型选择;然后,通过模型训练估计模型中的参数;最后,将确定的模型用于实际的测试图像,通过模型的推理过程得到图像中包含的抽象语义概念。依据随机场模型的实现流程,下面详细介绍每一步所包含的主要内容。

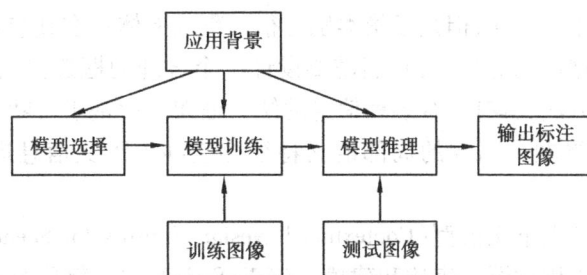

图 6.7　图像语义分析的实现流程图

1) 模型选择

利用模型进行图像语义分析的首要问题是采用什么样的模型。这个问题包含的主要研究内容有:

①确定邻域系统:确定邻域结构的形状以及阶段,充分考虑语义标注图像和待测图像中上下文信息的局部特性以及上下文信息的尺度。

在模型选择过程中,通常都是采用一些预先定义的、具有固定形状的邻域结构,如常用的4-邻域、8-邻域等。理论上,邻域结构的形状应该直接同对应位置的标注图像以及间接地观察图像有关。因此,目前采用的这些过于简单的邻域系统不可能很好地描述待标注图像的具体组成和标注图像中的局部上下文信息,往往导致标注结果中丢失重要的图像细节信息。

②定义相关关系:针对具体的应用任务,定义相应的对象关系,用函数的形式描述局部以及全局对象关系,实现对输入数据的特性以及要利用的先验上下文信息建模。

③扩展模型结构:扩展传统的模型结构,扩充它们已有的功能。例如,提出的多尺度 MRF 模型可以容易地利用各种层次的上下文信息,解决了传统 MRF 模型通过定义高阶势函数来

利用这些上下文信息时存在不可计算的问题;引入隐 CRF 模型中的隐含层,使模型具有更丰富的表达能力,可以对图像中存在的子结构进行建模。

2) 模型训练

目前的参数估计方法总的可以分为两大类:监督和非监督方法。由于图像语义分析模型是包含大量节点的概率图结构,导致模型中定义在整个图结构上的函数的计算将十分复杂。为了考虑算法的计算可行性,目前研究大多集中在高效的近似估计方面,以致近似解可以尽可能地逼近真实解。

3) 模型推理

简单地说,模型推理就是从输入的测试图像,利用训练得到的模型来估计分析待测图像的过程。另外,在一些迭代的参数估计方法中,也可能需要推理过程获得临时的分析结果。目前使用的推理算法主要分为两大类:局部方法和全局方法。局部方法由于考虑的数据相对较少,因此具有比较快的计算速度,但通常只能找到局部最优解。全局方法可以精确地找到全局最优解,但是它的计算速度可能相对较慢。

针对不同的应用背景,图像语义分析模型中关键的模型选择、模型训练以及模型推理等内容都可能需要特别的设计和探讨规范化的方法。下面具体介绍两种分析模型实现图像语义分析的过程。

6.3.3 场景语义表述

尽管图像的内容千变万化,但是场景类别在很大程度上体现在其包含的局部对象以及它们的空间排列上。根据前面的分析,我们需要设计一个合理的框架:具有充分刻画图像中场景空间上下文信息的方法;具有融合多种信息的统一框架。而基于贝叶斯的图像上下文模型就能够利用贝叶斯网络融合图像的局部语义特征和空间上下文信息进行图像内容的语义分析。

基于贝叶斯网络的上下文模型(Contextual Bayesian Network for Scenes,CBN_S)的核心思想就是实现图像场景类别的语义表述和建模。CBN_S 模型的一部分节点表示图像的局部语义对象,反映了图像的语义特征,另一部分节点表示图像的关键语义区域及其邻域,反映了图像的空间结构信息,这样就很好的将语义特征和空间上下文信息融合到统一的概率框架中。和其他方法表示空间上下文不同的是,CBN_S 利用关键语义区域表示场景的空间结构信息,不仅能够简单有效地表示场景配置,同时这种空间信息不是固定的,而是根据不同的图像选取不同的关键区域而改变,具有一定的灵活性和自适应性。下面将具体介绍基于 CBN_S 模型的图像语义分析方法。

1) 基本原理

基于 CBN_S 的语义分析框架如图 6.8 所示,左侧部分描述了算法的训练过程,右侧描述了测试过程。整个算法可分为两个阶段:

第一阶段,"局部语义建模":预先定义一组局部语义对象描述场景的内容,如水、天空、植被、沙滩等,用来描述图像中区域的语义类别。

第二阶段,"场景建模":分析各种局部语义对象在图像中的分布以及各种语义之间的空间上下文,形成图像的全局描述。

利用提出的 CBN_S 模型融合图像的语义特征和空间上下文信息,通过网络推理得到图像场景类别的语义分析结果。

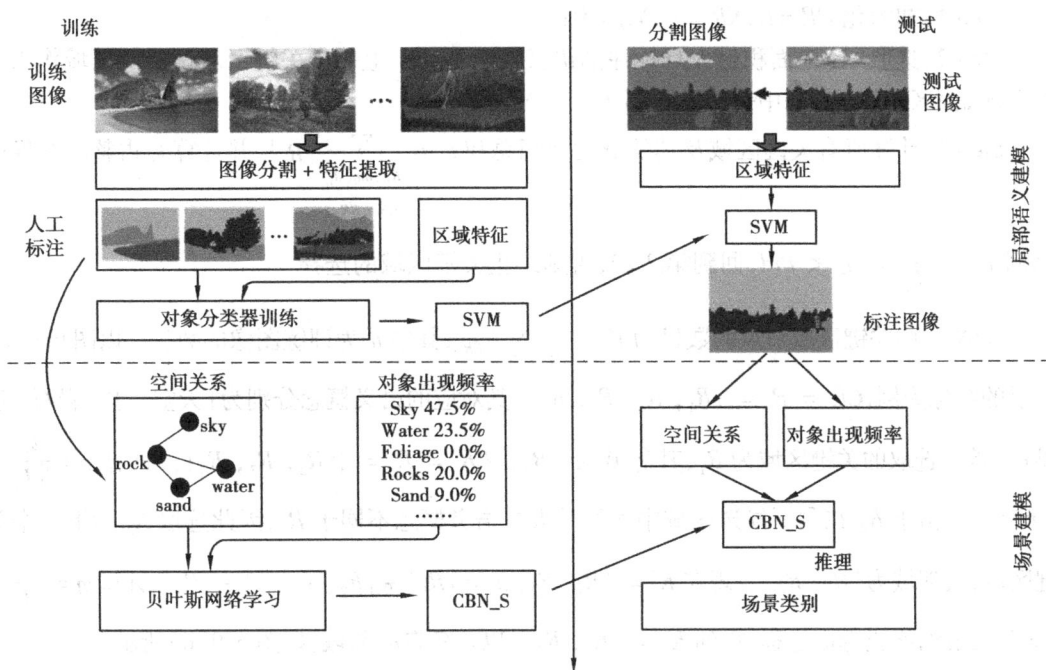

图 6.8　基于 CBN_S 的语义分析框架

"局部语义建模"是指图像的子区域根据其视觉特征与相应的语义概念建立的映射关系。实现流程为:首先,将所有图像分割成若干个子区域;然后,提取其底层特征,根据训练图像的人工标注,训练局部语义对象分类器。这里,选使用 Mean-shift 分割算法对图像进行分割,然后使用 SVM 分类器对分割区域作多语义类别分配。一些区域可能包含不止一种语义对象,我们选择含有另外一种语义少于 25% 的区域作为语义对象分类器的训练或测试区域。区域的底层特征由颜色特征和纹理特征组成。对于测试图像,将区域特征输入到 SVM 分类器中,获得相应的语义类别标记,标注语义类别后的区域称之为语义区域。

通过统计局部语义对象在图像中出现的频率作为中层语义特征,提取图像中的关键语义区域及其周围的空间上下文信息作为图像的空间结构信息。这些特征最终输入到 CBN_S 模型中,获得场景类别决策,在获得区域的语义标注的基础上,实现整幅图像的语义分析。

2) 关键语义区域

图像中场景的空间配置比较复杂,考虑所有局部语义对象之间的关系的精确模型将非常复杂,而且由于稀疏化的原因,训练数据会少于可能的空间配置。因此,采取一种关键区域表示法,利用图像中的一些关键语义区域及其周围的内容来表示场景的主要结构信息。选取关键语义区域的规则是希望关键区域及其邻域能够尽可能多的覆盖图像,从而关键区域及其邻域的排列将更能代表图像中场景的空间结构信息,因此将选取面积较大的语义区域作为关键区域。如图 6.9 所示,$\{KR_1, KR_2, \cdots, KR_K\}$ 为选取的 K 个关键区域,KR_k 下方的 $|S|$ 个区域节点 $\{R_1^k, \cdots, R_{|S|}^k\}$ 表示 KR_k 在各个方向上的邻接区域。

对图像 $I, R = \{R_1, R_2, \cdots, R_n\}$ 表示语义标注的子区域,标记的语义概念为 $\{m_1, m_2, \cdots, m_n\}, m_i \in M$。$R_i$ 的邻域集合表示为 $adj(R_i)$,CR 表示关键区域的候选区域集合,KR 表示选取

的关键区域集合,N_{KR}表示关键区域数目,关键区域将按照下面的步骤选取:

Step 1:初始化 $CR = R,KR = \varphi,N_{KR} = 0$;

Step 2:选取 CR 中面积最大且标注的语义概念不同于上一个关键区域语义的区域作为关键区域,该区域将从 CR 中去除并更新 KR 和 N_{KR};

Step 3:计算所有关键区域及其邻域的面积总和 $t_s = \sum\limits_{\substack{R_j \in adj(R_j) \\ orR_j \in KR}} |R_j|$,并计算 t_s 占整幅图像的

比例 $\eta = \dfrac{t_s}{|I|}$,若 $\eta < thd$,回到第 2 步,否则终止关键区域的选择。

CBN_S 中关键区域节点的数目为 $K = \dfrac{1}{n}\sum\limits_{i=1}^{n} N_{KR}^i$,其中 n 为训练图像的数目。以图6.9(a)所示的图像为例,$CR = R = \{R_1,R_2,R_3,R_4\}$,其对应的语义概念分别为{天空,水,岩石,沙滩}。首先选取的关键区域为 R_1,其邻域为 $\{R_3\}$,$CR = R = \{R_2,R_3,R_4\}$。计算 $\eta = \dfrac{t_s}{|I|} = 0.675 < T$。由于 R_2 在剩下候选区域中面积最大且语义概念不同于 R_1,因此选取 R_2 为下一个关键区域,其邻域为 $\{R_3,R_4\}$。现在 $K = \{R_1,R_2\}$,$t_s = |R_1| + |R_2| + |R_3| + |R_4|$,计算 $\eta = \dfrac{t_s}{|I|} = 1 > T$。因此,终止选取过程,得到 $K = \{R_1,R_2\}$,以及各自的邻域,如图6.9(d)所示。

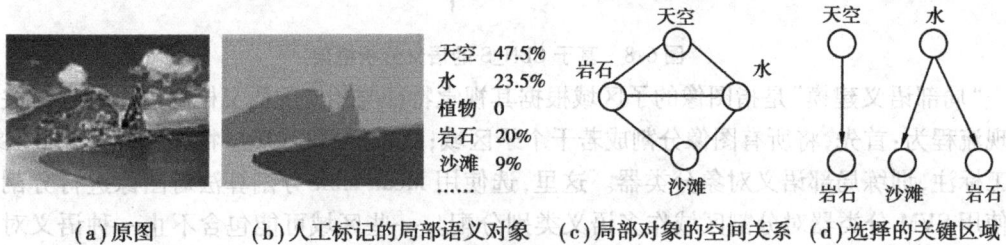

(a)原图　　(b)人工标记的局部语义对象　　(c)局部对象的空间关系　　(d)选择的关键区域

图6.9　场景配置示意图

对于每个关键区域节点,选取不同方向上的邻域作为邻域节点。Singhal 等人发现七种空间关系足以建模户外场景中对象之间的关系,其中有五种邻域关系。此处,定义类似的八种区域邻接关系 $S = \{1,2,3,4,5,6,7,8\}$,按顺时针方向表示关键区域各个方向上的邻域节点。如图6.10所示,中间区域表示选取的关键区域,周围的数字表示各个方向上的邻域。

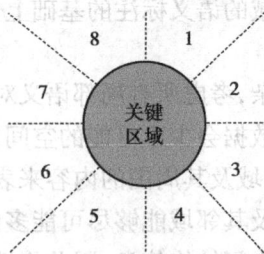

图6.10　关键区域和邻域的空间关系示意

3)参数学习

贝叶斯网络的参数由条件概率表(CPT)表示,每个节点的 CPT 是指该节点和它所有父节点取所有状态值的条件概率表。对于离散取值的节点,当观测数据完全时,根据最大似然估

计,条件概率表可以通过计算频率获得。

(1)局部语义对象的条件概率

$P(M_j|C_i)$表示给定场景C_i条件下出现对象M_j的条件概率。目标M_j的取值F_j为该语义对象在图像中的出现比例,按式(6.18)计算,并将F_j离散化为直方图的形式得到$\{H(m_j)\}\in\{1,2,3,\cdots,n_j\}$,其中$n_j=10$表示直方条(bin)的数目。$Pr_{ij}(\cdot)$表示场景类别为$C_i$的训练图像中包含$M_j$的直方图统计值,则有:

$$P(H(M_j) = h \mid C_i) = \frac{\mathrm{Pr}_{ij}(H(M_j) = h)}{v_i} \tag{6.18}$$

其中,v_i表示训练集中场景类别为C_i的图像数目。

(2)关键区域的条件概率

$P(KR_j|C_i)$表示给定场景类别时关键区域为某种局部语义对象时的条件概率。令M_j表示KR_j的语义类别,利用一种简单的面积覆盖作为条件概率,则有

$$P(KR_j = M_j \mid C_i) = \frac{\sum\limits_{R_l \in U} |R_l| \cdot \eta(R_l, M_j)}{\sum\limits_{I \in D_i} |I|} \tag{6.19}$$

其中,D_i表示训练集中场景类别为C_i的图像,U为D_i中选取的关键区域集合,$M(R_i)$表示区域的语义概念,η定义为

$$\eta(R_i, M_j) = \begin{cases} 1, & M(R_i) = M_j \\ 0, & \text{otherwise} \end{cases} \tag{6.20}$$

$P(R_j^i|KR_j)$表示关键区域和其邻接区域之间的条件概率,利用他们之间的边界重合程度来定义这一条件概率:

$$P(R_j^i = M_l \mid KR_i = M_k) = \frac{\sum\limits_{KR_i} \sum\limits_{R_j} B(KR_i, R_j^i) \cdot \eta((KR_i, R_j^i), (M_k, M_l))}{\sum\limits_{KR_l} B(KR_i) \cdot \eta(KR_i, M_k)} \tag{6.21}$$

$$\forall KR_i \wedge T \wedge R_j^i \in adj(KR_i)$$

其中,T为训练图像集合,$B(\cdot)$表示区域边界或者两个区域的共同边界,选择函数定义为:

$$\eta((R_i, R_j^i), (M_k, M_l)) = \begin{cases} 1, & M(R_i) = M_k \wedge M(R_j^i) = M_l \\ 0, & \text{otherwise} \end{cases} \tag{6.22}$$

$$\eta(R_i, M_k) = \begin{cases} 1, & M(R_i) = M_k \\ 0, & \text{otherwise} \end{cases} \tag{6.23}$$

场景类别的先验概率$P(C)$可以通过采取统计训练样本的频数来获得。

4)推理

对输入图像I,首先进行分割并对区域进行语义标记,具有相同语义概念的相邻区域将被合并,选择关键区域及其各个方向上的邻域。$R = \{R_1, R_2, \cdots, R_n\}$表示合并后的语义区域集合,$\{KR_1, KR_2, \cdots, KR_K\}$表示关键区域集合,$\{R_1^k, \cdots, R_{|S|}^k\}$表示$KR_k$在各个方向上的邻接区域。为了使用CBN_S推理图像的场景语义,网络的输入证据为$E = \{E_M, E_G\}$,其中$E_M = \{F_1, F_2, \cdots, F_{|M|}\}$为语义对象的特征,由式(6.1)计算,$E_G = \{KE_1, KE_2, \cdots, KE_K\}$表示每个关键区域的空间上下文信息,$KE_K = \{m_1^k, \cdots, m_{|R|}^k\}$包含关键区域各个方向的邻接区域的语义概念。

根据输入图像的观测数据，通过贝叶斯网络推理出图像的场景语义的后验概率 $C^* = \arg\max\limits_{C_i} P(C_i)P(E \mid C_i)$，其中 $P(C_i)$ 上文已定义，根据贝叶斯网络的条件独立性质，$P(E \mid C_i)$ 可以分解为：

$$P(E \mid C_i) = P(E_M \mid C_i) \cdot P(E_G \mid C_i)$$
$$= P(M_1, M_2, \cdots, M_L \mid C_i) \cdot P(KE_1, \cdots, KE_K \mid C_i)$$
$$= \prod_{l=1}^{L} P(M_l \mid C_i) \cdot \prod_{k=1}^{K} P(KE_k \mid C_i) \tag{6.24}$$

$P(M_l = F_l \mid C_i)$ 可以根据式(6.18)计算得到。$P(KE_k \mid C_i)$ 可以分解为：

$$P(KE_k \mid C_i) = P(R_1^k = m_1, \cdots, R_{|s|}^k = m_{|s|}^k \mid C_i)$$
$$= \sum_{l=1}^{L} P(KR_k = m_1, R_1^k = m_1, \cdots, R_{|s|}^k = m_{|s|}^k \mid C_i) \tag{6.25}$$
$$= \sum_{l=1}^{L} P(R_1^k = m_1, \cdots, R_{|s|}^k = m_{|s|}^k \mid KR_k = m_i, C_i) P(KR_k = m_1 \mid C_i)$$

其中，$P(KR_k = m_l \mid C_i)$ 可根据式(6.19)计算得到。同样，根据贝叶斯网络的条件独立性，给定关键区域节点 KR_k 的情况下，节点 $\{R_1^k, \cdots, R_{|M|}^k\}$ 条件独立于场景节点 C，因此有：

$$P(R_1^k, R_2^k, \cdots, R_{|s|}^k \mid KR_k, C_i) = P R_1^k, R_2^k, \cdots, R_{|s|}^k \mid KR_k) = \prod_{s}^{|S|} P(R_l^k \mid KR_k) \tag{6.26}$$

所以：

$$P(KR_k \mid C_i) = \sum_{l=1}^{L} \left(\prod_{s=1}^{|S|} P(R_s^k = m_s^k \mid KR_k = m_l) \cdot P(KR_k = m_l \mid C_i) \right) \tag{6.27}$$

最终，由 CBN_S 推理出图像的场景语义为：

$$C^* = \arg\max\limits_{C_i} P(C_i \mid E)$$
$$= \arg\max\limits_{C_i} P(C_i) \times \prod_{l=1}^{L} P(M_j \mid C_i) \times \prod_{k=1}^{K} \sum_{l=1}^{L} \left[\prod_{s=1}^{|S|} P(R_s^k = m_s^k \mid KR_k = m_l) \cdot P(KR_k = m_l \mid C_i) \right]$$
$$= \arg\max\limits_{C_i} P(C_i) \times P(M_1, M_2, \cdots, M_L \mid C_i) \times \prod_{k=1}^{K} \sum_{l=1}^{L} \left[\prod_{s=1}^{|S|} P(R_s^k = m_s^k \mid KR_k = m_l) \cdot P(KR_k = m_l \mid C_i) \right] \tag{6.28}$$

在室外场景图像中，人工标记的语义区域的数目 n 一般较少（$n < 10$）。对于测试图像，对区域分类标记以后，相同语义概念的邻接区域将被合并，由于分类器存在的错误，产生的语义区域数目较人工标记的稍微多一些，但仍然可以通过一个强制搜索方法来最大化式(6.28)。

5）实验结果与分析

自然场景属于室外场景图像，其结构比较复杂，内容会随着季节、气候的变化呈现多样的形式，使得传统的语义建模方法难以取得较好的分析效果。下面通过具体的自然场景分类实验对 CBN_S 模型的性能进行评估。

实验中使用的数据是由 Vogel 提供的 6 类室外自然场景图像数据集（记为 VS）。该数据集共有 700 幅图像，包括 6 类自然场景：海滨（142 幅）、河流（111 幅）、山川（179 幅）、森林（103 幅）、平原（131 幅）和天空（34 幅）。图像的大小为 480×720 或 720×480，并且所有图像均为户外拍摄的真实彩色图像。选择该图像库是因为它是目前拥有最多类自然场景的公开图像数据集,而且具有很好的分辨率和色彩,但是该图像库的一个缺点是包含一些场景类别比较模糊的图片,增加了分类的难度。图 6.11 给出了每类场景的典型图像和非典型图像,其中的非典型图像将较难分类。

(a) 典型　　　　　　　　　　　　　(b) 非典型

图 6.11　自然场景图库提供的典型图像和非典型图像

选取了九种局部语义概念:水,天空,植被,岩石,沙滩,树干,草地,陆地和花朵,可以较全面地描述自然场景图像的内容。图像分割算法采用基于 MeanShift 的图像分割方法,整个图像库最终形成 27 321 个区域。利用上述定义的局部语义概念对图像子区域进行人工标注,其中有一部分区域因为语义模糊而未作标注。

提取的区域底层特征具体为:50 维颜色特征(HSV 空间累积直方图,H:18bins;S:16bins;V:16bins);8 维边缘特征(边缘方向累积直方图);24 维纹理特征(将图像的亮度分量分成 32 个灰度级,构造 $(1,0)$,$(1,1)$ $(0,1)$ 和 $(1,1)$ 四个方向的灰度共生矩阵的 6 个纹理特征量,分别为能量、熵、对比度、相关、均匀性和逆差分矩),形成 82 维特征矢量。

对整个图像库进行了 10 次随机划分,生成相应的训练集和测试集图像。然后,分别计算每次划分的分类准确率。将 10 次划分得到的分类准确率的均值作为最终的平均分类准确率。在每次划分中,训练集约占整个图像集的 90%,测试集约占 10%。

表 6.1 给出了 CBN_S 模型中的参数 $P(KR|C)$,表示给定场景类别时关键区域为某种局部语义概念的条件概率。从表中可以发现,对于海滨和河流场景,局部标记为"水"的区域的

条件概率最大,天空、植被和岩石在这两类场景中出现的概率也很相似,这说明这两类场景所含的语义成分较类似。若是仅仅依靠区域的语义属性,这两种场景的图像容易混淆,因此需要借助图像中场景的空间结构信息。

表6.1　CBN_S 模型参数 $P(KR|C)$

	水	天空	植被	岩石	沙滩	树干	草地	陆地	花朵	其他
海滨	0.326 6	0.228 4	0.117 6	0.184 9	0.086 7	0.005 8	0.026 0	0.007 0	0.001 8	0.015 2
河流	0.276 7	0.189 0	0.269 0	0.171 3	0.000 0	0.011 0	0.040 0	0.012 6	0.001 2	0.029 1
森林	0.004 4	0.048 1	0.604 7	0.006 7	0.000 0	0.210 7	0.058 5	0.031 3	0.004 8	0.030 8
平原	0.000 0	0.245 2	0.104 1	0.028 8	0.073 6	0.000 1	0.156 6	0.194 8	0.176 8	0.020 0
山川	0.005 9	0.272 3	0.142 0	0.477 0	0.000 0	0.002 9	0.037 0	0.043 1	0.002 9	0.017 2
天空	0.016 6	0.904 0	0.009 6	0.021 1	0.000 0	0.000 0	0.030 8	0.015 6	0.000 0	0.002 5

　　CBN_S 通过分析图像中关键语义区域及其邻域的空间分布来建模场景的空间结构信息。为了说明该模型在建模场景空间结构信息方面的有效性,以海滨和河流场景为例进行说明,当选取标注为水的关键区域时,图6.12 给出了关键区域周围各个方向邻域的条件概率 $P(R_i = m_j | KR = \text{water})$ 的示意图,其中 $j \in \{1,2,3,4,5,6,7,8\}$。事实上,关键区域周围的邻域的语义属性 m_j 共有 9 种,图中只给出条件概率 $P(R_i|KR) > 0.1$ 的几种情况作为示意,扇形的面积越大则表示条件概率值越大。以图6.12(a)为例,在海滨场景中,水的上部是天空的概率最大,其次为岩石和植被等其他类别的区域,水的下面为岩石的概率最大,其次为沙滩植被,这和海滨场景的内容分布是符合的,也说明了模型能够有效的学习场景内部各种语义对象的空间分布规律。再以图6.12(b)为例,在河流场景中,水同样作为关键区域,但是水的上方出现概率最大是岩石其次是植被,水的下方出现概率最大的是植被,其次是岩石,草地,树干等。通过图6.12(a)和图6.12(b)的对比,也可以发现,海滨场景和河流场景在空间分布上还是存在很

场景:海滨　　　　　　　　　　　　场景:河流

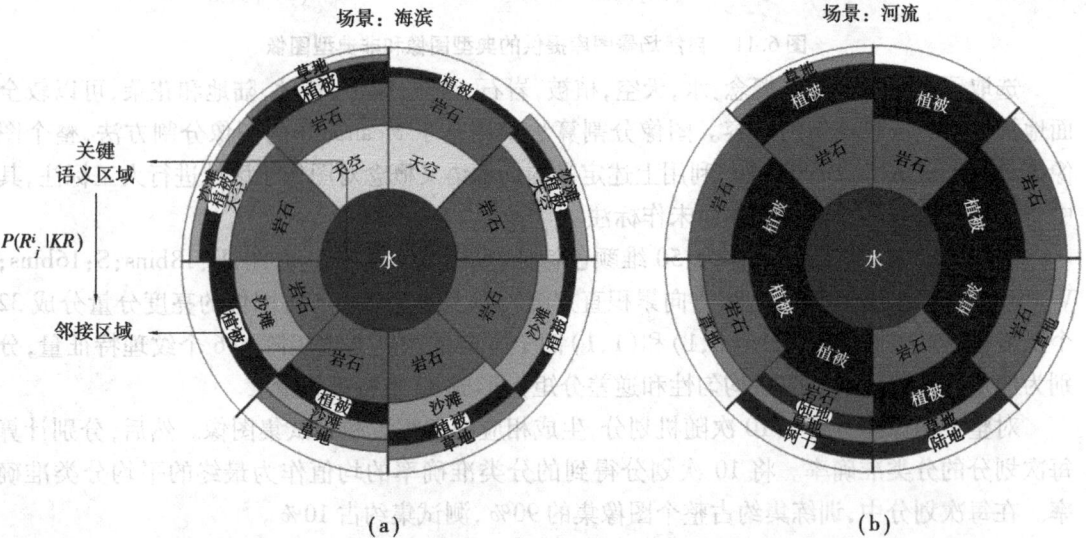

(a)　　　　　　　　　　　　　　(b)

图6.12　两类场景模型中关键语义区域的空间分布示意图

大的差异,通过这种对场景空间结构信息的表示可以区分这两类图像,从下文的实验结果分析中也可以发现 CBN_S 模型能够利用空间上下文关系区分易混淆的场景。

由于该场景分类方法基于对分割区域的语义标记基础上,而人工标记区域语义的 100% 正确的,因此基于人工标注的区域的场景分类结果可以作为一种基准,并将这人工标记区域和机器分类标记区域的测试集分别记为 VS$_a$ 和 VS$_b$。在实验中,利用分类的精度对算法进行评价,并给出分类的混淆矩阵来表示错分的比例。IBN(Independent Bayesian Network)方法是独立的贝叶斯网络模型,该模型假设各局部语义对象相互独立,并且不考虑它们之间的空间关系。模型结构只含有对象节点,不包含空间配置节点,类似于文献中提出的用于室内外图像分类的贝叶斯网络。表 6.2 和表 6.3 给出了 IBN、CBN_S 方法的分类混淆矩阵。

表 6.2　场景分类准确率(%)混淆矩阵——人工标注区域

	IBN						CBN_S					
	海滨	河流	森林	平原	山川	天空	海滨	河流	森林	平原	山川	天空
海滨	**70.5**	**19.7**	2.8	3.5	2.8	0.7	**75.4**	**13.4**	0.7	0.7	8.5	0.0
河流	20.7	71.2	5.4	0.0	1.8	0.9	6.3	82.9	1.8	0.9	8.1	0.0
森林	0.0	2.9	94.2	2.9	0.0	0.0	0.0	1.0	99.0	0.0	0.0	0.0
平原	3.0	0.0	15.3	75.6	6.1	0.0	4.6	0.0	2.3	84.0	10.7	0.0
山川	1.1	2.8	0.6	8.4	86.6	0.6	0.0	1.1	0.0	1.7	97.2	0.0
天空	0.0	0.0	0.0	0.0	5.9	94.1	8.8	0.0	0.0	8.8	5.9	76.5
总体精度	80.29						87.28					

表 6.3　场景分类准确率(%)混淆矩阵——机器分类区域

	IBN						CBN_S					
	海滨	河流	森林	平原	山川	天空	海滨	河流	森林	平原	山川	天空
海滨	**55.6**	25.4	2.1	5.6	10.6	0.7	**67.6**	**17.6**	1.4	4.2	**8.1**	0.7
河流	12.6	**48.6**	6.3	1.8	27.9	2.7	**15.3**	**51.4**	4.5	0.9	**17.1**	1.8
森林	0.0	3.9	**89.3**	1.9	3.9	0.0	0.0	4.9	**91.3**	1.9	1.9	0.0
平原	6.1	5.3	13.0	**51.9**	22.1	1.5	69	3.8	5.3	**60.3**	22.1	1.5
山川	6.7	3.9	1.7	4.5	**81.0**	2.2	3.9	2.8	0.6	2.8	**89.4**	0.6
天空	0.0	5.9	0.0	0.0	0.0	**94.1**	5.9	0.0	0.0	5.9	2.9	**85.3**
总体精度	74.1						75.86					

因为 CBN_S 模型利用了场景的空间上下文信息,而 IBN 模型没有利用场景的空间信息。从表 6.2 和表 6.3 中可以看出,CBN_S 方法的分类性能高于 IBN 方法,说明了提取空间上下文信息的有效性。从表中还可以看到,海滨和河流是最容易错分的场景。这主要因为它们都包含大面积的天空和水域,因此仅仅统计局部语义信息很难分辨,必须借助空间上下文信息。

CBN_S 方法由于引入了空间上下文信息,海滨和河流的错分率较 IBN 方法明显降低。对于基于机器分类标记区域的结果,虽然受到区域分类误差的影响,但是海滨和河流的混淆率也有一定降低。这也进一步证实 CBN_S 模型能够建模场景的空间结构信息,可以更好地区分易混淆的场景。

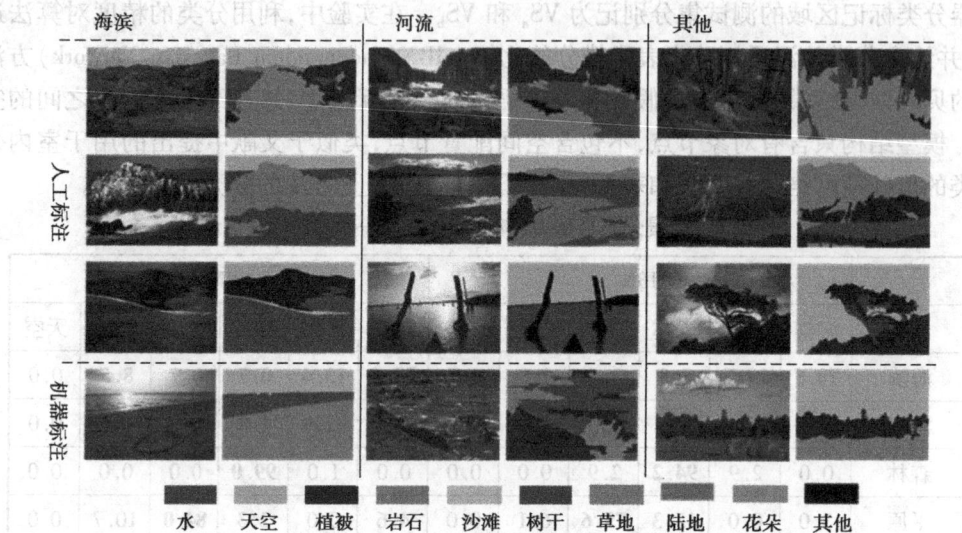

图 6.13　CBN_S 方法分类准确而其他方法错分的图例

图 6.13 给出了一些 CBN_S 方法分类准确而其他方法分类错误的图例,进一步说明提取的空间上下文信息在场景语义表述中的重要性。其中前三行是基于人工标记区域的分类结果,最后一行是基于机器分类标记区域的结果。第一、三、五列分别为海滨、河流和其他类图像,右边列对应的为该图像的区域标记结果。

这里仅选择几幅图像来进行讨论,例如第一幅海滨图像,由于包含大量的植被和草地,很容易被识别为平原图像,而根据天空位于水域上方以及岩石和水域的关系,CBN_S 方法可以正确的将其表述为海滨场景。第三列的第一幅河流类图像,图像中含有的水,天空和岩石和海滨场景中十分相似,使得 IBN 和判别方法将其识别为海滨场景。但是,在典型的海滨场景中,天空和水域一般相邻,这一特点使得利用空间上下文的 CBN_S 方法将其正确的分类。对于第五列第一幅的森林图像,如果不利用空间信息,大量的草地使得分类器将其分类为平原图像,而根据被植被环绕的树干,CBN_S 方法将其正确表述为森林场景。

因为机器分类区域会有一些误差,底层特征相似的区域会被错误标记为其他语义,从而影响最终的场景语义表述结果。例如倒数第二幅图像,从其右边的区域标记可以看到,草地上的草垛被机器分类错误标记为岩石,使得不利用上下文的场景分类方法将图像错分为山川。事实上,典型的山川图像中岩石应该和天空相邻而不是在图像的底部,根据 CBN_S 模型,能够正确地表述这幅图像。

6.3.4　像素语义标注

为图像中每个像素标注语义概念,是图像语义分析中的一个重要的研究内容。因为像素之间具有相互关联性,因此解决像素语义标注问题时考虑上下文信息可以提高标注的准确率。在像素语义标注的过程中,不同的尺度信息对标注结果有不一样的影响。例如,局部小区域内,颜色特征和纹理特征足够辨别单纯的目标类,如蔚蓝的天空。然而,当目标类之间有大量重叠或者图像中干扰噪声很多时,局部信息不足以作为类别判断的依据。仅考虑局部信息很容易产生分析歧义,如图6.14所示,两个红色框内的区域如果依据上下文信息能够清晰地分辨各自的类别,但是如果不考虑上下文信息,这两个区域的颜色特征和纹理特征都十分相似,很难区分出哪个是天空,哪个是大海。上下文信息考虑了诸如鱼在水中而飞机在天上等目标间的几何关系,这些信息包含了目标的位置信息。因此,全局信息和局部信息相结合有助于计算机正确辨识目标,消除图像局部信息所产生的歧义。多尺度条件随机场(Multi-scale Conditional Random Field,mCRF)算法将不同尺度的上下文特征融入概率架构中,为每个像素分配一个语义类别标签,通过对所有像素进行语义标注实现图像的语义分析。

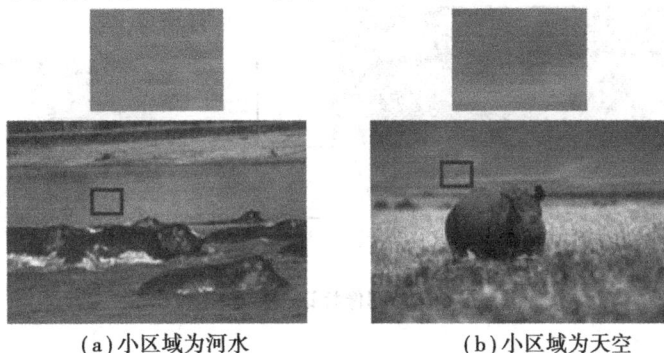

(a)小区域为河水　　　　　　　　(b)小区域为天空

图6.14　产生歧义的局部信息

mCRF算法包含局部分类器、区域特征和全部特征三个相互独立且尺度不同的部分,如图6.15所示。令 $X = \{x_i\}$ $(i \in S)$ 是输入图像的观测数据,其中 S 是图像中需要标记的位置集合。"位置"是指标记场中的元素,"像素"是指图像的元素。位置 i 的局部观测值 x_i 是图像在该位置对应的滤波器的响应,表示其底层视觉特征。l_i 是位置 i 的语义标签,是由条件随机场模型从标签集合 L 中推理得到的与位置 i 相匹配的语义标签。标签特征与一个二进制隐变量相对应,且条件独立,采用限制玻尔兹曼机(RBM)进行推理与学习,通过参数化条件概率表(CPT)为区域内的标记位置分配语义标签。

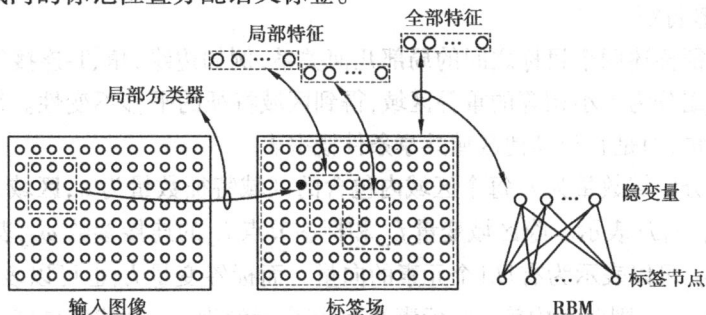

图6.15　mCRF 模型示意图

标签特征是一种势函数,描述了图像和区域标记之间的对应关系。如6.16所示,输入图像上位置 i 的观测值 x_i 表示图像的视觉特征,如颜色、纹理、边缘等底层特征。标签 l_i 与预先定义的语义概念相对应,为了清晰地显示图像中的语义标注,每个语义概念用一种颜色在图像上表示出来。局部特征统计某个位置内每个像素的特征,而全局特征的统计范围更大,包含了若干个位置。

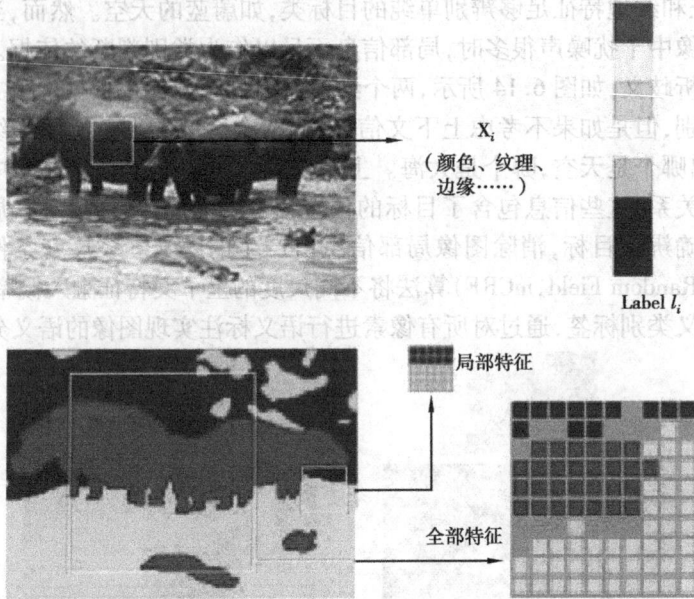

$$x_i$$
(颜色、纹理、边缘……)

Label l_i

局部特征

全部特征

图6.16 图像标记与特征描述

1)模型建立

(1)局部分类器

仅利用局部信息识别像素的语义含义时,统计分类器就是一个很好的选择。假设位置 i 是以像素 i 为中心的某个区域,位置 i 内的特征相互独立,该位置的滤波器输出为 x_i,局部分类器生成标签变量 l_i 的分布为

$$P_c(\boldsymbol{L} \mid \boldsymbol{X}, \lambda) = \prod_i P_c(l_i \mid x_i, \lambda) \tag{6.29}$$

其中 λ 是分类器参数。此处,采用多层感知器作为分类器。需要注意的是,分类器的性能受到类重叠和图像噪声的影响。

(2)区域标签特征

区域标签特征描述两个目标之间的局部几何关系,例如边缘、角、T-连接等关系。将整幅图像中的标记场划分为大小相等的重叠区域,得到区域特征的平移不变性。每个区域的特征都有各自的隐变量,但是它与其他区域共享条件概率表。

令图像的划分区域数量为 r,每个区域内包含的区域特征数量为 a,区域 r 内的标签节点(位置)用 $j = \{1, \cdots, J\}$ 表示。隐区域变量 $f_{r,a}$ 和标签节点 $l_{r,j}$ 的连接参数 $\omega_{a,j}$ 表明标签值 $l_{r,j}$ 的可能性。因此,$\omega_{a,j}$ 可以表示为有 $|L|$ 个元素的向量。而标签变量 $l_{r,j}$ 也可以表示为有 $|L|$ 个元素的向量,如果 $l_{r,j} = v$,则向量中第 v 个元素为1,其余元素为0。描述区域特征的概率模型的联合分布为

$$P_R(L,f) \propto \exp(\sum_{r,a} f_{r,a} w_a^T l_r) \tag{6.30}$$

其中 $f = \{f_{r,a}\}$ 表示二进制隐区域变量的集合；$w_a = [w_{a,1},\cdots,w_{a,J},\alpha_a]$，$l_r = [l_{r,1},\cdots,l_{r,J},1]$；$\alpha_a$ 是偏置项。根据图像中区域定位不同，位置与区域内的节点相对应，位置 i 记为 (r,j)，表示位置 i 就是区域 r 内的节点 j。

直观地判断，每个特征最可能的配置应该是在区域 r 内与 w_a 匹配且 $f_{r,a}=1$ 或者不与 w_a 匹配且 $f_{r,a}=0$ 的标记模式 l_r。给定隐区域变量，由于标签变量是条件独立的，每个标签节点的分布可以写为

$$P_R(l_i = v \mid f) = \frac{\exp(\sum_{a,(r,j)=i} f_{r,a} w_{a,j,v})}{\sum_{v'} \exp(\sum_{a,(r,j)=i} f_{r,a} w_{a,j,v'})} \tag{6.31}$$

区域特征指定了每个位置的标签的多项式分布。最后，在这个子模型中边缘化隐变量以构成整个模型的区域成分：

$$P_R(L) \propto \prod_{r,a} [1 + \exp(w_a^T l_r)] \tag{6.32}$$

（3）全局标签特征

对于整幅图像来说，每个粗分辨率的全局特征都有各自的标记场，同时全局特征被配置为在隐全局变量和标签变量间无向连接的 RBM。令 b 表示参数 $\{u_b\}$ 中的全局标签的数量，$g = \{g_b\}$ 是二进制隐全局变量。为了让隐全局变量能较好的体现出标记场的粗粒度特性，将标记场划分为非重叠区域块 $p_m, m \in \{1,\cdots,M\}$。对于每个隐全局变量 g_b，其与区域块 p_m 内的标签节点的连接被赋予一个单参数向量 $u_{b,pm}$。这些系参数有效地指明了区域块内每个标签节点具有相同的分布。类似于区域成分，全局特征模型也有一个联合分布

$$P_R(L,g) \propto \exp(\sum_b g_b u_a^T L) \tag{6.33}$$

全局特征也通过参数描述了每个标签节点的多项式分布。如果参数 $u_{bp}(v)$ 在整个标签值 v 上都相等 $(v=1,\cdots,|L|)$，全局特征可以有效地指出节点 p 的标签无效区。这使得特征具有稀疏性，仅需要关注特殊区域的标签。式(6.33)被边缘化以获得整个模型中的全局特征成分：

$$P_R(L) \propto \prod_b [1 + \exp(u_a^T L)] \tag{6.34}$$

（4）合并过程

将局部分类器、区域特征和全局特征三部分合并组成完整的标记场概率分布模型如式(6.35)所示：

$$P(L \mid X;\theta) = \frac{1}{Z} \prod P_C^{\gamma}(l_i \mid x_i,\lambda) \times \prod_{r,a} [1 + \exp(w_a^T l_r)] \times \prod_b [1 + \exp(u_a^T L)] \tag{6.35}$$

其中 $\theta = \{\lambda, \{w_a\}, \{u_b\}, \gamma\}$ 是模型中的参数集合。因为局部分类器的学习是在构造局部特征和全局特征之前，在模型中加入了平衡参数 γ 以降低不正确的分类器输出的影响。

2）参数估计

假设有一组已获得像素语义标注的图像集合 $D = \{(\mathbf{L}^t, \mathbf{X}^t), t=1,\cdots,N\}$，根据条件最大似然（Conditional Maximum Likelihood，CML）准则训练条件模型。采用梯度下降法使得条件似然最大化，最大条件似然-对数形式为

$$\theta^* = \arg \max_{\theta} \sum_t \log P(\mathbf{L}^t \mid \mathbf{X}^t; \theta) \tag{6.36}$$

如果模型 $P_s(\mathbf{L}|\mathbf{X})$ 用 h_s 来表示,则学习规则可以总结为

$$\Delta \theta_s \propto \left\langle \frac{\partial \log h_s}{\partial \theta_s} \right\rangle_{P_o(\mathbf{L}|\mathbf{X})} - \left\langle \frac{\partial \log h_s}{\partial \theta_s} \right\rangle_{P_\theta(\mathbf{L}|\mathbf{X})} \tag{6.37}$$

其中 $<\cdot>$ 表示求取期望值,θ_s 是模型参数。$P_o(\mathbf{L}|\mathbf{X})$ 是已经进行语义标注的图像的数据分布,$P_\theta(\mathbf{L}|\mathbf{X})$ 是模型分布。因为参数估计是在模型分布的条件随机场中进行计算得到,而条件随机场模型中存在归一化因素 Z 使得计算变得很复杂。这种情况无法用分析的方法来求得精确解,因此需要采用一些方法去得到近似解。常用的近似求解方法有:

(1)马尔科夫链蒙特卡罗(Markov Chain Monte Carlo,MCMC)

MCMC(Markov Chain Monte Carlo)算法是一种简单有效的计算方法。MCMC 方法的基本思想是:首先构造一条马尔科夫链(Markov chain),使其平稳分布为待估计的参数的后验分布,通过这条马尔科夫链产生相应的后验分布样本,当样本达到平稳分布后对这些样本进行蒙特卡罗模拟。MCMC 方法的结构如图 6.17 所示:

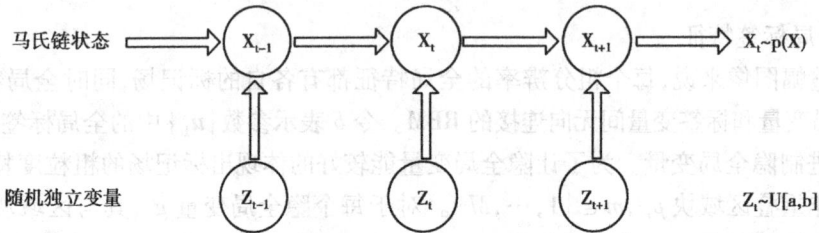

图6.17　MCMC 方法的结构示意图

马尔科夫链的定义为:设一个随机序列 $\{\theta^{(0)}, \theta^{(1)}, \cdots\}$,在任意时刻 $j(j \geq 0)$,序列中下一时刻 $j+1$ 的 $\theta^{(j+1)}$ 只依赖当前时刻 j 的当前状态 $\theta^{(j)}$,而与时刻 j 以前的历史状态 $\{\theta^{(0)}, \theta^{(1)}, \cdots\}$ 无关,即

$$p(\theta^{(j+1)} \mid \theta^{(0)}, \theta^{(1)}, \cdots, \theta^{(j)}) = p(\theta^{(j+1)} \mid \theta^{(j)}) \tag{6.38}$$

式(6.38)体现了马尔科夫性质,其中随机序列即为马尔科夫链。其转移核 $p(*,*)$ 表示为:

$$p(\theta, \theta') = p(\theta \rightarrow \theta') = p(\theta^{(j+1)} = \theta' \mid \theta^{(j)} = \theta) \tag{6.39}$$

马尔科夫链的收敛性极其重要,判断一条马尔科夫链是否收敛就是看其是否达到平稳分布。平稳分布的定义为:

$$\int p(\theta, \theta') \pi(\theta) d(\theta) = \pi(\theta'), \forall \theta \in \Theta \tag{6.40}$$

满足式(6.40)的 $\pi(\theta)$ 就称为转移核 $p(*,*)$ 的平稳分布。也就是说,$\theta^{(0)}$ 可以取任意值,从 $\theta^{(0)}$ 出发,经过迭代后,马尔科夫链 $\{\theta^{(j)}\}$ 的边界分布总能收敛到平稳分布 $\pi(\theta)$。通过蒙特卡罗的模拟方法,任意一个函数 $f(x)$ 的数学期望估计如式(6.41)所示:

$$\widetilde{E}_n f = \frac{1}{n-m} \sum_{t=m+1}^{n} f(\theta^{(t)}) \tag{6.41}$$

MCMC 方法中的关键环节是转移核的构造,因此不同的转移核的构造方法会产生不同的 MCMC 的方法。其中最常用的 MCMC 算法是 Gibbs 抽样和 Metropolis-Hastings 算法。

Gibbs 抽样算法在对"复杂性"问题进行取样时,需要通过分布为 π 的条件分布族,构造一条马尔科夫链 $\{\theta^{(j)}\}$,使得 π 为其平稳分布。当样本的数量充分大时,马尔科夫链 $\theta^{(j)}$ 的分

布则无限接近于平稳分布 π。基本步骤为:给定任意的初始向量 $\theta^{(0)} = \{\theta_1^{(0)}, \cdots, \theta_k^{(0)}\}$,从 $\pi(\theta_1 | \theta_2^{(0)}, \cdots, \theta_k^{(0)})$ 中抽取样本 $\theta_1{}^1$,从 $\pi(\theta_2 | \theta_1^{(0)}, \cdots, \theta_k^{(0)})$ 中抽取样本 $\theta_2{}^1$,以此类推,直到从 $\pi(\theta_k | \theta_1^{(0)}, \cdots, \theta_k^{(0)})$ 中抽取样本 θ_k',完成 $\theta^{(0)} \rightarrow \theta^{(1)}$ 的转移;如此经过 n 次迭代后,Gibbs 抽样算法得到后验分布的样本 $\theta^{(1)}, \theta^{(2)}, \cdots, \theta^{(n)}$。根据该样本计算后验分布的各个阶矩,进行相应的统计推断。

Metropolis-Hastings 算法首先选择一个初始值和一个转移函数。假定第 i 次迭代开始时的参数值为 $\theta^{(i-1)}$,则第 i 次的迭代过程为:

①抽取备选值:从转移函数 $q(\theta, \theta^{(i-1)})$ 中抽取一个备选值 θ';

②计算接受概率: $p(\theta^{(i-1)}, \theta') = \min\left(\dfrac{\pi(\theta^{(i-1)}, \theta')}{\pi(\theta^{(i-1)})q(\theta', \theta^{(i-1)})}\right)$

③状态的转移:以概率 $p(\theta^{(i-1)}, \theta')$,置 $\theta^{(i)} = \theta'$,以概率 $1 - p(\theta^{(i-1)}, \theta')$,置 $\theta^{(i)} = \theta^{(i-1)}$。

重复上述过程 n 次,得到后验分布的样本序列 $\theta^{(0)}, \theta^{(2)}, \cdots, \theta^{(n)}$。根据该样本序列可以计算后验分布的各阶矩,进行相应的统计推断。

(2)对比差异(Contrastive Divergence,CD)

一般的 MCMC 采样算法近似计算参数期望的效率并不高,非常耗时,每次为了得到某个分布的样本都要经过很长的采样步骤直到样本收敛到平稳分布,并且估计的梯度中存有大量噪声。为了提高学习的效率,Hinton 等人在 2006 年提出了相对散度(Contrastive Divergence,CD)又称为对比散度或对比分歧学习算法。它的主要思想是在马尔科夫链中总是只进行 k(数值较小)步的采样,这时候样本分布可能还远没有收敛到接近平稳分布,但是对于学习来说最终的结果不会太差。进行 k 步的相对散度学习算法被简称为 CD-k。在很多情况下直接用 CD-1 算法的效果就已经非常好。

波尔茨曼机(BM)是一种概率模型,它对所有的可见层单元 v 和隐藏层单元 h 定义了一个联合的能量函数。对于受限波尔茨曼机(RBM),同层之间是没有连接的,其能量函数 $E(v, h)$ 的表达式如式(6.42)所示,相应的概率分布函数如式(6.43)所示。

$$E(v, h) = -b^T h - c^T v - v^T W h \tag{6.42}$$

$$P(v, h) = \frac{e^{-E(v,h)}}{Z} \tag{6.43}$$

其中 $Z = \sum_{v,h} e^{-E(v,h)}$ 为统计和,(b, c, W) 分别为模型的偏移和权值参数,记为 θ,它们的定义和传统的神经网络是类似的。RBM 网络的学习目标就是通过修改 θ,从而使观测样本的能量相对于其他情况来说具有最小的能量值。根据式(6.43)可知能量与概率之间有着负相关的关系,因此能量最小也就是概率最大,这跟统计学中采取的极大似然估计是等价的。因为计算统计和函数是非常困难的,所以想要直接计算上述梯度也是不可行的。估计对数似然函数 $\log P(v)$ 的梯度表达式为:

$$\frac{\partial \log P(v)}{\partial w_{ij}} = <v_i^0 h_j^0> - <v_i^\infty h_j^\infty> \tag{6.44}$$

$v^k = (v_1^k, v_2^k, \cdots, v_m^k)$ 和 $h^k = (h_1^k, h_2^k, \cdots, h_n^k)$ 是通过分块 Gibbs 采样得到的。具体来说是:首先,将可见层 v 的值固定为 v^0,由观测样本 v^0 计算出隐藏层 h 的分布函数;然后,根据这个分布函数对 h 采样得到 h^0,接下来再将隐藏层 h 的值固定为 h^0,计算出可见层 v 的分布函数;接着,根据这个分布对 v 采样得到 v^1;如此往复可以得到 $h^1, v^2, h^2, \cdots, v^\infty$ 和 h^∞ 则是由这个过程进行无穷次以后得到的采样值。分块 Gibbs 采样的分布函数满足下面的两个公式:

$$p(h_j = 1 \mid v) = \sigma(b_j + \sum_i v_i w_{ij}) \qquad (6.45)$$

$$p(v_j = 1 \mid h) = \sigma(c_j + \sum_i h_i w_{ij}) \qquad (6.46)$$

其中 $\sigma(x)$ 是 sigmoid 函数 $1/(1 + \exp(-x))$。

极大化数据的对数似然与极小化数据的分布 P^0 和模型的平衡分布 P^∞_θ 之间的 Kullback-Leibler 散度(简称 KL 散度)是等价的。而在实践中,计算式(6.44)中第二项时不可能真的进行无穷步的 Gibbs 采样,一般都是通过进行 k 个来回的采样来近似无穷步采样。这也就相当于忽略了第 k 层以上的部分,类似的这部分被忽略的项的总和正好是第 k 层的后验概率分布 P^n_θ 和平衡分布 P^∞_θ 之间的 KL 散度。所以这种通过有限步来回的 Gibbs 采样来估计式(6.44)中第二项的学习算法实际上是在极小化两个 KL 散度的差:

$$KL(P^0 \parallel P^\infty_\theta) - KL(P^n_\theta \parallel P^\infty_\theta) \qquad (6.47)$$

这也正是该算法被称为相对散度的原因。而经过了 k 次来回的 Gibbs 采样学习被称为 CD-k。

CD-k 学习算法的具体操作流程为:首先,从一个可见层的训练样本 v^0 开始生成样本序列 (v^i, h^i),其中 $i = 0, 1, \cdots, k$。生成的规则为 $h^i \sim p(h \mid v = v^i)$ 和 $v^{i+1} \sim p(v \mid h = h^i)$,式中的条件分布由式(6.45)和式(6.46)给出,进行了 k 个来回以后得到 v^k 和 h^k,则权值 W 以及偏移 b 和 c 的更新准则如下:

$$\Delta c = -v^0 + v^n \qquad (6.48)$$

$$\Delta b = -h^0 + p(h = 1 \mid v = v^n) \qquad (6.49)$$

$$\Delta W = -h^0 (v^0)^T + p(h = 1 \mid v = v^{n-1}) \cdot (v^n)^T \qquad (6.50)$$

在具体实现 CD 算法的时候,CD-1 经常被使用,虽然 CD-1 并不是极大似然估计的一个好的近似,但是这个并不影响学习得到的隐藏特征的实际效果。CD-1 更倾向于使隐藏层的单元保留大部分的可见层的信息,在很多应用中这个就是学习的目标。然而,如果学习的目标是要得到模型的一个最好的联合分布,那么 CD-1 就不是一个好的选择。

3) 推理

假设待标记图像为 X,需要推理出与 X 最优匹配的标签 L。对于后验分布推理标签的过程,主要有 2 个准则:最大后验概率(Maximum a posteriori, MAP)和最大后验边缘(maximum posterior marginals, MPM)。因为标签集合 L 具有离散高维的特点,精准的 MAP 的计算很难实现。此外,MAP 仅考虑最大概率的情况,忽视了其他解之间的差异关系,在搜索近似解时通常不能得到最优解。MPM 准则使错误标记的位置的数量达到最小,通常可以得到较好的解,后验边缘模型为

$$L_i^* = \arg\max_{l_i} P(l_i \mid X) \qquad (6.51)$$

模型中 $P(l_i \mid X)$ 的估计很难实现,需要借助近似推理的方法,而 Gibbs 采样易于实现且收敛速度快。因此,将 MPM 准则与 Gibbs 采样结合,可以完成标签推理过程。

4) 图像数据库

选取 Corel 图像库和 Sowerby 图像库中的图像作为 mCRF 模型的应用数据库。具体对图像数据库进行详细介绍:

①Corel 图像库:选取该图像库中的 100 幅图像(分辨率为 180×120),内容包含非洲和北

极的自然场景。将图像手工标注为7个标签类:"河马""北极熊""植物""天空""水""雪"和"地面"。其中,随机选取60幅图像作为训练集,其余40幅图像作为测试集。

②Sowerby 图像库:这是一个彩色户外图像集。选取104幅图像(分辨率为94×64),内容是乡村和城郊的路景对象。图像共有8个标注标签:"天空""植物""路标""路面""建筑""街物""汽车"和"未标注"。其中随机选取60幅图像作为训练集,其余44幅图像作为测试集。

针对每个图像位置i,提取一组图像统计特征x_i,包含颜色、纹理和边缘特征。在实验中,每个标记场中的位置与图像中的一个像素相对应。提取颜色特征时,将RGB颜色值转换为视觉感知均匀的CIELAB颜色空间;纹理和边缘特征是通过一组高斯差分滤波器和$(0, \pi/4, \pi/2, 3\pi/4)$四个方向上定向奇对称和偶对称的正交滤波器对获得。因此,每个像素包含有30维统计特征值。

5) 模型训练

采用序贯法训练整个模型:首先,训练局部分类器;然后,固定分类器,训练标签特征。分类器选用3层感知器(Multilayer Perceptron, MLP),其含有sigmoid隐藏单元和softmax激励函数的$|L|$个输出。对于每个图像位置i来说,MLP的输入是以i为中心的3×3窗口内的局部统计特征。采用标度共轭梯度算法训练MLP使得多类交叉熵最小。

6) 实验结果与分析

为了评价mCRF模型的性能,在Corel图像库和Sowerby图像库上对mCRF、MRF和局部分类器的像素语义标注效果进行比较。在Corel图像库上,局部分类器采用含有80个隐节点的MLP;局部特征提取自是8×8的小区域,且各方向有4个像素重叠;全局特征定义在18×12大区域的整个标记场中。因此,Corel图像库中每幅图像包含30个局部特征和15个全局特征。在Sowerby图像库上,局部分类器是一个含有50个隐节点的MLP;局部特征定义在6×4区域上,且水平方向有2个像素重叠而垂直方向有3个像素重叠;全局特征提取自8×8的区域中。因此,Sowerby图像库中每幅图像包含10个全局特征和20个局部特征。设置mCRF模型中的分类器权值γ为0.9。表6.4给出了两个图像数据库中测试图像的分类率。

表6.4 分类率比较

数据库	分类器(%)	MRF(%)	mCRF(%)
Corel	66.9	66.2	80.0
Sowerby	82.4	81.8	89.5

从表6.4可以看出,MLP分类器的分类效果与MRF模型相近,然而mCRF模型的分类率远远高于前两种方法。这表明了判别式模型的语义标注性能要优于产生式模型。表6.5和表6.6给出了mCRF模型在测试集上的混淆矩阵,表中显示了标签在整个测试集中所占的百分率。

表 6.5　mCRF 模型在 Corel 图像库测试集的混淆矩阵

	河马	北极熊	水	雪	植物	地面	天空
河马	**9.27**	0.14	0.53	0.01	1.01	1.00	0
北极熊	0.08	**8.06**	0.01	0.52	0.12	0.63	0
水	0.33	0	**12.87**	0	0.42	0.76	0.05
雪	0	0.82	0	**12.83**	0.23	0.09	0.04
植物	0.95	0.55	0.09	3.18	**15.06**	2.99	0.06
地面	1.13	1.18	1.11	0.26	1.56	**21.19**	0
天空	0	0	0	0	0.19	0.01	**0.66**

表 6.6　mCRF 模型在 Sowerby 图像库测试集的混淆矩阵

	天空	植物	路标	路面	建筑	街物	汽车
天空	**12.01**	0.53	0	0.01	0.03	0	0.01
植物	0.83	**33.39**	0.01	1.41	2.71	0.03	0.09
路标	0	0	0.08	0.10	0	0	0
路面	0.01	0.94	0.02	**40.33**	0.10	0.10	0.05
建筑	0.06	**2.60**	0.02	0.30	**3.05**	0.01	0.05
街物	0.02	**0.25**	0	0.03	**0.12**	0.02	0.01
汽车	0.02	**0.27**	0	0.09	**0.24**	0	0.14

采用局部分类器、MRF 和 mCRF 模型对测试图像进行像素标注比较,实验结果显示,分类器的效果还不错,但是因为没有包含上下文信息,错分现象较为严重。MRF 模型生成了非常平滑的标签配置,但是由于仅包含局部上下文,而局部信息的有限性有可能会产生误导作用。mCRF 模型利用局部特征和全局特征提供的上下文信息来修正局部分类器的错误预测,因此其分析效果更合理。三种方法的像素标注的结果如图 6.18 和图 6.19 所示。

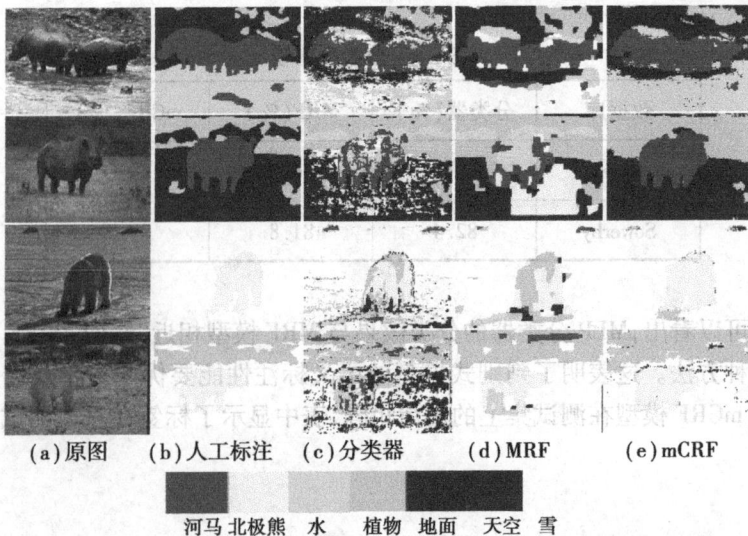

(a)原图　(b)人工标注　(c)分类器　(d)MRF　(e)mCRF

河马 北极熊 水 植物 地面 天空 雪

图 6.18　mCRF 模型在 Corel 图像库上的标注结果

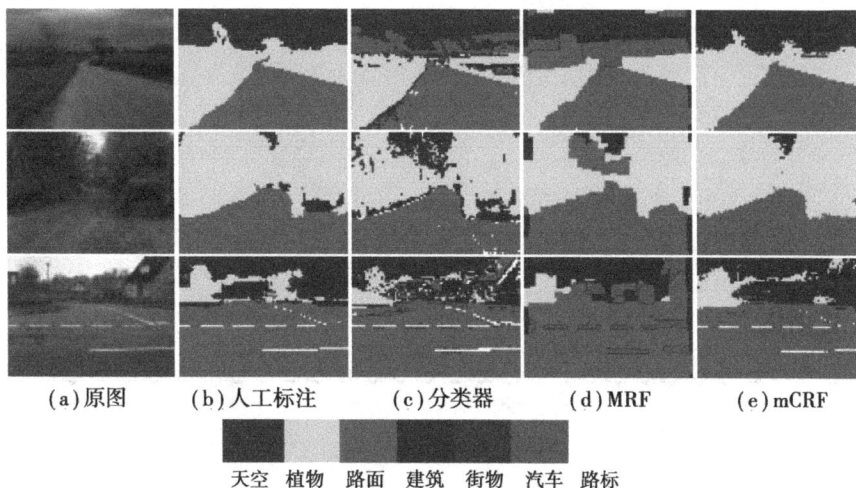

(a)原图　　(b)人工标注　　(c)分类器　　(d)MRF　　(e)mCRF

天空　植物　路面　建筑　街物　汽车　路标

图 6.19　mCRF 模型在 Sowerby 图像库上的标注结果

　　mCRF 是一个包含上下文信息的预定义类标签的像素语义标注概率模型,融合了局部分类器、区域特征和全局特征三个子模型。其中,局部分类器关注图像局部统计特征,区域特征模型提取局部标签模式,全局特征模型提取分辨率较粗的较大的标签模式。分类器和标签特征都是通过学习已标注的图像训练集获得的,在多个尺度上统计图像特征,并使用隐变量构成特征函数,扩展了 CRF 模型的典型用法。因此,mCRF 模型的图像像素标注结果较为理想,较好地实现了图像的语义分析。

参考文献

[1] 杨杰. 数字图像处理及 Matlab 实现[M]. 北京:电子工业出版社,2010.

[2] Rembe C, Muller R S. Measurement system for full three-dimensional motion characterization of MEMS [J]. Journal of Microelectro mechanical Systems, 2002, 11 (5): 479-488.

[3] 高隽, 谢昭, 张骏, 等. 图像语义分析与理解综述[J]. 模式识别与人工智能, 2010, 23(2): 191-202.

[4] 赵倩,袁健全,鲁新平. 结合目标预估计与 Mean Shift 理论的运动目标跟踪算法[J]. 红外与激光,2010,39(6):1152-1156.

[5] D. Comaniciu, V. Ramesh, P. Meer, Real-time tracking of non-rigid objects using mean shift [C]. 2000 IEEE Computer Society Conference on Computer Vision and Pattern Recognition, 2000, vol. 2, pp. 2142.

[6] 黄爱民,安向京,骆力,等. 数字图像处理与分析基础[M]. 北京:中国水利水电出版社,2005.

[7] 文志强, 蔡自兴. Mean Shift 算法的收敛性分析[J]. 软件学报,2007,18(2): 205-211.

[8] 李志欣, 施智平, 李志清, 等. 图像检索中语义映射方法综述[J]. 计算机辅助设计与图形学学报, 2008, 20(8): 1085-1096.

[9] 臧淼, 张永梅, 李金泉. 基于 Bayes 的自动图像标注[J]. 北方工业大学学报, 2014, 26(1): 7-9.

[10] 余成波. 数字图像处理及 Matlab 实现[M]. 重庆:重庆大学出版社,2003.

[11] Hemmert W, Mermelstein M S, Freeman DM. Nanometer resolution of three-dimensional motions using video interference microscopy[J]. Journal of Microelectromechanical Systems, 1999(9):17-21.

[12] 张德丰,MATLAB 数字图像处理[M]. 北京:机械工业出版社,2009.

[13] 石跃祥, 朱东辉, 蔡自兴. 图像语义特征的抽取方法及其应用[J]. 计算机工程, 2007, 33(19): 177-179.

[14] Gonzalez. 数字图像处理[M]. 阮秋琦,译. 北京:电子工业出版社,2007.

[15] 韩亚洪. 基于图模型表达和稀疏特征选择的图像语义理解[D]. 杭州:浙江大学,2012.

[16] D. Comaniciu, P. Meer. Mean Shift: a robust approach toward feature space analysis[J].

IEEE Transactions Pattern Analysis and Machine Intelligence,2002,24(5):134-135.

［17］Hemmert W, Mermelstein M S, Freeman DM. Nanometer resolution of three-dimensional motions using video interference microscopy［J］. Journal of Microelectromechanical Systems, 1999,(9):17-21.

［18］龚声蓉,刘纯平,季怡. 复杂场景下图像与视频分析［M］. 北京:人民邮电出版社,2013.

［19］Mark S. Nixon, Alberto S. aguado. 特征提取与图像处理［M］. 李实英,杨高波,译. 北京:电子工业出版社,2010.

［20］杨骏进,王佳琳. 图像快速匹配算法研究及 DSP 实现［J］. 测控技术,2009,28(8): 29-32.

［21］Keinosuke Fukunag, The Estimation of the Gradient of a Density Function, with Applications in Pattern Recognition［J］. IEEE Transactions on Information Theory, 1975, IT-21(8):32-40.

［22］YizZong Cheng. Mean shift, mode seeking, and clustering［J］. IEEE Transactions Pattern Analysis and Machine Intelligence, 1995, 17(8):790-799.

［23］贾永红. 数字图像处理［M］.武汉:武汉大学出版社,2010.

［24］徐飞,施晓红. Matlab 应用图像处理［M］.西安:西安电子科技大学出版社,2003.

［25］赵倩,等. 结合目标预估计与 Mean Shift 理论的运动目标跟踪算法［J］. 红外与激光工程, 2010,39(6):1152-1156.

［26］宋新, 沈振康,等. Mean Shift 在目标跟踪中的应用［J］. 系统工程与电子技术, 2007,29(9):1405-1409.

［27］刘继艳,潘建寿,等.结合 Kalman 滤波器的 Mean Shift 跟踪算法［J］.计算机工程与应用, 2009, 45(12):184-186.

［28］Kenneth R. Castleman.数字图像处理［M］. 朱志刚,林学阎,石定机,译.北京:电子工业出版社,2002.

［29］姚峰林, 赵婕.利用 CCD 图像匹配进行目标定位检测的设计与实现［J］. 机械工程师, 2007(3):116-117.

［30］David G. Lowe. Distinctive Image Features from Scale-Invariant Keypoints［J］. International Journal of Computer Vision,2004, 60(2):91-110.

［31］陆玲,王蕾,桂颖.数字图像处理［M］. 北京:中国水利水电出版社,2007.

［32］霍宏涛.数字图像处理 ［M］. 北京:北京理工大学出版社,2002.

［33］李艳灵.李刚. 图像及其在图像处理中的应用［M］.北京:清华大学出版社,2014.

［34］刘文耀.数字图像采集与处理［M］.北京:电子工业出版社,2007.

［35］李晓燕. 海量图像语义分析和检索技术研究 ［D］. 杭州:浙江大学, 2009.

［36］Gonzalez R C. Digital image processing［M］. Pearson Education India, 2009.

［37］Sonka M, Hlavac V, Boyle R. Image processing, analysis, and machine vision［M］. Cengage Learning, 2014.

［38］Swain M J, Ballard D H. Color indexing［J］. International journal of computer vision, 1991, 7(1):11-32.

［39］Stricker M A, Orengo M. Similarity of color images［C］. IS&T/SPIE's Symposium on Electronic Imaging：Science & Technology. International Society for Optics and Photonics, 1995：381-392.

［40］Zachary Jr J M. An information theoretic approach to content based image retrieval［D］. Louisiana State University, 2000.

［41］孙君顶, 赵珊. 图像低层特征提取与检索技术［M］. 北京：电子工业出版社, 2009.

［42］Smith J R, Chang S F. Tools and techniques for color image retrieval［C］. Electronic Imaging：Science & Technology. International Society for Optics and Photonics, 1996：426-437.

［43］Odom T W, Huang J L, Kim P, et al. Atomic structure and electronic properties of single-walled carbon nanotubes［J］. Nature, 1998, 391(6662)：62-64.

［44］Pass G, Zabih R. Histogram refinement for content-based image retrieval［C］. Applications of Computer Vision, 1996. WACV'96., Proceedings 3rd IEEE Workshop on. IEEE, 1996：96-102.

［45］杨帆. 数字图像处理与分析［M］. 北京：北京航空航天大学出版社, 2010.

［46］谢晓方, 时磊, 陈青华. 基于改进 MeanShift 算法的视线跟踪技术［J］. 海军航空工程学院学报, 2010, 25(2)：141-144.

［47］Haralick R M, Shanmugam K, Dinstein I H. Textural features for image classification［J］. Systems, Man and Cybernetics, IEEE Transactions on, 1973(6)：610-621.

［48］章毓晋. 图像工程［M］. 2 版. 北京：清华大学出版社, 2005.

［49］刘丽, 匡纲要. 图像纹理特征提取方法综述［J］. 中国图像图形学报, 2009, 14(4)：622-635.

［50］Tuceryan M. Jain A K. Texture analysis［J］. The handbook of pattern recognition and computer vision, 1998(2)：207-248.

［51］阮秋琦. 数字图像处理基础［M］. 北京：清华大学出版社, 2009.

［52］Otsu, N. A Threshold Selection Method from Gray-Level Histograms［J］. IEEE Transactions on Systems, Man, and Cybernetics, 1979, 9(1)：62-66.

［53］魏娟丽, 翟社平, 王万诚. 视频序列中人体运动目标的检测与跟踪研究［J］. 计算机应用与软件, 2006, 23(4)：139-141.

［54］Tamura H, Mori S, Yamawaki T. Textural features corresponding to visual perception［J］. Systems, Man and Cybernetics, IEEE Transactions on, 1978, 8(6)：460-473.

［55］章毓晋. 图像分割［M］. 北京：科学出版社, 2001.

［56］Nelson H E, Willison J. National Adult Reading Test (NART)［M］. Nfer-Nelson, 1991.

［57］杨博, 刘大有, Jiming L I U, et al. 复杂网络聚类方法［J］. 软件学报, 2009, 20(1)：54-66.

［58］Zhou D, Burges C J C. Spectral clustering and transductive learning with multiple views［C］. Proceedings of the 24th international conference on Machine learning. ACM, 2007：1159-1166.

［59］X. Zhu. Semi-supervised learning literature survey. Technical Report, Computer Science, University of Wisconsin-Madison, 2007.

［60］ Long B, Philip S Y, Zhongfei（Mark）Zhang. A General Model for Multiple View Unsupervised Learning［C］. SDM. 2008：822-833.

［61］ Biggs N. Algebraic graph theory［M］. Cambridge university press, 1993.

［62］ Ng A Y, Jordan M I, Weiss Y. On spectral clustering：Analysis and an algorithm［J］. Advances in neural information processing systems, 2002, 2：849-856.

［63］ Dhillon I S. Co-clustering documents and words using bipartite spectral graph partitioning ［C］. Proceedings of the seventh ACM SIGKDD international conference on Knowledge discovery and data mining. ACM, 2001：269-274.

［64］ Wang M, Hua X S, Yuan X, et al. Optimizing multi-graph learning：towards a unified video annotation scheme［C］. Proceedings of the 15th international conference on Multimedia. ACM, 2007：862-871.

［65］ Mallat S, Zhong S. Characterization of signals from multiscale edges［J］. IEEE Transactions on pattern analysis and machine intelligence, 1992, 14(7)：710-732.

［66］ Aydin T, Yemez Y, Anarim E, et al. Multidirectional and multiscale edge detection via M-band wavelet transform［J］. Image Processing, IEEE Transactions on, 1996, 5(9)：1370-1377.

［67］ Freeman H. On the encoding of arbitrary geometric configurations［J］. Electronic Computers, IRE Transactions on, 1961（2）：260-268.

［68］ Lindeberg T, Garding J. Shape from texture from a multi-scale perspective［C］. Computer Vision, 1993. Proceedings. , Fourth International Conference on. IEEE, 1993：683-691.

［69］ Shi J, Malik J. Normalized cuts and image segmentation［J］. Pattern Analysis and Machine Intelligence, IEEE Transactions on, 2000, 22(8)：888-905.

［70］ Ding C H Q, He X, Zha H, et al. A min-max cut algorithm for graph partitioning and data clustering［C］. Data Mining, 2001. ICDM 2001, Proceedings IEEE International Conference on. IEEE, 2001：107-114.

［71］ Wang S, Siskind J M. Image segmentation with ratio cut［J］. Pattern Analysis and Machine Intelligence, IEEE Transactions on, 2003, 25(6)：675-690.

［72］ Boykov Y Y, Jolly M P. Interactive graph cuts for optimal boundary & region segmentation of objects in ND images［C］. Computer Vision, 2001. ICCV 2001. Proceedings. Eighth IEEE International Conference on. IEEE, 2001, 1：105-112.

［73］ Boykov Y, Kolmogorov V. An experimental comparison of min-cut/max-flow algorithms for energy minimization in vision［J］. Pattern Analysis and Machine Intelligence, IEEE Transactions on, 2004, 26(9)：1124-1137.

［74］ 王飞, 罗东礼, 汤井田, 等. 一种基于图的交互式目标分割算法［J］. 计算机工程与应用, 2006, 42(24)：65-67.

［75］ Deng Y, Manjunath B S. Unsupervised segmentation of color-texture regions in images and video［J］. Pattern Analysis and Machine Intelligence, IEEE Transactions on, 2001, 23(8)：800-810.

［76］ 陈坤, 马燕, 刘俊. 一种自适应无监督彩色图像分割方法［J］. 小型微型计算机系统,

2013, 34(4): 887-891.

[77] Tan K S, Mat Isa N A and Lim W H. Color Image segmentation using adaptive unsupervised clustering approach[J]. Applied Soft Computing, 2013, 13(4): 2017-2036.

[78] Wang Z and Lu R. A new algorithm for image segmentation based on fast fuzzy C-means clustering[C]. Proceedings of IEEE International Conference on Computer Science and Software Engineering, 2008(6): 14-17.

[79] 龚劬, 廖武忠, 卢力, 等. 基于图论的快速 FCM 图像分割算法[J]. 计算机工程, 2012, 38(08): 192-194.

[80] Siang T K and Mat I N A. Color image segmentation using histogram thresholding-fuzzy C-means hybrid approach[J]. Pattern Recognition, 2011, 44(1): 1-15.

[81] Tan K S, Lim W H and Isa N A M. Novel initialization scheme for Fuzzy C-Means algorithm on color image segmentation[J]. Applied Soft Computing, 2013, 13(4): 1832-1852.

[82] Cheng H D, Jiang X H, Sun Y, et al. Color Image Segmentation: Advances and Prospects [J]. Pattern recognition, 2001, 34(12): 2259-2281.

[83] Krinidis S and Chatzis V. A robust fuzzy local information C-means clustering algorithm[J]. Image Processing, IEEE Transactions on, 2010, 19(5): 1328-1337.

[84] 伍宇花. BP 神经网络在图像语义自动标注的应用[J]. 电脑知识与技术, 2011, 7(14).

[85] 朱荣. 基于神经网络的图像标注模型研究[J]. 中国印刷与包装研究, 2014, 6(2): 20-25.

[86] Wu Y N, Si Z, Gong H, et al. Learning active basis model for object detection and recognition[J]. International journal of computer vision, 2010, 90(2): 198-235.

[87] Tan K S, Isa N A M. Color image segmentation using histogram thresholding-Fuzzy C-means hybrid approach[J]. Pattern Recognition, 2011, 44(1): 1-15.

[88] 刘钢. 图像语义自动标注方法的研究[D]. 湖南工业大学, 2009.

[89] 肖延辉. 基于矩阵分解的图像表示理论及其应用研究[D]. 北京交通大学, 2014.

[90] Jain A K, Duin R P W, Mao J. Statistical pattern recognition: A review[J]. Pattern Analysis and Machine Intelligence, IEEE Transactions on, 2000, 22(1): 4-37.

[91] 胡涛, 吴涛, 李焱. 一种基于场景识别的快速语义标注方法[J]. 华中科技大学学报 (自然科学版), 2013, 1.

[92] Park U, Jain A K, Kitahara I, et al. Vise: Visual search engine using multiple networked cameras[C]. Pattern Recognition, 2006. ICPR 2006. 18th International Conference on. IEEE, 2006, 3: 1204-1207.

[93] Russell B, Torralba A, Liu C, et al. Object recognition by scene alignment[C]. Advances in Neural Information Processing Systems. 2007: 1241-1248.

[94] 张骏, 高隽, 谢昭, 等. 基于统计分析 Boosting 的复杂场景目标识别方法研究[J]. 仪器仪表学报, 2010 (8): 1788-1795.

[95] Vailaya A, Zhong Y, Jain A K. A hierarchical system for efficient image retrieval[C]. Pattern Recognition, 1996., Proceedings of the 13th International Conference on. IEEE, 1996 (3): 356-360.

［96］Su Z, Zhang H, Li S, et al. Relevance feedback in content-based image retrieval：Bayesian framework, feature subspaces, and progressive learning［J］. Image Processing, IEEE Transactions on, 2003, 12(8)：924-937.

［97］倪心强. SAR 图像分类与自动目标识别技术研究［D］. 中国科学院研究生院（电子学研究所），2007.

［98］Lakdashti A, Moin M S, Badie K. Semantic-based image retrieval：A fuzzy modeling approach［C］. Computer Systems and Applications, 2008. AICCSA 2008. IEEE/ACS International Conference on. IEEE, 2008：575-581.

［99］刘硕研，须德，冯松鹤，等. 一种基于上下文语义信息的图像块视觉单词生成算法［J］. 电子学报，2010, 38(5)：1156-1161.

［100］武晖，于昕，隋尧，等. 融合上下文信息的场景结构恢复［J］. 中国图像图形学报，2012(7)：014.

［101］Blei D M, Ng A Y, Jordan M I. Latent dirichlet allocation［J］. the Journal of machine Learning research, 2003(3)：993-1022.

［102］Feng S L, Manmatha R, Lavrenko V. Multiple bernoulli relevance models for image and video annotation［C］. Computer Vision and Pattern Recognition, 2004. CVPR 2004. Proceedings of the 2004 IEEE Computer Society Conference on. IEEE, 2004, 2：II-1002-II-1009 Vol. 2.

［103］Mori Y, Takahashi H, Oka R. Image-to-word transformation based on dividing and vector quantizing images with words［C］. First International Workshop on Multimedia Intelligent Storage and Retrieval Management. 1999.

［104］程环环. 基于贝叶斯网络的图像内容表述与分类［D］. 国防科学技术大学，2011.

［105］Ueda N, Ghahramani Z. Bayesian model search for mixture models based on optimizing variational bounds［J］. Neural Networks, 2002, 15(10)：1223-1241.

［106］谌安军，陈炜，毛士艺. 一种基于边缘的图像配准方法［J］. 电子与信息学报，2004, 26(5)：679-684.

［107］Barnard K, Johnson M, Forsyth D. Word sense disambiguation with pictures［C］. Proceedings of the HLT-NAACL 2003 workshop on Learning word meaning from non-linguistic data-Volume 6. Association for Computational Linguistics, 2003：1-5.

［108］张长江，付梦印，金梅. 基于模拟退火算法的红外图像自适应对比度增强［J］. 中国图像图形学报：A 辑，2004, 9(4)：391-395.

［109］Moghaddam B, Pentland A. Probabilistic visual learning for object representation［J］. Pattern Analysis and Machine Intelligence, IEEE Transactions on, 1997, 19(7)：696-710.

［110］Jordan A. On discriminative vs. generative classifiers：A comparison of logistic regression and naive bayes［J］. Advances in neural information processing systems, 2002(14)：841.

［111］王斐，朱玉全，陈耿. 一种基于多核函数 SVM 的图像标注方法［J］. 昆明理工大学学报（自然科学版），2012(5)：010.

［112］Tax D M J, Duin R P W. Support vector data description［J］. Machine learning, 2004, 54(1)：45-66.

[113] 唐春益. AdaBoost 算法及其在目标识别中的应用研究[D]. 南昌航空大学, 2012.

[114] Liu C L, Sako H, Fujisawa H. Discriminative learning quadratic discriminant function for handwriting recognition[J]. Neural Networks, IEEE Transactions on, 2004, 15(2): 430-444.

[115] Friedman N, Geiger D, Goldszmidt M. Bayesian network classifiers[J]. Machine learning, 1997, 29(2-3): 131-163.

[116] 郑歆慰, 胡岩峰, 孙显, 等. 基于空间约束多特征联合稀疏编码的遥感图像标注方法研究[J]. 电子与信息学报, 2014, 36(8): 1891-1898.

[117] Cheng J, Greiner R. Learning bayesian belief network classifiers: Algorithms and system [M]. Advances in Artificial Intelligence. Springer Berlin Heidelberg, 2001: 141-151.

[118] Chen Y, Zhou X S, Huang T S. One-class SVM for learning in image retrieval[C]. Image Processing, 2001. Proceedings. 2001 International Conference on. IEEE, 2001, 1: 34-37.

[119] 周激流, 吕航. 一种基于新型遗传算法的图像自适应增强算法的研究[J]. 计算机学报, 2001, 24(9): 959-964.

[120] 谢昭. 图像理解的关键问题和方法研究[D]. 合肥工业大学, 2007.

[121] Gould S, Fulton R, Koller D. Decomposing a scene into geometric and semantically consistent regions[C]. Computer Vision, 2009 IEEE 12th International Conference on. IEEE, 2009: 1-8.

[122] Jeon J, Lavrenko V, Manmatha R. Automatic image annotation and retrieval using cross-media relevance models[C]. Proceedings of the 26th annual international ACM SIGIR conference on Research and development in information retrieval. ACM, 2003: 119-126.

[123] Gould S, Rodgers J, Cohen D, et al. Multi-class segmentation with relative location prior [J]. International Journal of Computer Vision, 2008, 80(3): 300-316.

[124] Gould S, He X. Scene understanding by labeling pixels[J]. Communications of the ACM, 2014, 57(11): 68-77.

[125] He X, Zemel R S, Carreira-Perpindn M A. Multiscale conditional random fields for image labeling[C]. Computer vision and pattern recognition, 2004. CVPR 2004. Proceedings of the 2004 IEEE computer society conference on. IEEE, 2004, 2: II-695-II-702 Vol. 2.

[126] 邱泽宇, 方全, 桑基韬, 等. 基于区域上下文感知的图像标注[J]. 计算机学报, 2014, 37(6): 1390-1397.

[127] Zhang Y, Brady M, Smith S. Segmentation of brain MR images through a hidden Markov random field model and the expectation-maximization algorithm[J]. Medical Imaging, IEEE Transactions on, 2001, 20(1): 45-57.

[128] Pinheiro P H O, Collobert R. Recurrent convolutional neural networks for scene parsing [J]. arXiv preprint arXiv:1306.2795, 2013.

[129] Ma Z, Nie F, Yang Y, et al. Web image annotation via subspace-sparsity collaborated feature selection[J]. Multimedia, IEEE Transactions on, 2012, 14(4): 1021-1030.

[130] Shen J, Shepherd J, Ngu A H H. Semantic-sensitive classification for large image libraries [C]//Multimedia Modelling Conference, 2005. MMM 2005. Proceedings of the 11th Inter-

national. IEEE, 2005: 340-345.

[131] Vogel J, Schiele B. Natural scene retrieval based on a semantic modeling step[M]//Image and video Retrieval. Springer Berlin Heidelberg, 2004: 207-215.

[132] 卢汉清, 刘静. 基于图学习的自动图像标注[J]. 计算机学报, 2008, 31（9）: 1629-1639.

[133] Gould S, Fulton R, Koller D. Decomposing a scene into geometric and semantically consistent regions[C]//Computer Vision, 2009 IEEE 12th International Conference on. IEEE, 2009: 1-8.

[134] Wang X, Ma X, Grimson W E L. Unsupervised activity perception in crowded and complicated scenes using hierarchical bayesian models[J]. Pattern Analysis and Machine Intelligence, IEEE Transactions on, 2009, 31(3): 539-555.

[135] Kohli P, Torr P H S. Robust higher order potentials for enforcing label consistency[J]. International Journal of Computer Vision, 2009, 82(3): 302-324.

[136] Li S Z. Markov random field modeling in image analysis[M]. Springer Science & Business Media, 2009.

[137] Zhong P, Wang R. Learning conditional random fields for classification of hyperspectral images[J]. Image Processing, IEEE Transactions on, 2010, 19(7): 1890-1907.

[138] Lempitsky V, Rother C, Roth S, et al. Fusion moves for markov random field optimization [J]. Pattern Analysis and Machine Intelligence, IEEE Transactions on, 2010, 32(8): 1392-1405.